高等院校医药物流专业系列教材

孙前进　曾　渝　/主编

Medical
Marketing Network and Logistics Distribution
药品营销网络与物流配送

李晓晖　杨　洋　编著

中国发展出版社
CHINA DEVELOPMENT PRESS

图书在版编目（CIP）数据

药品营销网络与物流配送/李晓晖，杨洋编著．—北京：中国发展出版社，2017.9

ISBN 978－7－5177－0760－8

Ⅰ.①药…　Ⅱ.①李…　②杨…　Ⅲ.①药品—市场营销学—高等学校—教材　②药品—物流管理—高等学校—教材　Ⅳ.①F724.73

中国版本图书馆CIP数据核字（2017）第221451号

书　　名：药品营销网络与物流配送
著作责任者：李晓晖　杨　洋
出 版 发 行：中国发展出版社
联 系 地 址：北京经济技术开发区荣华中路22号亦城财富中心1号楼8层（100176）

标 准 书 号：ISBN 978－7－5177－0760－8
经　销　者：各地新华书店
印　刷　者：北京市密东印刷有限公司
开　　本：787mm×980mm　1/16
印　　张：18
字　　数：340千字
版　　次：2020年8月第1版
印　　次：2020年8月第1次印刷
定　　价：45.00元

联 系 电 话：（010）68990642　68990692
购 书 热 线：（010）68990682　68990686
网 络 订 购：http：//zgfzcbs.tmall.com//
网 购 电 话：（010）68990639　88333349
本 社 网 址：http：//www.develpress.com
电 子 邮 件：fazhanreader@163.com

总　序

“高等院校医药物流专业系列教材”在有关各方的关注、指导、支持与编写人员努力下终于出版，这是物流教材内容跨学科——从一般综合管理向某特定行业的深入进展与高度融合，同时是一种挑战与尝试，需要物流专业与医药专业的结合与配合。

2005年4月19日，国家食品药品监督管理总局发布了《关于加强药品监督管理促进药品现代物流发展的意见》(〔2005〕160号)。文件指出：“发展药品现代物流，是深化药品流通体制改革，促进药品经营企业规模化、规范化和进一步规范药品流通秩序的重要措施。对促进药品生产、经营企业的结构调整，提高药品生产、经营企业的管理水平和效益，将会起到积极的作用，同时也有助于提高我国的药品监管水平。”医药物流是物流体系的一个重要组成部分，具有物流业的一般共性，更具有药品物流的特性。

药品的特殊性是除了自身的商品属性外，还具有自然属性、法律属性、社会属性。正因如此，为保证消费者的用药安全，国家制定了一系列的法律法规、标准规范，从药品的生产审批，一直到患者消费的全过程实行监管。如《药品管理法》第2~9章的章名分别是药品生产企业管理、药品经营企业管理、医疗机构的药剂管理、药品管理、药品包装的管理、药品价格和广告的管理、药品监督与法律责任。

本套教材完全遵循、执行《中华人民共和国药品管理法》（2019年8月26日修订通过）、《中华人民共和国药品管理法实施条例》（2019年3月18日第2次修订版）、《药品经营质量管理规范》（2016年6月30日修正）、《药品经营质量管理规范现场检查指导原则及评定标准》（食药监药化监〔2014〕20号）、中华人民共和国国家标准《药品物流服务规范》（GB/T 30335—2013）、中华人民共和国国家标准《药品冷链物流运作规范》（GB/T 28842—2012）、中华人民共和国国内贸易行业标准《药品物流设施与设备技术要求》（SB/T 11036—2013）等法律法规、标准规范的基本要求编写，不做分析，不倡导“创新”与“变通”。例如，《药品经营质量管理规范》是药品经营管理和质量控制的基本准则。其明确要求：企业应当在药品采购、储存、销售、运输等环节采取有效的质量控制措施，确保药品质量，并按照国家有关要求建立药品追溯系统，实现药品可追溯。它由总则、药品批发的质量管理（质量管理体系、组织机构与质量管理职责、人员与培训、质量管理体系文件、设施与设备、校准与验证、计算机系统、采购、收货与验收、储存与养护、销售、出库、运输与配送、售后管理）、药品零售的质量管理（质量管理与职责、人员管理、文件、设施与设备、采购与验收、陈列与储存、销售管理、售后管理）、附则四部分构成。

由于各种规范、政策经常有更新、修订的可能，使用本教材时请查询政策发布单位的最新修订版本。

本套丛书现由《药品营销网络与物流配送》《医药电子商务》《医药冷链物流》《医药配送中心规划与运营》《医药采购供应管理》五册构成，后续还有可能增添。

本套丛书遵循我国高等教育应用型人才的教育要求，本着实用为主的原则，在兼顾了理论内容的广泛性、知识框架的系统性的同时，加强了实践知识内容的典型性与实用性，每章中设置了案例导读、拓展阅读以及案例分析等模块，注重培养学生对所学知识理解与实践应用的能力。

本套教材由北京秦藤物流咨询有限公司、中日物流合作联盟策划实施，海南医学院管理学院在写作前期有一定程度的参与。

由于编者学识所限，书中难免有遗漏或是不妥之处，恳请广大读者批评指正。

主　编

2020 年 5 月

前　言

经济社会的发展，人民生活水平的提高，以及老龄化社会的推进，必将带动中国医药消费需求迎来更加快速的增长。2000 年起国家强调“三改并举”，药品生产流通体制的改革和药品价格管理体制的改革成为我国医疗体制改革的核心内容。

药品是关系人类生命健康的特殊商品，对其研发、生产、储存和运输的环境有着严格的要求。如何将药品及时有效地从生产领域经过流通领域转向消费领域是一个系统工程，需要有坚实的药品营销网络体系作支撑，需要有专业化的配送以及先进的信息系统作保障。

本教材针对药品营销网络与配送问题，从理论与实践两大模块讲授相关知识。其中，理论模块包括第 1 章“药品营销网络”、第 2 章“药品营销网络战略管理”、第 3 章“药品营销网络物流配送”和第 4 章“药品营销网络信息管理”；实践模块包括第 5 章“应急药品管理与物流配送”、第 6 章“药品零售企业选址”、第 7 章“药品价格管理”以及第 8 章“药品促销管理”。

根据我国高等教育培养应用型人才的教育特点，本书在编写过程中遵循实用为主的教学原则，力求做到理论知识内容涉及的广泛性，以及实践知识内容的典型性与实用性。每个章节中设置了案例导读、案例分析、开动脑筋等版块，注重培养学生对所学知识的应用能力。

感谢中国矿业大学（北京）管理学院的研究生刘旭和宋馨同学，石家庄邮电职业技术学院刘艺林老师在本书写作过程中的支持。

由于编者水平所限，书中难免有许多不足之处，恳请广大读者批评指正。另外，在编写过程中参考了许多学者的研究成果，在此表示衷心感谢！

李晓晖　杨　洋

2020 年 4 月

目　录

第 1 章 药品营销网络

学习重点及要点

1. 药品及药品市场的概念及特点
2. 药品市场营销网络的概念、特点及主体
3. 药品市场营销网络策略
4. 药品市场营销基本流程及物流配送
5. 药品市场发展现状及医改对医药行业的影响

案例导读

新医改让百姓吃得起药、吃上放心药

通过新医改的多项措施，我国的医疗卫生机构药品收入占比已经从 2014 年的 46% 降至 2018 年的 29% 左右，但是从目前的情况来看，药价偏高仍然是导致看病难看病贵的一个重要原因。为了进一步降低药品虚高价格，保障临床药品供应，“十三五”期间出台了一系列的药品采购政策，其中包括“两票制”、药品阳光采购和“4 +7”带量采购等，不断规范医药采购市场，在医药行业掀起热议，对医药市场格局带来剧烈影响。

2018 年 11 月 15 日，备受业界关注的《4 +7 城市药品集中采购文件》于上海阳光医药采购网正式发布，标志着全国性的药品集中采购试点正式拉开序幕。带量采购的实行大大降低了药价，却也给医药商业企业带去原子弹级的挑战。带量采购是在集中采购的基础上提出的，指的是在药品集中采购过程中开展招投标或谈判议价时，要明确采购

数量，让企业针对具体的药品数量报价，低价者中标，而前提条件是需通过一致性评价。其意义在于通过企业间的市场化竞价，起到以量换价的作用，降低采购药品的价格。而“4 +7”指的是此次带量采购试点城市。试点地区范围为北京、天津、上海、重庆和沈阳、大连、厦门、广州、深圳、成都、西安11个城市。

根据采购方案，这场“4 +7”的药品带量采购中确定了31个采购品种和约定采购量，按试点第一批中标情况看，药品价格降幅极大超出预期，其中恩替卡韦降价高达90%，恒瑞厄贝沙坦亦降价60%。面对如此巨大的降幅，若无一定的研发能力、生产效率及较优的成本控制，根本不可能在带量采购中胜出。

继“两票制”后推出的“带量采购”将给整个医药商业企业带去巨大冲击，医药竞争将造成医药供应链很难实现跨企业业务协同与资源共享。在药品供应链上渠道优势明显或者有老字号中药品牌背书的医药连锁会获得更多市场份额，而大量的医药企业由于利润单薄、进项票不够而可能去买一些不合规的发票，让企业法人与企业面临巨大风险。

从直观来看，与不带量的集中采购相比，带量可以给药品企业明确的销售承诺和预期，方便企业安排生产和销售，控制成本，从而可以给出更优惠的价格，让患者获得更多实惠。

但是在实际运作过程中，却强行去除了医药商业企业之间的业务协同与资源共享。以前，医药供应商如若无法一次性承担药品所需的体量，可以通过与其他药企合作分担供应压力，大家一起把整个大头“吃掉”，既完成了业务协同，又能实现利益共享，药企之间和谐发展。

但在带量采购后，这些所谓的资源共享业务协同都将变成残忍的优胜劣汰，很多小药企根本连一致性评价都通不过，将会被无情地淘汰（CFDA此前数据显示，一致性评价的过关率仅为5.88%），市场普遍存在的大量“僵尸批号”将会消失，行业整合加速，最终实现去产能的效果。

资料来源：陆小梅：“4 +7带量采购第二批即将面世，医药流通企业何去何从”，亿欧网2019年5月2日。

1.1　药品市场

1.1.1　药品及药品市场概述

1. 药品的概念

根据《中华人民共和国药品管理法》（以下简称《药品管理法》）关于药品的定义，药品指的是用于预防、治疗、诊断人的疾病，有目的地调节人的生理机能并规定有适应症或者功能主治、用法和用量的物质，包括中药材、中药饮片、中成药、化学原料药及其制剂、抗生素、生化药品、放射性药品、血清、疫苗、血液制品和诊断药品等。

可见，使用目的和使用方法的不同是药品与食品等其他物质的基本区别。当人们为了防止疾病遵照医嘱或药品说明书，按照一定方法和数量使用该物质，达到治疗或预防或诊断人的某种疾病，或能有目的地调节某些生理机能时，使用的是药品。而食品与保健品在使用目的、使用方法方面与药品显然不同。为了加强对药品的管理，《药品管理法》还对药品包装、标签和说明书做了严格规定。

我国《药品管理法》明确规定，传统药（中药材、中药饮片、中成药）和现代药（化学药品等）均为药品。这一规定有利于继承、整理、提高中成药发展，更有效地开发利用医药资源为医疗保健服务。它明确了管理营销的是人用药品，确定了以“药品”作为药物，是原料药、制剂、药材、成药、中药、西药等用语的总称。在《药品管理法》的英译本中，药品对应的英文是 drugs，药品营销的药品主要指的是中西药制剂、中药材等药品。

【基本知识】　处方药与非处方药

处方药（Rx），是指有处方权的医生所开具出来的药，并由此从医院药房购买的药物。这种药通常都具有一定的毒性及其他潜在的影响，用药方法和时间都有特殊要求，必须在医生指导下使用。

非处方药（OTC），是指患者自己根据药品说明书，自选、自购、自用的药物。这类药毒副作用较少、较轻，而且也容易察觉，不会引起耐药性、成瘾性，与其他药物相互作用也小，在临床上使用多年，疗效肯定。非处方药主要用于病情较轻、稳定、诊断明确的疾病，如感冒、咳嗽、消化不良、头痛、发热等。

2. 药品市场的概念

药品生产企业是经济社会中一种独立的经济个体，它用一定量的经济投入换取一定量的经济报酬，如果经济报酬大于经济投入，药品生产企业就能生存和发展，反之它就无法生存，就会破产。在市场经济中，药品生产企业的报酬来自药品或服务的销售收入，而销售收入的获得以及获得多少，取决于药品生产企业的药品是否为市场需要，每种药品能卖多少钱，即药品生产企业的经济报酬取决于市场。

市场是药品生产企业从事营销活动的场所，但这个场所已不局限于有限空间和时间限制的药品交易场所，它早已超越了交易场所的范畴，交易场所仅成为市场的一个环节，可以说，市场已深化为由货币和价格作为媒介物而联系在一起的药品供求关系。

在整个药品市场，社会公众代表消费的一方，药品生产企业代表生产供给的一方。消费者用自己的货币向药品经销企业购买各种药品以满足治疗疾病的需要，药品经销企业则向消费者出售他们所需的药品，以收回投资，取得利润。这样，便形成了以货币为媒介的药品（最终物品）供求关系。

在药品供求关系中，社会公众用货币购买药品，满足自己的需求，而药品经营企业则用药品换取货币，实现市场供给。这个供给和需求的全部联系，就是整体药品市场。

药品市场是市场的一个分支。药品市场也是生产力发展到一定阶段的产物，属于商品经济的范畴。药品市场既体现着药品的买方、卖方和药品商业中介之间的关系，还体现着药品在流通过程中促进或辅助一切机构、部门与药品买卖双方之间的关系。

3. 药品市场营销的特点

（1）专业性。药品市场的营销人员必须是负责任的专业人士，他必须掌握药品的适应性、禁忌、不良反应、用法用量等。药品营销关乎生命安全，专业性是必须的要求。

（2）复杂性。药品市场营销的对象是处方医生、药店员和一般消费者。不同的处方医生具有不同的处方习惯，不同的消费者具有不同的消费习惯和患病情况。面对上述复杂的情况以及药品市场的不断发展，药品市场营销也必须时刻变换思路，紧跟市场需求。

（3）特殊性。过去，人们看病抓药很简单，只要能治病就可以。但现在不同，药品的价格、包装、生产日期、生产地址、有效期等都得考虑在内。这也是药品市场不断进步的体现。

（4）差异性。药品市场营销受到消费者的年龄、文化层次、城乡差别等因素的影响，所以药品市场的营销也逐步关系化、绿色化、网络化。

（5）综合性。由于药品、药性的不同，从事药品销售的人员不仅要学习医药方面的知识，还要学习医学、药学、心理学等各方面的知识，因此，药品营销具有综合性。

1.1.2　药品营销网络

随着现代社会的不断发展以及人类对医药需求的不断提高，中国的医药产业迅速占领市场，增加了市场竞争的压力，所以药品市场需要积极地引入网络营销策略，以提高其市场地位，使其迅速站稳脚跟。

1. 药品营销网络的概念

药品营销网络是销售网络、服务网络、信息网络、传播网络、客户网络的有机集成。具体来说，是药品生产、经销企业针对多个细分市场和地域市场的不同要求和特点，综合考虑药品流通的时效性以及对应药品的多样性、消费者需求的多变性、服务支持等服务水平的需要，从点的布局、线的联结、面的广度形成一个纵横交错、无所不在的网络，使不同功能的营销组织效益共享，以保证药品能够及时有效地送达消费者及用户手中。

2. 药品营销网络的功能

（1）药品流通功能。生产出的东西要销售，就必须设点（店铺），销售点大而广之、细而化之，纵横交错，便呈网络状，只有这样才能达到足够的市场渗透率，进而提高市场占有率。因此，药品营销网络的商品流通职能是显而易见的。药品营销相关企业可以通过自设的或代理商的销售网络，将药品层层传递，最后在网络终端完成销售，形成往返的资金流和物流，企业也因之不断获得利润和生命活力。因此，药品营销网络首先是一个“渠道”，一个实现资金流和物流不断对流从而使企业不断获得生存和发展动力的“渠道”。

（2）销售信息采集功能。企业的决策行为不是凭空做出的，而是源于对收集的大量信息归纳及分析基础上的认识。除重大决策行为需要专业调查公司参与外，大量的决策依然要靠企业的力量去做出。药品网络的末梢（医疗机构或药店）由于最接近于市场，消费者的意见、经销商的态度乃至竞争对手的举措在市场上均有敏感的反应，企业必须准确掌握这些信息才能有的放矢，做出正确决策，指导企业采取相应的行动，在竞争中获胜。因此，网络内部的信息流通顺畅相当重要。药品营销相关企业必须加强制度管理和综合培训，大力确保网络信息流动的快速和畅通，发挥网络在这方面的潜能。

（3）客户服务功能。顾客服务是企业赢得竞争的最终武器，可以说顾客服务与企业命运息息相关。药品营销网络的服务目的就是要通过各个网点之间的有效连接，及时、准确地提供给消费者所需的药品服务。药品作为特殊商品，与人的健康乃至生命密切相关，在品质、数量、日期等方面要求严格，所以唯有强化药品营销网络建设，才有可能使药品在制造商、供应商、医疗机构以及药店的市场服务中实现准确、及时、到位。

1.1.3 药品营销网络的四大主体

1. 药品生产企业

药品生产企业是指生产药品的专营企业或者兼营企业。从广义的角度看，药品生产企业包括提供药品和医疗器械的所有制造企业，是完全市场化的组织，其行为目标就是追求经济利润最大化。药品生产企业由于行业标准和国家监管，目前可以将其生产药品的类型分为品牌药和仿制药两种。在完全竞争市场，药品生产企业规模小，数量多，生产的药品技术含量较低；在垄断市场，药品生产企业规模大，数量少。药品生产企业由于其药品药效的特殊性和不可替代性具有较强的议价能力。

药品生产企业的营销服务活动是指企业为实现自己的经营目标所从事的以满足社会需求为中心的一系列管理活动。具体表现为三点：一是将投入转化为产出的生产过程。由于医药产业是一个高科技产业，新技术的不断应用是医药企业生存与发展的根本动力，也是企业为满足社会需求服务的具体表现。二是药品物流管理。三是药品市场营销管理。

2. 药品批发企业

目前，我国药品批发企业的特点有三个。一是市场集中度低，企业数量众多、规模小。二是产品差别化小。药品批发企业充当的是货源组织和供给的角色，它们的经营和操作模式基本上是相似的，多为小而全——经营品种很齐全，但大多数没有特色产品，企业之间的竞争主要是价格的竞争。在服务方面，大多数企业才刚刚起步，尚没有特色服务。三是进入门槛较低。中国药品批发企业的进入门槛相对较低，尤其在实施《药品经营质量管理规范》（Good Supply Practice，GSP）之前，这也是造成中国药品批发企业过多、过滥的主要原因之一，同时也造成了企业间的不正当竞争。在药品批发企业异地经营方面，目前还存在一定的障碍，如有些地方规定本地医院必须从本地的医药公司进货等，而且由于规模和回款等方面的原因，药品批发企业大多也不愿意进入异地市场。

随着经济的发展，药品批发企业不仅要降低成本和提高效率，更要对顾客提供更加优质的服务。因此，作为批发企业，需要准确了解目前药品批发企业的服务质量与顾客期望之间的差距，并据此采取相应的策略提升其服务质量。

药品批发商角色的转变，具体包括三点。一是对下线客户即分销商而言，批发商应是分销商的产品购进代理商，而非简单的发货商（把药品转手分发给各个分销商）。批发商要想最大限度地满足分销商的购货需求，就必须尽力减少经营品种结构中的空白，这就要求批发商改变生产商卖什么自己就买什么的现状，把握购进主动权，紧密结合分销商的需求信息，按需求采购、储备产品。二是对上线客户即药品生产商而言，批发商应是其产品的销售代理商而非厂家的仓库，或称为收货商（仅仅把各个厂家的产品收集起来）。三是批发商必须建立自己的营销网络和队伍，增强产品的分销和配送能力。

3. 药品零售企业

药品零售企业是指将购进的药品直接销售给消费者的药品经营企业。药品零售业态分类见表 1 – 1。

表 1 – 1　　药品零售企业按业态分类

类别		细则
单体医药零售企业	普通单体药店	独立或非独立核算，设有仓库，有完整的物流和财务体系，具有独立采购权。可以自主选择供应商，拥有采购和销售职能
	卖场式药店	零售药店新业态，营业面积一般有上千平方米，非处方药开架陈列，消费者可以自由选取，出门时结算

续表

类别		细则
药品零售连锁企业	直营店	使用统一商号，公司总部直接投资、经营、管理各个零售点的经营形态。不具有自行采购权，不设仓库，实行总部统一管理
	药品加盟连锁门店	以特许经营合同的方式构成双方的特许加盟关系。药品加盟店加盟后可以使用连锁总店的商标、商号、服务标记、经营管理模式等。加盟店自负盈亏，有独立的人事权和财务权
药柜（店中店）		主要包括三种形式：一是知名品牌的药店在其他药店内设立柜台；二是药品零售连锁企业在一些大卖场、超市内部设置独立的柜台；三是药品零售连锁企业在宾馆、机场等地设立药柜
网上药店		提供药品购买信息，消费者把信息以电话或者邮件方式通知指定药店，药品物流和货款回收工作仍由散布在市区各地的药店来完成。在初创阶段，仍然依靠零售药店

零售药店从以下几个方面实施市场营销策略。

（1）产品策略。产品策略主要关注两个方面：一是产品种类优势；二是产品质量优势。建立产品种类优势的策略适用于实力雄厚、议价能力强的大型连锁药店，因为小药店即使在某几个产品上具备优势，但由于势单力薄，难以形成竞争优势。

（2）价格策略。价格策略并不是指单纯地降低药品的价格，而是控制多种影响成本和价格的因素，以及通过多种促销手段来调整价格，保证利润。可以通过品类管理进行成本管理以及灵活有效的多重促销管理。

（3）品牌策略。品牌策略可以从四个方面进行掌控：明确市场定位；制订品牌计划，强化品牌管家；提供互动服务，树立品牌形象；整合营销传播，打造强势品牌。

（4）服务策略。药店服务具有无形化的特征，是服务过程和商品出售过程的一体化。服务是无形的，服务的好坏能被顾客明确地感知，影响顾客态度的形成，而顾客的态度一旦形成就很难改变。所以要做到：做好基本服务，确保服务质量；创新服务方式，充实服务内涵等。

【开拓视野】 零售药店顾客的购药行为

药品零售顾客的自主消费行为主要体现在OTC药和保健食品消费上。零售顾客是指购买、使用各种消费品或服务的个人与住户。OTC药是不需医生处方，由零售顾客自行判断、购买、使用的药品。OTC药的购买决策权在于零售顾客，和其他消费品一样会受到很多因素的影响，如广告、品牌、价格、促销、店员推荐、医生推荐、朋友介绍等。

影响零售顾客行为的因素包括：需要与动机、知觉、学习与记忆、态度、个性、自我概念与生活方式。这些因素不仅影响顾客的决策行为，而且也对外部环境与营销刺激的影响起放大或抑制作用。例如，很多零售顾客决定购买哪种药品，都是基于从前的用药经历、广告的影响等，或者因为医生的建议和朋友的推荐来买。

另外，对于习惯的品牌或药品，购买决策简单，购买行为可重复。这些因素都会给医药企业产生直接的效益。此外，零售顾客对药店服务的满意程度，是其是否购买的一个主要因素。零售顾客的满意程度来自对药品、营业场所、人员及服务质量等方面的综合感受。零售顾客对药店满意与不满意的方面、满意与不满意的程度，以及与其他同类药店存在的差别，对零售顾客的购买决策起到至关重要的作用。

4. 医院门诊药房

我国现行的是医药合业混合经营模式，医院通过药房销售药品，病人在医院就诊后大多会到医院的药房购买药品。医院在药品销售市场几乎处于垄断地位，一度高达市场份额的95%，目前仍占大约80%的市场份额。

1.1.4　药品营销网络的策略

药品营销网络的策略和手段可以归结成六个方面，即药品市场细分和目标市场选择策略、定价策略、分销渠道策略、产品组合策略、促销策略、品牌与包装策略。在每种策略中又包含了一系列的具体手段。比如药品策略中，包含此种药品是治疗常见病的药品，还是治疗罕见病的药品，是创新药品，还是仿制药品，估计药品寿命周期、包装、品牌等；定价策略中包含了成本核算、价格构成、定价技巧等多种手段；促销策略中，包含广告、人员推销、营业推广、学术推广等手段；分销渠道策略中包含了销售渠道、销售地点、存货控制、运输仓储设施等手段。药品市场营销就是强调这种市场经营策略和手段的综合性、整体性运用，当然，在具体设计营销方案时，也可以有所侧重。

1. 药品价格策略

价格是药品企业赢得市场地位的重要手段之一，因此通过药品价格策略提高药品企业的市场地位是一种重要的营销手段。为此，药品企业必须提高生产效率，降低次品率，进行药品的规模化生产，对每一个环节的费用支出进行严格控制，努力赢得成本的竞争优势。

2. 药品渠道策略

为了弥补传统推广方式的不足，可通过药品创新的营销与网络推广。立体的网络营销与横向和纵向的营销模式相结合，依照市场的状况，对营销的差异化选择做出决定，以全面扩大产品的销量，并在市场中占领最大的份额，以最大化地在目标市场中渗透产品，并重新做好市场的定位工作。

3. 药品产品组合策略

很少有医药企业只经营单一品种产品，当然也不可能经营所有产品。为了充分利用企业资源，抓住市场机会，规避风险和威胁，就需要合理确定产品种类、数量及组合方式。如何将多个产品合理组织起来，这就是产品组合问题。产品组合是指医药企业生产或经营的全部产品的有机构成方式，或者说是医药企业生产经营的全部产品的结构。通过药品产品组合，可以提高药品企业的资源利用效率，降低药品成本，从而提高药品企业的竞争力。

4. 药品促销策略

药品促销可以提高一定时期内企业药品的销售量，可以使消费者在短期内对品牌产生认知，所以是重要的营销手段之一。药品企业要采取灵活多样的促销手段。随着大众传媒技术的迅猛发展，广告可使市场的运行效率提高，并使市场的信息成本降低。不断出现的新的广告形式，进一步拓展了市场。公开发布的药品广告，可促进公平竞争，将优胜劣汰机制作用充分发挥出来，将更多、更好的药品提供给公众。医药企业不仅要注重广告效应，还应对药品的质量和药效高度重视，这样才能促进医药企业的长足发展。

【开动脑筋】

在电子商务以及移动互联网迅速发展的背景下，医药企业如何拓宽药品的营销渠道，提高市场份额？

1.1.5　药品企业的战略选择与营销创新

面对医改新形势，药品企业都应当全面审视自身的战略定位与营销模式，充分认识医改带来的机遇和挑战，正确评价自身的资源和能力，发扬优势、弥补劣势，抓住机遇、规避风险，快速发展。

1. 药品企业的战略选择

战略就是要找到企业能力可及的市场机会，聚焦资源，形成核心竞争力，确立市场领导者地位。战略是基于现实对未来愿景和阶段性目标的清晰描述，进而找到实现战略目标的最佳路径和方法。同时，战略必须付诸实施才有实际意义，只有始终保持战略清晰的企业才能做到策略领先，行动制胜。药品企业要研判产业大势和市场变迁，于结构变化中寻找机会，同时要致力于管理改进与效率提升。在新一轮产业重组和市场集中化的进程中，找准自己的定位，并做出正确的战略选择。

中小型药品企业应当立足专业化和特色化发展，聚焦某个细分市场或产业链的某些特殊环节，通过产权改革、机制转变、管理改进、营销创新等努力，建立和培育自己的核心竞争力，或主动寻求与大企业合作，形成战略联盟。而有资本实力和管理输出能力的大型药品企业应当抓住历史机遇，进行资本运作、并购重组和产业整合，力争成为区域市场或药品行业的领导者。

2. 药品企业的营销创新

医改必将改变药品市场的竞争格局，传统的营销模式面临严峻挑战。未来药品市场竞争取决于市场细分、品牌塑造、模式创新、管理提升和战略优势等企业综合实力的较量。药品企业的营销创新具有以下三方面的特点。

（1）以市场细分和目标市场选择为基础。市场细分和目标市场选择是企业从事任何营销活动的基础。药品企业首先要认真分析自身的产品资源和营销能力，再决定进入哪些区域、哪些层级、哪类终端市场。其次要对目标市场进行政策分析和竞争分析，明确市场定位和战略目标，进而形成有效的竞争策略。最后要主动应对时局变化，及时转变营销模式，调整通路结构，优化资源配置，采取积极行动。

（2）药品流通链条长，设定“门槛”多。医改将会推动各级医疗市场逐步走向规范，同时也会加大药品生产流通秩序的整顿力度，制药企业将会面临更多、更高的政策性门槛，只有跨越这些门槛限制，才有机会参与市场竞争。因此，药品生产企业必须高度重视药品目录和经营资质问题，要努力让自己的产品进入国家基本药物目录、定点生产目录、城镇职工基本医疗保险用药目录、新农合基本用药目录、社区基本用药目录等种类繁多的目录。而药品经销企业要想尽一切办法拿到国家基本药物目录产品的统一配送权，或大宗药品的医院招标和配送权，城市社区与新农合市场的采购招标和配送权等。产品进不了目录的制药企业和拿不到招标采购、配送权的药品经销企业将会逐步退出市场。

（3）未来药品市场将会呈现终端规范化、渠道集约化、市场集中化的发展格局。这就要求药品企业必须以多样化的营销模式覆盖更多的终端市场，以专业化的推广能力树立并提升企业和产品的品牌形象，以组织化的营销体系提高营销决策力、销售执行力和市场控制力。其中，实施渠道再造与推广创新、打造组织化营销管理平台、建立和完善市场部与政府事务部职能，是药品企业实现营销模式转型、走向专业化市场营销的三个关键。

【开拓视野】 政府带量采购推动院外药品零售市场迎来新机遇

2019 年 3 月以来，带量采购正式在 11 个试点城市推行，这预示着医保局成立后以政府为主导的药品采购供应模式有望在未来大举推广。虽然带量采购主要影响医疗机构相关药品价格，但对院外零售药店处方药销售体系同样影响深远。

政府带量采购所涉及的公立医院体系对非住院用药供应的定位为低价保基本供应，其药品销售的市场角色定位逐渐被弱化，品种和厂家的差异性营销逐渐转移到院外零售市场。院外药品零售渠道有望成为终端患者销售的主要阵地，零售企业与工业企业合作有望进一步加强。带量采购叠加一致性评价将存量药企洗牌，药品批准文号大幅减少，广泛存在于药品零售行业的贴牌模式面临变革，中小连锁企业的赢利空间将大幅压缩，大型连锁企业的议价能力大幅提升。随着更多的院内药品销售转移到院外药品零售渠道，将一定程度上倒逼国内零售药店行业的专业化发展。

随着未来带量采购及相关医保控费措施的不断推行，医保整体收支不平衡的问题有望得到大幅缓解，从而释放千亿级的医保增量空间，预计更多的创新和高价高疗效药物有望纳入医保的支付范围。对于部分可以院外销售的创新药物而言，药店的专业化服务能力也将会是最具有竞争力的。

【开拓视野】　　处方共享平台模式推广有望实现多赢

在医药分开大背景下，多种承接处方外流的模式蓬勃发展，其中处方共享平台作为实现“三医联动”的重要途径推广时机已趋于成熟。2017年10月25日，梧州市卫计委发布《梧州市处方信息共享平台药店申报登记管理制度（试行）》，11月15日全市20余家二级以上医院与百余家药店接入处方信息共享平台，成为全国首个全面实践处方信息共享的城市。“梧州模式”通过医院及卫计、药监、医保的信息共享平台建设配合政府医改，实现了医院、患者、政府、药店的多方共赢。

1. 医院

通过网上挂号预约时间并就近选取药店，缩短患者在医院内挂号及取药时间，患者取药平均时间由30～40分钟下降为到院外门店取药所需的10～20分钟。医院处方外流可降低医院的药占比考核压力，并可降低医院药房人工、仓储、药品采购资金占用成本。

2. 患者

通过远程诊疗让患者特别是慢病患者二次复诊时可以足不出户享受三级医院服务，可以通过“网订店取”或者“网订店送”的配送服务满足部分患者的需求。结合机构调研信息，梧州市自处方共享推行以来，通过将医疗机构处方引流至社会药店，部分药店处方药品价格平均下降约16%，药店外流处方品种实现对码，与医疗机构实现“同品同规同价”，支持医保卡结算，通过市场化竞争降低患者的用药成本。

3. 政府

通过互联网技术手段将医院的HIS系统、药店的POS系统、医保的支付系统和患者端全方位对接，对管辖区域内的医保支出情况做到完全的细节追踪，实现对医保费用的精准监控跟踪。

2018年，全国各地处方共享推进已明显呈加快趋势。以广西梧州为起点，广东、重庆、天津、山东、甘肃、河南、福建等多地相继发文支持开展试点。预计以各地处方流转平台为基础的处方共享模式在全国范围推广指日可待，未来将成为医药分开背景下院外承接处方药的重要渠道。具备先发优势且重点布局的龙头连锁企业有望受益，从目前已经执行的区域来看，公立医院处方共享平台从合规性和要求性的角度对接地方大型药店零售连锁龙头公司，有望进一步强化龙头连锁公司的优势，推动国内药品零售集中度的进一步提升。

1.2 药品市场营销基本流程与物流配送

1.2.1 药品市场营销基本流程

1. 确定目标市场

通过分析市场机会，可以掌握总体药品市场的需求。但是，就同一类药品而言，在不同的人群中会有不同的需求特征，单一品种是无法满足所有人的需求的。因此，药品营销人员还必须研究不同患者的需求特征，从中确定企业的销售目标，从而使企业的产品特征与某一目标市场的需求特征相适应，见表 1－2。

表 1－2　药品市场

药品需求	社区卫生院	县（市）级医院	地（市）级医院
青霉素类	目标市场Ⅰ		
大环内酯类		目标市场Ⅱ	
头孢菌素类			目标市场Ⅲ

2. 设计营销策略

在确定目标市场之后，药品营销人员就要为进入这一市场设计营销策略。药品企业的营销策略主要是进行市场定位和产品定位。所谓市场定位，就是在这一市场的所有同等竞争药品企业中确定本企业的独特地位，树立本企业的独特形象。市场定位的任务是确定企业服务的医疗单位与患者，产品定位则是确定企业的产品特色。

3. 策划药品营销方案

营销计划的实现必须有具体的营销方案来支持，营销计划涉及营销费用、营销组合和营销资源的分配。营销费用的高低要与营销目标相适应，不要参考同等同品种竞争对手的费用投入额。营销组合就是综合地、动态地把各种营销策略有机地配合运用，在营销方案中，应使各种营销计划具体化。在营销计划中还应明确企业的人、财、物配置，包括一个营销的组织结构和领导体系。

4. 组织、执行和控制营销计划

一项营销计划必须转化为行动，否则就毫无意义。因此，在策划好营销计划之后应具体地组织实施，并对实施过程进行有效控制，从而最终实现目标。营销过程中应有有效的领导。药品营销组织通常由企业副厂长、副总经理领导，负责协调全部营销工作，对各类营销人员进行选择、培训、指导、激励和评价。营销控制则主要指年度计划控制（保证企业在年度计划中所制定的销售和其他目标的实现）、盈利能力控制（对企业产品，对经营企业营销的药品、各医疗单位、药品公司、销售渠道和对要货量大小的实际盈利进行测算）以及评估企业的营销计划是否适合市场条件。只有对营销进行有效控制，营销计划才会最大限度地得到实现。

【开拓视野】　　日本调剂药局在处方外流中迎来快速发展

近年来，日本、韩国以及我国台湾地区在医药卫生体制改革中，都将医药分开作为医药卫生体制改革的核心制度开展制度设计和改革落实。以日本为例，从 20 世纪 80 年代开始执行医药分开改革，深度贯彻“医”和“药”两条改革主线，发展至今带来处方外流的快速发展，提供专业化服务的调剂药局受益于行业变革。

医：挂号费、诊疗费适度提价，降低药占比。

药：设立处方调剂局以承接处方，以医保支付为出发点，干预药品支付价格。

受老龄化趋势影响，日本医疗卫生支出压力明显逐年加大。从 1988 年开始，日本政府每两年进行一次针对《药价标准》（医保目录，目前共 15925 种）品种的价格谈判，以市场基准价加以一定比例的调整确定新的医保支付价，历次调整平均降价幅度约 6%。

仿制药的大幅降价倒逼处方流向市场化的院外市场。根据日本厚生劳动省统计数据，在日本本轮医改期间医药分业率从 1992 年的 14.1% 增长至 2017 年的 72.4%，绝大部分的慢病处方药全部实现了院外处方外流。外流处方的主要承接方为调剂药局，调剂药局接受的处方量从 1992 年的 1.79 亿张增加到 2017 年的 8.11 亿张，增长 3.5 倍，CAGR

高达 10.6%。同时调剂药局数量从 1989 年的 36670 家增长至 2015 年的 58326 家，CAGR 仅为 1.8%。可以推断，专业化强的龙头连锁调剂药局公司承担了绝大部分的处方外流市场。此外，受政府不断调低药价影响，药品利润率不断被压缩，部分单体调剂药房经营日益困难，逐步推动调剂药房行业的连锁化规模化发展。行业并购整合也开始加速，仅 2016 年日本便有超过 1000 家调剂药房被并购。

1.2.2 药品流通与物流配送

国内药品物流在管理方法上很多还仅仅是“仓储”，没有把它们提到物流管理的高度，造成我国药品行业物流配送存在以下问题。

（1）配送零散、物品不集中，造成行业物流费用过高。由于药品行业的特性，以及医疗机构采购管理的不规范，使得多家企业供货，致使供应的药品存放多处。这又导致社会、企业车辆过多运输，仓储费用增大，物流费用过高。

（2）由于政策限制，无法建立真正的配送中心。受国家对药品的经营管理限制，药品生产企业不能直接进入流通市场，必须经过药品经销商才能将自己的药品投放市场，这增加了费用，造成药品价格上涨。

（3）药品行业采购不科学，造成人力、物力资源的浪费。整个药品行业采购的随机性比较强，临时调货、补货的现象较多，造成运输重复、服务不到位，并且缺货现象时有发生，不能及时满足客户需求，影响了整个物流活动。

（4）功能不健全、科技含量低。大多数药品配送中心软硬件落后，无法实现管理科学化、作业机械化，更谈不上自动化，导致高成本、低效率的现象极为普遍。

（5）职能不明确。在药品行业，采购部门不属于物流系统的一部分，这就造成采购的盲目性，有些药品库存过大，而有些补货不及时、库存不合理，不能很好地配合物流为销售服务。

【开拓视野】 九州通集团公司的物流建设

九州通集团公司投资 1.6 亿元在北京建设的现代化医药物流中心是我国第一个采用全程自动化设备的医药物流中心——从药品入库、存储、拣选到配送，各个环节均实现了自动化作业。

九州通集团随后又投资18亿元在武汉东西湖建设全球最大的现代医药物流中心，该中心于2014年5月正式完工并投入运营。据了解，该中心可存储5万多个品规、70万箱药品，日最大吞吐量10万箱，每小时峰值订单处理能力1.2万条，可支持年销售额120亿元。九州通每年的核心技术研发投入巨大，2018年达到8465万元，上市融资的资金也主要用于物流投入。

截至2018年底，九州通在全国省级行政区投资建成了31个省级医药物流中心，同时向下延伸并设立了96家地市级分销物流中心。九州通的营销网络已经覆盖了中国大部分的行政区域，构成了全国性网络，同时在全国范围内拥有1287家零售药店（含加盟店），是目前全国医药流通企业中营销网络覆盖区域最广的企业之一。

1.3　我国药品市场发展现状

1.3.1　药品零售市场整体情况

2018年，国家先后推出“互联网+医疗健康”、打击骗保、零售药店分类分级管理、“4+7”带量采购、执业药师职业资格制度和资格考试实施办法等一系列政策，面对新政策、新形势、新环境，药品零售行业也不断进行着变革、调整、升级。在连锁率逐步提升的同时，药店规范化管理和专业化水平面临新的挑战。受智能化、数字化的影响，药品零售行业不断进行探索创新，新业态、新模式不断涌现，药品零售行业迈入专业化和智能化时代。

1. 药品零售市场整体规模

2018年药品零售市场销售规模总体呈现增长态势，增速保持稳定。据统计，2018年药品零售市场销售总额为4317亿元，扣除不可比因素，同比增长9.0%，增速与上年相比基本持平。据国家药品监督管理局统计，截至2018年11月底，全国共有药品零售连锁企业5671家，同比增长4.8%；下辖门店25.55万家，零售单体药店23.36万家，零售药店门店总数48.91万家，同比分别增长11.5%、-4.1%、7.8%。2018年药品零售连锁企业前100位销售总额为1439.8亿元（见图1.1），占同期药品零售市场销售总额的33.4%，同比上升2.6个百分点，表明行业集中度在不断提高。

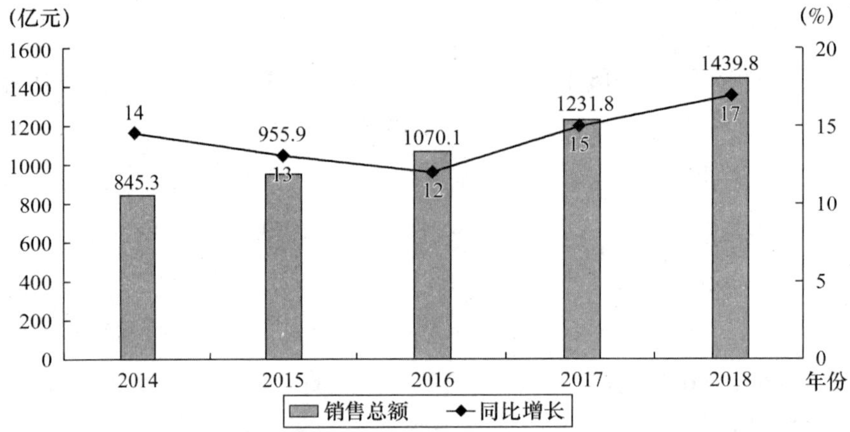

图 1.1　2014～2018 年药品零售连锁前 100 位企业销售总额及增速

资料来源：商务部药品流通行业统计系统，中国医药商业协会。

2. 药品零售企业经济效益情况

2014～2018 年前 100 位药品零售企业利润率统计见图 1.2。

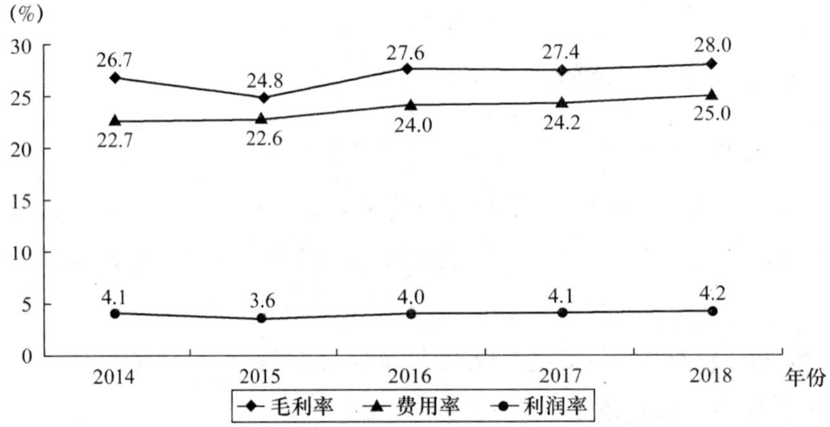

图 1.2　2014～2018 年药品零售连锁前 100 位企业利润率统计

资料来源：商务部药品流通行业统计系统，中国医药商业协会。

2018 年，前 100 位药品零售连锁企业平均利润率为 4.2%，比上年上升 0.1 个百分点；扣除不可比因素，平均毛利率为 28.0%，比上年上升 0.6 个百分点；平均费用率为 25.0%，比上年上升 0.8 个百分点。

3. 药品零售企业区域分布结构

2018 年，前 100 位药品零售连锁企业销售额占比居前 10 位的省份依次为湖南、上海、云南、广东、重庆、北京、湖北、山东、浙江、甘肃（见表 1－3）。区域销售额占比与企业数量基本保持正向关系，个别省份如浙江省企业数量最多但销售占比较低，说明缺少大规模的药品零售企业。湖南省首次超过上海市成为销售占比最高的省份。前 10 位省份的销售额占前 100 位企业销售总额的 80.0%。

表 1－3　　2016～2018 年前 100 位药品零售企业区域销售对比　　单位：%

序号	省份	2018 年	2017 年	2016 年
1	湖　南	14.04	12.58	12.07
2	上　海	13.07	14.65	15.28
3	云　南	9.45	9.55	9.18
4	广　东	9.27	9.23	12.64
5	重　庆	7.66	8.47	9.23
6	北　京	7.46	8.08	8.22
7	湖　北	5.55	4.88	2.83
8	山　东	4.76	4.07	3.59
9	浙　江	4.39	4.54	4.21
10	甘　肃	4.30	1.52	1.35
11	河　北	2.78	2.83	2.34
12	江　苏	2.74	2.59	2.67
13	四　川	2.63	2.48	2.88
14	辽　宁	2.48	2.94	3.51
15	河　南	1.71	1.59	1.34
16	吉　林	1.59	1.66	1.76
17	贵　州	1.53	3.18	1.34
18	广　西	1.22	1.02	0.84
19	黑龙江	1.15	1.25	1.48
20	江　西	1.02	0.87	1.14

资料来源：中国医药商业协会。

从收入增长情况来看，2018 年 25 家药品流通行业上市公司实现主营业务收入总和为 11494 亿元，同比增长 15.52%，与 2017 年 13.39% 的增速相比有所提升。这主要是因为一些企业实施了较大的并购活动，带来了业绩的较大提升。从盈利水平情况来看，2018 年，25 家医药流通行业上市公司的平均综合毛利率为 17.68%，与上年同期相比有所提升。从上市公司的业务构成来看，零售业务毛利率较高，平均为 25.90%，分销业务毛利率较低，平均为 8.55%。在以零售为主业的企业中，大参林的毛利率最高，达到 41.65%，主要是因为高毛利的参茸滋补药材占比较高。2018 年，资本市场对药品流通行业的估值继续下调，从 2017 年的平均市盈率 31.50 倍下降为 2018 年的 20.16 倍。但对零售企业的估值仍保持较高水平，以零售为主营业务的四家企业（一心堂、益丰、老百姓和大参林）平均市盈率为 29.45 倍，明显高于分销企业的平均估值，这主要是因为处方外流和整合加速为零售市场带来了较高的资本市场预期。

1.3.2 药品零售市场品类销售结构

1. 品类销售结构

据典型样本城市零售药店 2018 年品类销售统计，在零售药店多元化经营中，各类商品近两年来基本格局保持不变（见图 1.3）。在所统计的零售药店经营的九大类商品销售额中，化学药、中成药、食品（含保健食品）销售额均居前三位；药品类［包括化学药品、中成药、生物制品和中药材（含中药饮片）］在零售药店的销售占比连续 5 年稳定在 80% 以上（见图 1.3）。

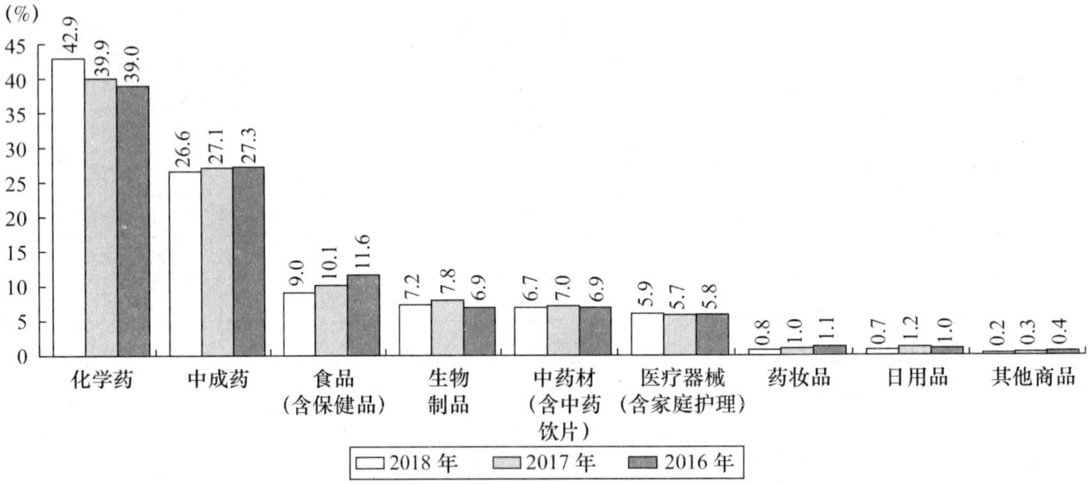

图 1.3 2016～2018 年典型样本城市零售药店品类销售结构分布

资料来源：中国医药商业协会。

在所统计的零售药店经营的八大类商品中，化学药、中成药、食品（含保健品）的销售额一直居于前三位（如表1－4所示），化学药销售额占比前三季度连续上升，第四季度有所回落；中成药销售额占比第一季度和第四季度较高，第三季度最低；食品（含保健食品）销售额连续四个季度稳居第三位，且销售额占比稳定，为9%左右；其余各类产品销售额占比变化不大。

表1－4　2017年与2018年典型样本城市零售药店大类产品销售占比　单位:%

大类名称	2018年		2017年		占比变化
	份额	排名	份额	排名	
化学药	42.9	1	39.9	1	3.0
中成药	26.6	2	27.1	2	-0.6
食品（含保健品）	9.0	3	10.1	3	-1.1
生物制品	7.2	4	7.8	5	-0.6
中药材（含中药饮片）	6.7	5	7.0	4	-0.3
医疗器械（含家庭护理）	5.9	6	5.7	6	0.2
药妆品	0.8	7	1.0	8	-0.2
日用品	0.7	8	1.2	7	-0.5
其他商品	0.2	9	0.3	9	-0.1

注：样本范围为19个省份38家药品零售连锁企业，约2700家门店。

资料来源：中国医药商业协会。

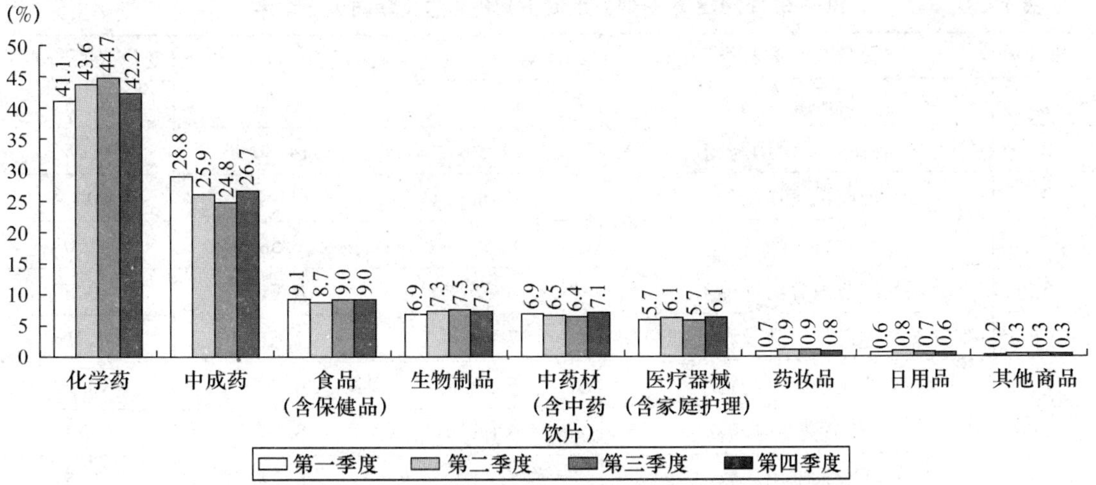

图1.4　2018年典型样本城市零售药店销售品类全年4个季度份额

资料来源：中国医药商业协会。

2. 品种销售结构

2018 年，典型样本城市零售药店药品本土企业、跨国企业销售占比与上年差异不大。如图 1.5 所示，在药品销售中，本土企业占主要地位，占比为 64.2%，较上年下降 1.0 个百分点；跨国企业占 35.8%，较上年上升 1.0 个百分点。在化学药品大类中，抗肿瘤药物较上年增长 4 个多百分点，居首位；神经系统用药物、专科用药物、呼吸系统用药物、抗生素类药物销售占比下降幅度较大（见表 1－5）。

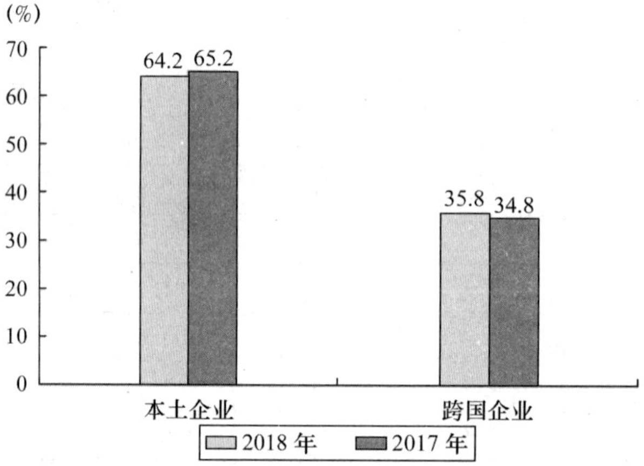

图 1.5　2017 年与 2018 年典型样本城市零售药店药品生产厂家市场份额占比变化

资料来源：中国医药商业协会。

表 1－5　　2017 年与 2018 年典型样本城市零售药店化学药大类排序

排序	化学药大类分类	2018 年占比（%）	2017 年占比（%）	变化（百分点）
1	抗肿瘤药物	15.19	10.94	4.25
2	心血管系统用药物	14.85	14.80	0.05
3	神经系统用药物	10.88	11.32	－0.44
4	专科用药物	8.55	9.58	－1.03
5	激素及调节内分泌功能类药物	8.32	8.71	－0.39
6	维生素类、矿物质类及营养类药物	7.62	7.61	0.01
7	消化系统用药物	6.56	6.76	－0.20
8	调节免疫功能药物	6.06	5.33	0.73
9	呼吸系统用药物	5.73	6.24	－0.51
10	抗生素类药物	4.25	4.82	－0.57

续表

排序	化学药大类分类	2018 年占比	2017 年占比	变化
11	泌尿系统用药物	3.37	3.66	-0.29
12	血液系统用药物	2.73	2.78	-0.05
13	抗病毒药物	2.38	2.31	0.07
14	抗变态反应药物	1.21	1.27	-0.06
15	化学合成抗菌药	0.83	1.00	-0.17
16	抗真菌药物	0.67	0.69	-0.02
17	其他抗感染类药物	0.22	0.22	0.00
18	抗寄生虫药物	0.18	0.19	-0.01
19	糖类、盐类与酸碱平衡调节药物	0.14	0.16	-0.02
20	抗分枝杆菌药物	0.08	0.08	0.00
21	酶类及其他生化药物	0.06	0.09	-0.03
22	麻醉及其辅助用药物	0.05	0.05	0.00
23	特殊管理药物	0.04	0.04	0.00
24	解毒药	0.01	0.03	-0.02

资料来源：中国医药商业协会。

在中成药大类销售中，清热剂销售额在 2018 年首次居首位，销售额占比增长近 2 个百分点；祛痰剂销售额占比在 2018 年也增长较快。除清热剂、祛痰剂、解表剂、祛湿剂、五官用药、开窍剂、理气剂、消食剂、妇科用药、治燥剂等销售占比有增长外，其他几类销售占比较上年均有所下降，其中补益剂、疏风剂下降幅度较大（见表 1-6）。

表 1-6　　2018 年典型样本城市零售药店中中成药大类排序

排序	中成药大类分类	2018 年占比（%）	2017 年占比（%）	变化（百分点）
1	清热剂	22.56	20.57	1.99
2	补益剂	21.31	22.63	-1.32
3	理血剂	15.21	15.50	-0.29
4	祛痰剂	10.62	9.20	1.42
5	解表剂	6.25	5.96	0.29
6	祛湿剂	5.27	5.26	0.01

续表

排序	中成药大类分类	2018 年占比（%）	2017 年占比（%）	变化（百分点）
7	五官用药	4.09	3.87	0.22
8	疏风剂	2.83	4.74	-1.91
9	安神剂	2.69	2.85	-0.16
10	开窍剂	2.49	1.74	0.75
11	理气剂	1.58	1.51	0.07
12	民族药	1.51	1.63	-0.12
13	消食剂	1.15	1.14	0.01
14	妇科用药	1.07	1.03	0.04
15	泻下剂	0.44	0.44	0.00
16	温里剂	0.36	0.37	-0.01
17	和解剂	0.33	0.34	-0.01
18	固涩剂	0.11	0.15	-0.04
19	外用药	0.10	0.10	0.00
20	治燥剂	0.03	0.01	0.02
21	其他功能	0.00	0.97	-0.97

资料来源：中国医药商业协会。

3. 药品零售企业直营门店结构情况

2018 年，销售额前 100 位药品零售企业门店总数达到 69359 家，比上年增长 18.9%。其中直营门店数 47201 家，比上年增长 27.7%；直营店占门店总数的 68.1%，占比提高了 4.7 个百分点。

4. 医保定点药店区域分布情况

各地医保部门落实“宽进严管”的市场管理方针，逐步改药店医保定点审批制为协议制，部分城市取消了医保定点药店的距离限制、经营范围限制等一些不合理限制，扩大了供给。但部分区域仍设置了不必要的限制，比如总量限制、年新增量限制、人口覆盖面限制、距离限制、经营范围限制等。医保定点药店的增加，既方便了群众购药，也提升了医疗保障的人性化程度。随着《欺诈骗取医疗保障基金行为举报奖励暂行办法》和《医疗保障基金管理条例（征求意见稿）》等政策陆续出台，定点药店管理更加规范，政府监管更加严格。受区域政策差异影响，医保定点率区域差异较大，在零售百强企业中医保定点率最高的省份可达98%，最低只有20%，平均医保定点率69%。

5. 零售药店执业药师现状

注册于零售药店的执业药师呈上升趋势，据中国医药商业协会统计，截至2018年12月底，零售药店48.9万家，注册执业药师46.8万人，药店执业药师占比89.4%。截至2018年8月底，全国已有953164人获得执业药师资格证，已注册的执业药师人数为449972人，注册率为47.21%。按照注册的执业药师人数计算，我国平均每万人口执业药师数为3.2人，除辽宁、吉林、广东省为4人以上标准外，其余省份都没有达到。从零售药店配备执业药师来看，重庆、四川、山东、江西、黑龙江、内蒙古、青海、宁夏、云南、贵州、新疆等11个省份执业药师配备率不到60%。

执业药师配备存在的主要问题：一是执业药师配备标准全国统一，实际执行中并不适合；二是城乡执业药师配备差异大，乡村执业药师严重不足；三是药店尤其是县级以下地区的药店从业人员报考并取得执业药师资格的比率普遍偏低，且对人才吸引力弱；四是城区每名执业药师远程审方的门店数量偏多；五是执业药师注册率低并且实际服务能力不足。

1.3.3　我国药品零售市场发展的主要特点

1. 药品零售连锁企业销售规模有所增加

从销售情况看，2018年，前100位药品零售连锁企业的销售额底线为1.85亿元。如图1.6所示，与上年相比，年销售额超过50亿元的企业为7家，与上年持平；销售额在40亿~50亿元的企业数为2家，比上年增加1家；销售额在30亿~40亿元的企业数为4家，比上年增加2家；销售额超过10亿元的企业数为28家，比上年增加3家，说明优势企业的销售规模发展较平稳。前100位药品零售连锁企业销售额占零售市场销售总额比重为33.4%；其中前5位企业占销售总额的12.1%，前10位企业占销售总额的18.5%，前20位企业占销售总额的23.8%。前100位企业销售总额及市场占有率较上年均有所提高，进一步反映出收入逐渐向大型连锁企业集中的趋势。

2. 行业集中度不断提高

零售市场集中度及零售连锁率不断提高，截至2018年11月底，药品零售连锁率已达

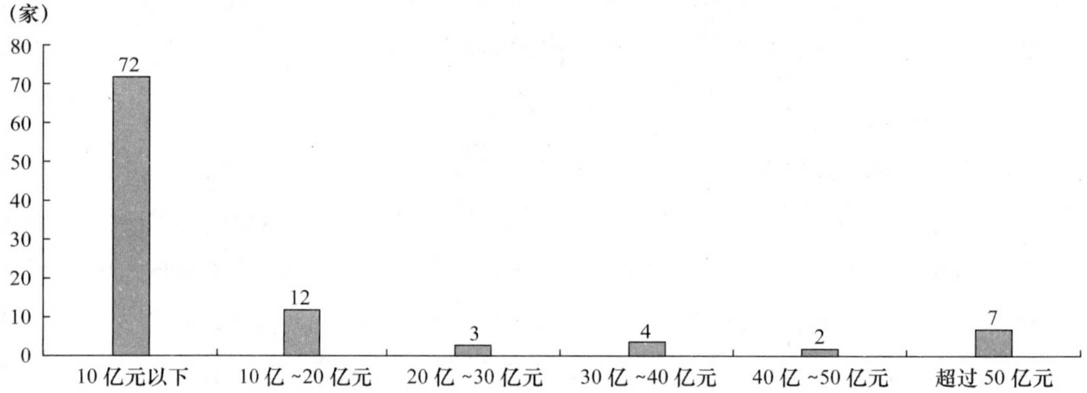

图 1.6　2018 年度销售总额前 100 位药品零售连锁企业分布

资料来源：中国医药商业协会。

到 52.2%，同比提高 1.7 个百分点（见图 1.7）。2018 年，销售额前 100 位的药品零售企业门店总数达到 69359 家，较上年同期增加了 11004 家；销售总额 1440 亿元，占零售市场总额的 33.4%，同比上升 2.6 个百分点。排序最后一位的企业销售额由 2017 年的 1.4 亿元上升到 2018 年的 1.8 亿元。

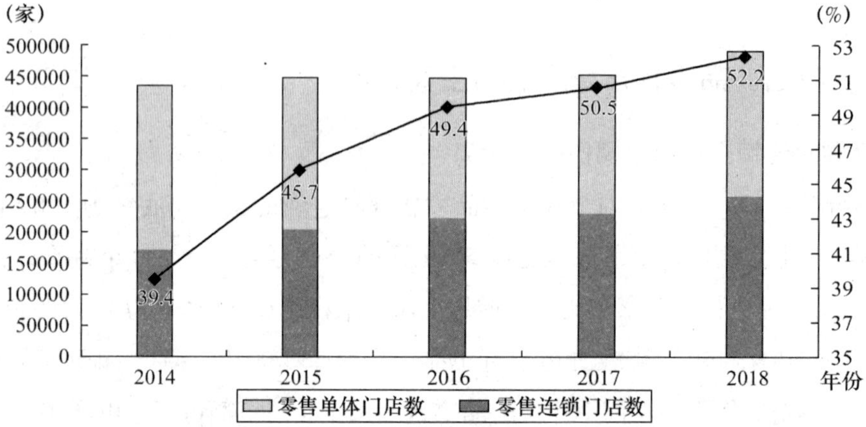

图 1.7　2014 ~ 2018 年全国零售药店连锁率

资料来源：中国医药商业协会。

3. 医药零售行业并购整合持续发展

据中国医药商业协会统计，2018 年药品零售市场销售总额为 4317 亿元，同比增长 9.0%，一心堂、老百姓、益丰、大参林四大上市连锁企业增长迅速，老百姓营业收入 95

亿元，同比增长 26. 26%；一心堂营业收入 92 亿元，同比增长 18. 39%；大参林营业收入 89 亿元，同比增长 19. 38%；益丰药房营业收入 69 亿元，同比增长 43. 79%。据不完全统计，截至 2018 年底，A 股医药制造板块、零售板块、批发业板块含药店零售业务的上市企业共有 35 家（部分企业情况见表 1 －7），新三板上市的药品零售企业共有 8 家。药品零售连锁企业作为药品终端市场的重要组成部分，承担着医药分家的破局重任。随着医改政策的推进，医院端有望逐渐将药品市场份额让给零售药店，药店受到资本市场的关注。未来，医药零售行业的并购还将持续。

表 1 －7　　A 股上市的部分药品零售企业情况

行业分类	公司名称	2018 年主营业务收入（万元）	零售板块子公司简称	2018 年零售业务收入（万元）	同比增长（%）	零售业务占比（%）	零售业务毛利率（%）
流通业	国药控制	34452582	国大药房	1480390	16. 29	4. 30	
	华润医药	16620560	华润堂、医保全新、礼安连锁、同德堂	477935	34. 73	2. 88	14. 60
	上海医药	15908440	华氏大药房、上海药房	720207	27. 70	4. 53	15. 14
	九州通	8713636	好药师药房连锁	196031	4. 46	2. 25	18. 93
	国药一致	4312239	国大药房	108716	9. 91	2. 52	23. 03
	南京医药	3130305	百信药房	121231	3. 58	3. 87	21. 39
	重药控股	2580274	和平药房	173347	23. 01	6. 72	24. 23
	嘉事堂	1795989	嘉事堂药店连锁	17251	16. 32	0. 96	16. 32
	人民同泰	705522	人民同泰连锁	108128	－6. 97	15. 33	27. 27
	柳州医药	1171453	桂中大药房	130643	50. 54	11. 15	26. 40
	鹭燕医药	1150089	鹭燕大燕药	47000	20. 08	4. 09	0. 00
	浙江震元	285806	震元医药连锁	55318	12. 95	19. 36	25. 06
	第一医药	117667	第一医药商店	67977	2. 40	57. 77	21. 89
	华通医药	152269	华通医药连锁	25302	21. 93	16. 62	26. 28
制药业	同仁堂	1420864	同仁堂药店	755972	11. 76	53. 21	30. 26
	太极集团	1068938	桐君阁大药房	455733		42. 63	18. 30
	济川药业	720821	为你想大药房	22409	8. 90	3. 11	15. 87
	千金药业	332855	千金大药房连锁	143684	8. 34	43. 17	16. 23

续表

行业分类	公司名称	2018年主营业务收入（万元）	零售板块子公司简称	2018年零售业务收入（万元）	同比增长（%）	零售业务占比（%）	零售业务毛利率（%）
	九芝堂	312276	九芝堂零售连锁	77272	28.52	24.74	24.14
	太安堂	331530	康爱多	215368	47.09	64.96	18.78

资料来源：根据上市公司年报整理。

【开动脑筋】

在当前药品营销市场存在诸多问题的背景下，政府、生产企业以及连锁药店应如何打破僵局？

4. 药品零售业未来发展走势预测

2019年，随着“三医联动”改革的不断深入，在科技发展和市场变化的驱动下，为迅速适应流通新业态、新模式的变革，有效满足医药卫生体制改革的要求和人民群众日益增长的健康需求，药品零售行业积极向集约化、标准化、信息化方向发展，形成了专业药房、智慧药房等多元化服务模式的发展之路。

（1）药品零售市场由高速增长走向理性发展。自2010年以来，受益于宏观经济高速增长和人民健康需求日益增加，“十一五”期间、“十二五”期间我国药品流通市场规模复合增长率高达20.6%和16.7%。2018年我国居民人均医疗保健消费支出水平仍持续高于GDP增长水平，但医药企业销售收入已结束双位数的高速增长，整体呈现个位数低速增长状态，全国药品零售市场由高速增长回归理性高质量发展。

（2）行业整合加速，集中度不断提高。随着国家药品带量采购的启动和仿制药一致性评价工作推进，药品市场将形成创新药和优质仿制药并重的格局，药品零售行业面临机遇和挑战。政府带量采购推动院外零售市场的发展，零售药店发展迎来新机遇，未中标产品由医院临床终端市场转向院外药品零售终端市场，但采购价格下降使药店赢利空间大幅压缩。同时，随着药店分级分类管理制度的深入推进和实施，零售药店的规范化经营要求不断提升，监管不断趋严，将进一步带动零售药店行业整合，加快行业洗牌，中小药店要生存和发展，必须借助外界资本的实力，靠大靠强，共享资源。医药行业进入调整和优化时期，行业集中度将持续提升。

（3）药品零售行业进入强监管时代。随着长春长生生物疫苗事件的发酵，药品监督管理部门对于医药行业的监管，拉开了“最严问责”序幕。政策将对每一个地方、每一个角落，进行问责式监管，要求“压实企业主体责任，强化属地管理责任”。强监管时代的到来，不仅表现在药监的强监管上，还表现在医保、税务强监管上。2018 年国家医保局部署“打击欺诈骗取医疗保障基金专项行动”，并将“维护医保基金安全，巩固打击欺诈骗保的高压态势”作为 2019 年国家医保的首要工作任务。全国已进入国地税合并新时代，金税等“十二金”已经全国联网；金税三期全面升级，全税种、全过程、全行业、全监控；风险推送精准排查，税务监管力度空前，药品零售行业进入强监管时代。

（4）专业化药房已成行业发展的新趋势。随着医改政策的深入推进，处方外流已成趋势，国内药品零售企业纷纷建立特药药房、慢病药房，以满足肿瘤、血液、自身免疫系统等特殊疾病和慢性病患者的购药及服务需求。面对专业药房不断涌现和行业发展需要，依据《全国药品流通行业发展规划（2016—2020 年）》等文件要求，中国医药商业协会制定了《零售药店经营特殊疾病药品服务规范》《零售药店经营慢性病药品服务规范》等相关行业标准，对药品的存储管理、处方审核以及专业服务提出了更高的要求。这将对药房规范化、专业化发展起到指导作用。更多的院内药品销售转移到院外零售渠道，将一定程度上倒逼国内零售药店行业的专业化发展，专业化服务能力提升将成为行业发展的新动力。

（5）创新服务模式，开展智慧经营。近两年，随着医药行业政策落地，新的法规政策不断出台，国家大力推进实施“互联网 + 医疗健康”战略，这必然带来行业模式的创新与格局的改变，医药电商已经在行业中初具规模，面对市场痛点、线上线下融合需求及消费者网络购物习惯不可逆转这三大要点，医药电商未来仍将高速发展。中国医药行业商业化的成熟，必然是以技术驱动整体运营效率和专业服务能力的提升为前提，受新零售、新技术影响，药品零售企业积极创新零售服务模式，通过信息化、智能化赋能，开展特色经营。推出场景营销、无人售药模式，利用数字化营销管理、支付宝、微信、AI 机器人等新理念新技术新产品打造智慧药房，引领零售药店向更加现代化方向发展。

（6）药学技术人才作用凸显。随着我国人口老龄化、人民保健意识增强及疾病谱改变，在医改政策影响下，零售药店药学服务模式从“以药品为中心”转变为“以患者为中心”，从“以保障药品供应为中心”转变为“在保障药品供应的基础上，以重点加强药学专业技术服务、参与临床用药为中心”。

药师作为提供药学服务的重要专业人员，已成为企业品牌的核心竞争力。2019 年 3 月，国家药监局发文，全国范围内开展为期 6 个月的药品零售企业执业药师“挂证”行为整治，要求零售药店必须配备执业药师，且在职在岗。目前，零售药店执业药师严重短缺，药师的重要性也更加凸显，其培养、配置、使用等问题将更受关注。

1.3.4 医改对药品行业发展和市场环境的影响

新医改方案可以概括为一个目标、四大体系和八项支柱。一个目标：建立覆盖城乡居民的基本医疗卫生制度，为群众提供安全、有效、方便、价廉的医疗卫生服务。四大体系：建立覆盖城乡居民的公共卫生服务体系、医疗服务体系、医疗保障体系、药品供应保障体系四位一体的基本医疗卫生制度，四大体系相辅相成，配套建设，协调发展。八项支柱：完善药品卫生的管理、运行、投入、价格、监管体制机制，加强科技与人才、信息、法制建设，保障药品卫生体系有效规范运转。

医改是一个重大的民生工程，涉及医疗服务、公共卫生、药品供应和医疗保障等多个领域的体系建设和系统协调，需要各部门协同作战、密切配合、稳步推进，更需要社会各界和广大群众的理解、支持和参与。深化药品卫生体制改革要立足当前，从着力解决人民群众反映强烈的“看病难、看病贵”问题入手，让老百姓得到实惠，让医务人员受到鼓舞，让监管人员易于掌握。

那么，医改到底会对药品行业的发展和市场环境的变化带来哪些影响？下面从药品的角度进行分析和预测。

第一，药品需求总量上升。随着覆盖城乡居民基本医疗保障体系及农村医疗服务体系和城市社区医疗服务体系的建立和完善，老百姓“看病难、看病贵”的问题将会得到基本解决，被压抑的医疗服务和药品需求逐步释放出来。据初步测算，医改带来的药品增量至少在 1000 亿元以上，加上行业自然增长部分，预计未来 3 ~ 5 年药品行业的年增长率不会低于 20%。需要说明的是，医改增量并非全行业平均受益，大部分会消化在医疗服务市场，受益最多的还是面向医院以处方药销售见长的外资企业和部分国内企业。

第二，市场结构发生变化。通过深化公立医院改革，大力发展农村三级医疗卫生服务网络和城市社区卫生服务体系，医疗市场的结构效率和资源配置效率得到明显提升，最终形成结构合理、分工明确、防治结合、技术适宜、运转有序，包括覆盖城乡的基层医疗卫生服务网络和各类医院在内的医疗服务体系。通过改善医疗服务能力、降低收费标准、提高报销比例等综合措施，引导一般诊疗下沉到基层，逐步实现社区首诊、分级医疗和双向转诊。可以预测，医改将会推动医疗市场（包括城市医院、社区和农村医疗）和零售市场（药店）逐步走向规范，社区和农村基层医疗市场快速发展，而城市医院的市场垄断地位将会逐步下降，零售药店可能会以社区为中心进行结构调整与资源优化，市场总量短期内变化不大，连锁、平价和服务代表其未来发展方向。

第三，产品结构发生变化。通过对建立国家基本药物制度、改革药品价格形成机制和推进药品科技进步三部分内容的研读，可以预测进入国家基本药物目录的药品、原研新药和专利药品将会获得更大的市场空间，而仿制药品将会受到价格因素的极大限制，难有作为。未来药品市场将会形成普药、新药（专利药品）和 OTC 品牌药共掌天下的基本格局，其中进入国家基本药物目录的产品将得以快速成长。

第四，产业结构发生变化。建立健全药品供应保障体系以建立国家基本药物制度为基础，以培育具有国际竞争力的药品产业、提高药品生产流通企业集中度、规范药品生产流通秩序、完善药品价格形成机制、加强政府监管为主要内容，建设规范化、集约化的药品供应保障体系，不断完善执业药师制度，保障人民群众用药安全。显然医改会对药品工商企业构筑更多更高的政策门槛，企业如同鲤鱼跳龙门，生死两重天，加之政府监管、市场竞争和资本并购等因素将会加速优胜劣汰，推动产业集中和竞争升级。

第五，规范药品市场秩序。深化公立医院改革，解决“以药补医”是关键，其中补医的概念应当更深刻地理解为补医院和补医生。虽然目前还没有提出详细的解决办法，但就其结果来看，它会有效遏制药品价格上升，打击贿赂营销行为，促进药品行业在阳光下健康发展，各个企业在公平竞争的环境中提高质量、降低价格，规范营销行为，净化市场环境，药品生产流通秩序得以好转。

综上所述，医改带给药品行业的影响是重大而深远的，既有机会，也有挑战，药品工商业企业只有高度关注、积极应对，及时做出战略调整和营销模式转型，才有可能在医改进程中抓住机遇，规避风险，推动企业健康快速发展。

课后思考

1. 简述药品市场的概念和构成因素。
2. 简述药品营销网络的四大主体。
3. 简述药品营销网络的策略。
4. 简述药品市场营销的基本流程。

案例分析

"宽进" + "严管"助力药品市场繁荣①

由浙江省医药行业协会发起的管理药品市场的"宽进严管"的改革措施，在2003年8月被杭州市委市政府认可；2004年8月，被浙江省政府办公厅认可。2013年第十二届全国人民代表大会第一次会议上，《国务院机构改革和职能转变方案的说明》更是明确要"切实做到宽进严管"。

1. "宽进严管"的主要内容

"宽进"即市场依法准入：除了国家法律法规规定的条件外，取消不必要的地方附加准入条件。要打破地域垄断，准入不能过严。

"严管"即市场依法监管：切实履行药品监管职能，坚决不放过一切违法违规的药店经营行为。要实施严格要求，监管不能过宽。

从2003年2月放开新开药店的距离限制开始，杭州市药监局连续七年推出了"宽进"政策，包括：取消150米的开店距离限制；配合劳动保障部门放开医保定点药店的审批，改"定额制"为"准入标准核准制"；改革药店开办负责人的考试考核方法。同时，推出"严管"政策，包括：稽查无休日制度、大稽查制度、稽查快速反应制度；药店分级管理制度；公布社区非法药品交易售药人地址姓名方法；GSP认证的验收复查制度、抽查制度；公安联络室联合办案制度；与专业举报人合作制度；等等。

---

① 郭泰鸿："'宽进' + '严管'助力药品市场繁荣且规范"，《医药经济报》2019年7月25日第3版。

2. 政策实施成效

到 2012 年末，杭州全市零售药店从 2002 年的 846 家增加到 3520 家；连锁率从市区 31.0%、全市 22.1% 提高到市区 71.16%、全市 50.52%；市本级医保定点药店从 15 家扩大到 1019 家，定点率高达 59.8%。品牌大店向县市、中心乡镇延伸，普通药店向边远乡村、城郊结合部延伸，乙类非处方药柜向超市、百货公司、便民店延伸，还出现了药品大卖场、自动售药机药品经营等新业态，满足了不同的社会需求。人民群众对购药方便和药店药价比较满意，在杭州市委市政府每年的争创满意活动中不再出现“购药不便”和“药店药贵”的意见。

“宽进严管”作为杭州市医药体制“四改联动”中药品流通体制改革的基本原则被确认在市委市政府的正式文件中。多年来，“宽进严管”的理念和政策在全市药品流通上保供给、保安全、保满意方面的成效有目共睹。

? 思考题

（1）“宽进严管”的主要特点是什么？可以以“严进”替代“宽进严管”吗？

（2）在药品市场经济条件下，政府要做的事就是建立良好的市场秩序和统一的管理规范，让药品营销网络各主体按市场需要、以经济利益为驱动力从事各类经营活动，推动市场的繁荣与规范。联系本案例内容，试分析“宽进严管”政策的积极意义。

第2章 药品营销网络战略管理

学习重点及要点

1. 战略及战略管理的基本概念
2. 战略管理的具体过程
3. 战略管理的方法
4. SWOT 分析法
5. 药品营销的战略理论
6. 药品企业营销战略管理的实施过程

案例导读

华润医药江苏物流中心的建设创新

华润医药集团（以下简称华润医药）2016 年营业收入 1393 亿元，其中医药分销业务营收 1176.1 亿元，成为仅次于中国医药的第二大医药集团公司。此前，华润医药通过收购重组，已经在北京、长沙、深圳、上海等地建有各种类型的现代化医药物流配送中心，其在 2004 年投入使用的北京物流配送中心更是中国最早的大型医药物流配送中心之一，开创了中国现代医药物流配送中心建设的先河。为了满足日益增长的业务需求，适应医改新形势，华润集团于 2015 年决定在苏州建设新一代医药物流中心。2017 年 3 月，总投资超过 2.5 亿元，汇聚了中国医药物流最新成果的江苏物流中心建成并投入使用，预计远期配送能力达到 200 亿元，成为华润集团目前最大的医药物流中心，使华润医药物流从此翻开了新的一页。

华润医药江苏物流中心建成投产之际，恰逢医药“两票制”的颁布实施，可谓适逢其时。该项目不仅是华润集团的示范性工程，也是医药行业的示范性工程。据悉，华润集团已经决定在未来 3 ~ 5 年建设 10 座以上物流中心，基本以江苏物流中心作为模板。因此，该项目在建设过程中受到集团上下的高度重视，项目建成后受到同行的高度关注。

该项目总结了我国过去 10 多年医药物流建设的经验，项目的建设成果是对我国医药物流建设成果的一个全面总结。无论是流程设计、设备选型，还是综合处理能力，都居于行业的前列，系统的性能指标更加均衡，自动化程度也更高。项目投入使用以来，不仅综合效率提高了 30% 以上，而且大幅度降低了差错率，使现代物流技术的威力初步得到发挥。可以预见，随着该项目和后续项目的建成与投入使用，必将使华润集团整体物流水平上升到一个新的高度。

资料出处：尹军琪：“综合性能卓越的华润医药江苏物流中心”，《物流技术与应用》2018 年第 3 期。

2.1 战略管理

2.1.1 战略与企业战略

“战略”最先应用于军事方面。在西方，“strategy（战略）”一词来源于希腊语“stat-egos”或由其演变出的“stragia”。前者意为“将军”，后者意为“战役”“谋略”。

随着社会的发展和科学的进步，战略被赋予了新的含义，在各个领域中都有很广泛的应用。它在企业管理领域中的运用就产生了企业战略的概念。与军事战略相比，企业战略在思想和观念上有了很大的发展。现代企业之间的竞争不是战场上你死我活的拼杀，而是希望实现企业与竞争对手的双赢局面。在药品营销管理中，企业战略管理也渗入到每个方面。

所以，企业战略就是企业在激烈的竞争环境中，在充分总结、了解企业内外所面临的一系列复杂环境并根据环境科学地预测未来的基础上，为谋求生存和发展而做出的长远的、全局性的谋划或方案。企业战略是企业经营思想的体现，是一系列战略性决策的结果，也是企业制订中长期计划的依据。

2.1.2 战略管理的概念、特点及作用

1. 战略管理的概念

“战略管理”一词最早是由安索夫在1972年提出来的，它是一种崭新的管理思想和管理模式。这种管理模式的特点是：指导企业全部活动的是企业战略，全部管理活动的重点是制定战略和实施战略，而制定和实施战略的关键在于对企业外部环境的变化进行分析，对企业的内部条件和素质进行审核，并以此为前提确定企业的战略目标，使三者之间达成动态平衡。战略管理的任务在于，通过战略制定、战略实施和日常管理，在保持这种动态平衡条件下实现企业的战略目标。

由此，可以将战略管理作如下定义：战略管理指的是企业确定其使命，根据企业外部环境和内部条件设定企业的战略目标，为保证目标的正确落实和实现进行谋划，并依靠企业内部能力将这种谋划和决策付诸实施，并在实施过程中进行控制的一个动态管理过程。

2. 战略管理的特点

（1）战略管理具有全局性。企业的战略管理是根据企业总体发展的需要而制定的，管理的是企业的总体活动，追求的是企业的总体效果。在评价和控制过程中，战略管理重视的不是各个事业部或职能部门自身的表现，而是它们对实现企业使命、目标、战略的贡献大小。这样也就使战略管理具有综合性和系统性的特点。

（2）战略管理的主体是企业的高层管理人员。由于战略决策涉及一个企业活动的各个方面，虽然它也需要企业中、下层管理者和全体员工的参与和支持，但企业的最高层管理人员介入战略决策是必须而非常重要的。这不仅是由于他们能够统观企业全局、了解企业的全面情况，更重要的是因为他们具有对战略实施所需资源进行分配的权力。

（3）战略管理涉及企业大量资源的配置问题。企业的资源包括人力资源、实体财产和资金。企业进行资源配置，或者需要在内部进行调整，或者需要从外部筹集。战略决策需要在相当长的一段时间内致力于一系列的活动，而实施这些活动需要有足够的资源作为保证。为保证战略目标的实现，就需要对企业的资源进行统筹规划、合理配置。

（4）战略管理从时间上来说具有长远性。战略管理中的战略决策是对企业未来较长时期（5 年以上）就企业如何生存和发展等问题进行统筹规划。虽然这种决策以企业外部环境和内部条件的当前情况为出发点，并且对企业当前的生产经营活动有指导、限制作用，但是目的是为了更长远的发展，是长期发展的起步。从这一点上来说，战略管理也是面向未来的管理，战略决策要以经理人员所期望或预测将要发生的情况为基础。在迅速变化和竞争性的环境中，企业要取得成功必须做出长期性的战略计划。

（5）战略管理需要考虑企业外部环境中的诸多因素。现今的企业都存在于一个开放的系统中，受诸多不能由企业自身控制的因素的影响。在竞争性的环境中，企业要想占据有利地位并取得竞争优势，就必须考虑与其相关的众多因素，如竞争者、顾客、资金供给者、政府等外部因素。

3. 战略管理的作用

战略管理作为管理学的重要分支，同样具有科学性和艺术性相结合的特点：科学性侧重于如何让人高效地做事，艺术性侧重于如何让人愉快地做事，战略性则侧重于如何让人有效益地做事。概括起来，战略管理的积极意义有以下几点。

（1）有利于企业建立长远发展方向和奋斗目标，并能在经营中兼顾当前和长远发展，做到增强后劲，持续成长。

（2）有利于企业明确自己在市场竞争中所处的地位，制定并实施有效的经营战略，提高企业的竞争能力。由于战略管理把规划出的战略付诸实施，而战略的实施又同日常的经营计划控制结合在一起，这就把近期目标（或作业目标）与长远目标（战略性目标）结合起来，把总体战略目标与局部的战术目标统一了起来，从而可以调动各级人员参与战略管理的积极性，有利于充分利用企业的各种资源并提高协同效果。

（3）有利于提高企业在管理思想、管理组织、管理人员、管理方法和管理手段等各方面实现现代化，全面推动企业管理现代化进程。

2.1.3　战略管理的要素和结构层次

1. 战略管理的要素

安索夫在其著作《企业战略论》中把企业战略要素概括为四个方面，即产品与市场范围、增长向量、竞争优势和协同作用。安索夫认为这四种要素可以产生合力，成为企业共同经营主线，即企业目前的产品与市场组合和未来的产品与市场组合之间的关联。

（1）产品与市场范围。产品与市场表明企业属于哪个特定行业和领域，以及企业在所处行业中产品与市场是否占有优势地位。通过分析企业的共同经营主线，可以把握企业的方向，同时企业也可以正确地运用这条主线，恰当地进行自己的内部管理。

（2）增长向量。增长向量又称为成长方向，是企业从现有产品与市场组合向未来产品与市场组合移动的方向，即企业经营行动的方向，而不涉及企业目前产品与市场的态势，如表 2 –1 所示。

表 2 –1　　企业增长向量矩阵

	现有产品	新产品
现有使命	市场渗透	产品开发
新使命	市场开发	多种经营

市场渗透是通过目前的产品与市场份额的增长达到企业成长的目的。市场开发是企业为了寻找新的消费群，使产品承担新的使命，以此作为企业成长的方向。产品开发是创造新的产品，以逐步替代现有产品，从而保持企业成长的态势。多种经营独具特色，对于企业来讲，它的产品与使命都是新的。换言之，企业步入了一个新的经营领域。

（3）竞争优势。竞争优势是指在特定的产品与市场领域中，企业比竞争对手有优势的特征和条件。它常常表现为企业所拥有的资金与竞争企业相比，在数量上或质量上形成的明显差别。例如，企业拥有先进的设备、雄厚的资金、强大的技术力量等，都可以成为企业的竞争优势。一定的竞争优势是企业在特定的产品与市场领域应追求的目标，同时也是企业在竞争中立于不败之地的根本保证之一。发挥竞争优势有两个方面的含义：一是正确地认识企业的竞争优势；二是有效地利用企业的竞争优势。为此，企业在制定经营战略时，要认真分析有关的市场环境和竞争状态，从中选择能够发挥竞争优势的产品和市场领域。

（4）协同作用。协同作用指明了一种联合作用的效果，涉及企业与其新产品和市场项目相配合所需要的特征。协同作用是衡量企业新产品与市场项目的一种变量。如果企业的共同经营主线是进攻型的，该项目则运用于企业最重要的要素，如销售网络、技术等；如果企业的共同经营主线是防御型的，该项目则要提供企业所缺少的关键要素。同时，协同作用在选择多种经营战略上也是一个关键的变量，它可以使各种经营形成一种内在的凝聚力。

以上四种战略管理要素是相辅相成、互不排斥的，共同构成了企业战略的内核。图 2.1 描述了企业战略管理四个构成要素间的关系。

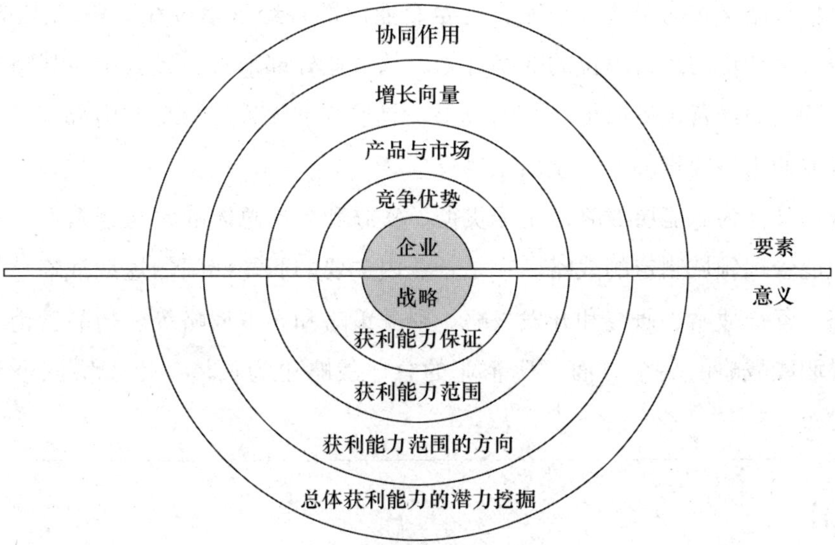

图 2.1　战略管理构成要素

2. 战略管理的结构层次

在典型的现代企业中，企业的战略管理大体上可以分为三个层次：总体战略、经营单位战略、职能战略，如图 2.2 所示。

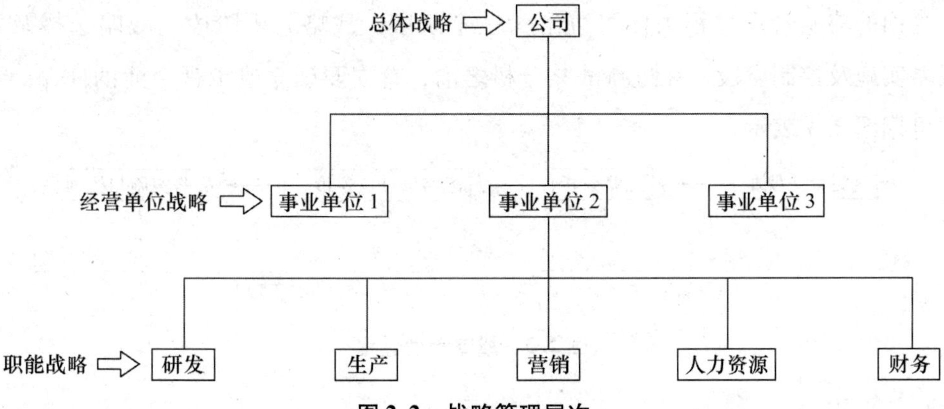

图 2.2　战略管理层次

企业总体战略又称为公司层战略，它是企业战略管理的总纲，是企业最高管理层指导和控制整个企业的最高行动纲领。它包括企业宗旨与性质、企业资源与配置、企业组织结构与组织形式、企业从事的行业或业务、企业发展速度与发展规模、企业的投资决策等因素。

经营单位战略又称为事业部战略，它是企业内部各经营单位在企业总体战略指导下，经营管理每一个特定的经营单位的战略计划。从企业外部来看，经营单位战略的目的是使企业在某一特定的经营领域取得较好的成果，寻求竞争优势；从企业内部来看，是对影响企业竞争成败的市场因素的变化做出正确反应。

职能战略又称为职能层战略，是为贯彻、实施和支持总体战略与经营单位战略而在企业特定的职能管理领域制定的战略。它是企业内主要的职能部门的短期战略计划，一般包括生产战略、营销战略、研究和开发战略、财务策略和人事战略等。药品营销战略属于职能战略，是职能战略的一个方面，比企业的总体战略更为具体，用于协调企业的短期活动，期限较短。

【开动脑筋】

战略管理的概念演变是怎样的，以及战略管理的层次结构有哪些?

2.1.4 战略管理的过程

战略管理是对一个企业的未来发展方向制定决策和实施决策的动态管理过程。一个规范的、全面的战略管理过程大体可分解为三个阶段：战略分析阶段、战略选择及评价阶段、战略实施及控制阶段。在进行战略分析之前，首先要确立或审视企业的使命。这个战略过程可用图 2. 3 表示。

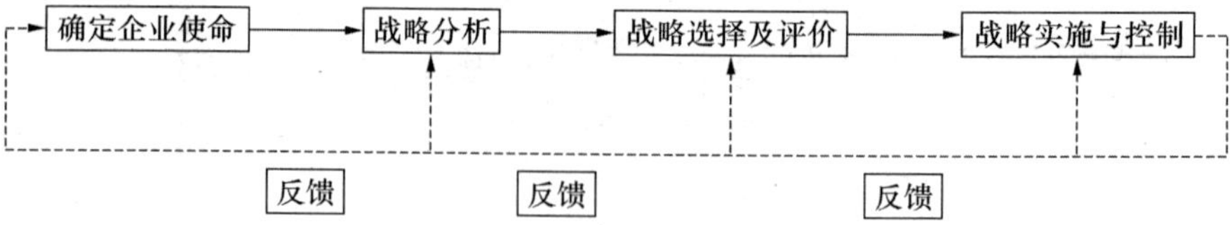

图 2. 3 战略管理过程

1. 战略分析

战略分析指对企业的战略环境进行分析、评价，并预测这些环境未来发展的趋势，以及这些趋势可能对企业造成的影响及影响的方向。一般来说，战略分析包括企业外部环境分析和企业内部环境分析两部分。

企业外部环境一般包括政治因素、法律因素、经济因素、技术因素、社会因素以及企业所处行业中的竞争环境状况等。

企业的内部环境即是企业自身所具备的条件，也就是企业的素质，它包括企业的有形资源和无形资源，包括财务能力、营销能力、生产管理能力、组织效能、企业文化等企业能力和企业核心竞争能力等。

2. 战略选择及评价

战略选择及评价过程就是战略决策过程，即对战略进行探索、制定以及选择的过程。对于一个跨行业经营的企业来说，它的战略选择应当解决以下两个基本的战略问题：一是关于企业的经营范围或战略经营领域，即规定企业从事生产经营活动的行业，明确企业的性质，确定企业以什么样的产品或服务来满足哪一类顾客的需求；二是关于企业在某特定经营领域的竞争优势，即确定企业提供的产品或服务将在哪方面取得超越竞争对手的优势。

3. 战略实施及控制

一个企业的战略方案确定后，必须通过具体的实际行动，才能实现战略目标。一般来说可以从三个方面推进一个战略实施：一是确定企业资源的规划和配置方式，包括战略经营单位层的资源规划与配置；二是对企业的组织机构进行构建，以便构造出的机构能够适合采取的战略，为战略实施提供一个有利的环境；三是领导者的素质及能力与执行的战略相匹配，即挑选合适的企业高层管理者来贯彻既定的战略方案。

2.2　战略管理方法

2.2.1　外部环境评价分析方法

1. 外部环境分析的基础

（1）外部环境构成。

所谓外部环境，是指在企业之外、企业无法控制但是会对企业决策和绩效产生影响的外部因素的总和。企业的外部环境可分为三个层次：宏观环境（总体环境）、行业环境和竞争环境（经营环境）。

宏观环境（macro environment）是指对所有行业和企业运行都会产生不同程度影响的环境因素。宏观环境因素可大致分为五类：政治、经济、社会、技术和生态因素，常用PESTE框架予以分析。

行业环境（industry environment）是直接影响一个企业及其竞争行为与反应的一组因素，包括新进入者的威胁、供应商、购买者、替代品和当前竞争对手之间竞争的激烈程度等五类因素。这五类因素常被称为波特（Porter）的“五力模型”，“五力”之间的互动关系共同决定着一个行业的盈利能力。

竞争环境（competition environment/operating environment）又被称为经营环境或任务环境。它是指与企业人、财、物、产、销、时间、信息等直接发生关系的客观环境，是决定企业生存和发展的基本环境，主要包括竞争者、债权人、客户、供应商、劳动力等五类因素。

企业外部环境构成如图2.4所示，这些因素共同构成了一个企业在竞争环境中面临的机会和威胁。

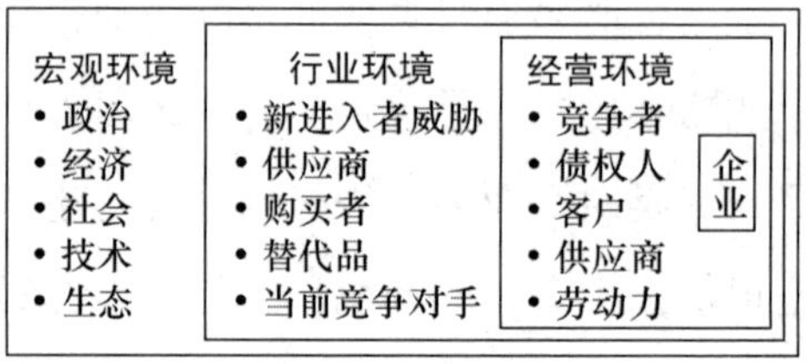

图2.4　企业外部环境构成

（2）外部环境分析的过程。

企业面临的外部环境越来越动荡和复杂化，要想准确把握它们非常困难。为了对付那些含糊且不完整的有关企业外部环境的数据，企业一般会对外部环境进行科学分析，以尽可能增进对外部环境的了解。这种分析是一个连续的过程，它包括以下四种行为，如图2.5所示。

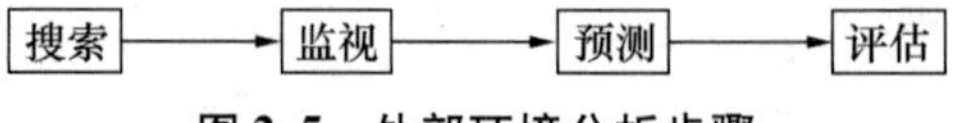

图2.5　外部环境分析步骤

搜索（scanning）是对环境各方面进行的研究，是一种全景式的环境审视。通过搜索，企业可以发现环境正在发生和将要发生变化的早期信号。

监视（monitoring）即决策者或分析家们通过观察环境变化，发现在那些有搜索定位的领域里是否出现重要的趋势。监视实际上是一种连续行为，是对特定环境因素的一种持续跟踪。

预测（forecasting）是对未来趋势和时间做出的基于经验或研究的假设。预测是一种复杂的活动，它涉及多种因素，包括技术创新、新产品开发、文化变迁、社会价值观变化、政府工作重点转移、经济条件不稳定及不可预测时间等。

评估（assessing）的目的在于判断和明确环境变化及趋势对企业战略管理影响的时间点和显著程度，也即对企业战略管理的重要性和实效性。

（3）环境分析的信息来源。

环境分析的前提和基础是占有可靠而充分的资料。企业可以通过以下多种渠道去获取所需要的战略信息。

①一般公开出版物。这类出版物包括各类杂志（经济、专业技术杂志及一般性杂志等）、报纸（一般报纸、行业报纸、学术协会简报/通讯等）、统计资料、政府出版物、调查报告、年鉴、专利说明书、公司出版物、企业名录、摘要等。

②限制公开出版物。这类出版物包括内部调查报告、企事业指南、学术论文集（内部参考）、政府出版物（内部发行）、企业简报、地区刊物、企业人才招聘广告、工序设计图/说明书。

③企业内部资料，包括研究报告、调查报告、研究发展报告、市场调查报告、各种规划、公司内部统计资料、公司会议记录、股东会议上的讲话、手册等。

④与企业外部的人事交流，包括同政府各部门、科研机构、行业协会、高等院校研究实验机构、咨询部门与商情机构、专家、消费者、用户企业销售与采购部门、用户企业的负责人、用户及其他公司人员的会谈交流，以及参加商品展览会、商品交易会或商品推销会等。

⑤非印刷资料，包括通过企业访问与参观、演讲会、学术讨论会、企业现场会、电视录像带、科技电影、商品、样品与试制品等方式获得的资料。

⑥互联网。互联网打破了传统的时空限制和地域，正在为企业和消费者提供一个24小时服务的信息渠道，同时，交互式服务不仅可使用户获得世界各地的信息，还能使他们与创造信息的个人或公司进行实时互动式的交流沟通。

2. 外部要素评价矩阵

对企业外部环境因素的综合评价，可以通过外部要素评价（External Factor Evaluation，EFE）矩阵来完成。

建立EFE矩阵的步骤如下。

（1）确定关键要素。列出影响企业的外部关键因素，包括主要机会和威胁。外部关键要素一般选取5～15个，要尽量具体，可能时要采用百分比、比率和对比数字。

（2）赋予权重。给每个因素确定一个权数，这个权数在0.0（不重要）到1.0（很重要）之间。每个因素的权数总和应为1。

（3）评价各要素。按照4分制给每个因素打分，以表明这个因素是企业的重大威胁（1分）、一般威胁（2分）、一般机会（3分）、重大机会（4分）。

（4）计算加权平均值。将每个因素的权数与得分相乘得到该因素的加权分数。

（5）汇总。将每个因素的加权分数加起来，其综合就是这个企业的外部环境关键因素影响的加权总分。

无论这个矩阵模型包括多少个重要机会和威胁，企业的加权总分最高为4分，最低为1分，平均是2.5分。得4分的企业或企业内部经营单位，说明其处于良好的外部环境状态，或者说处在一个有吸引力的行业中，而且外在机会较多、威胁较少。相反，得1分的企业或企业内部经营单位，说明其处在不好的外部环境状态，或者说处在一个没有吸引力的行业中，而且机会少、威胁多。得2.5分的企业，说明其处于不好不坏的外部环境之中，或者说正处在吸引力为一般水平的行业之中。

表2-2是一个使用EFE矩阵的例子。从中可以看到，政府放松管制是这个行业最重要的外部环境因素。例子中公司面临两个机会：人口增加和计算机化的信息系统。这个企业有一个主要威胁，就是利率的提高。企业的加权总分是2.8，这表明该企业的行业地位有略高于平均水平的吸引力。

表2－2　外部要素评价矩阵示例

外部关键要素	权重	评价值	加权平均值
利率提高	0.3	2	0.6
人口增加	0.2	4	0.8
政府简政放权	0.3	3	0.9
信息处理计算机化	0.1	4	0.4
关键竞争对手扩张战略	0.1	1	0.1
综合加权平均值	1		2.8

3. 竞争态势矩阵

由于行业内各企业在成功的关键因素上的努力和表现不同，不同因素影响成功的作用大小也不尽相同，因而它们的竞争力也不同。对行业内各企业竞争力强弱的评价可以借用竞争态势矩阵（Competitive Profile Matrix，CPM）来分析。

建立CPM的步骤如下。

（1）首先识别出行业中的关键成功因素或战略要素。一般选取5～15个关键成功因素。具体可通过研究特定的行业环境与评价结论，针对与企业成功密切相关的要素达成共识。在分析中常见的关键成功因素有市场份额、产品组合度、规模经济性、价格优势、广告与促销效益、财务地位、管理水平、产品质量等。

（2）对每个关键成功因素确定一个适用于行业中所有竞争者分析的权重，以此表示该要素在行业中成功经营的相对重要性程度。权重值的确定可以通过考察成功竞争者与不成功竞争者的经营效果，从中得到启发。每个要素权重值的变化范围从0.0（最不重要）到1.0（最重要），且各要素值之和应为1。

（3）对行业各竞争者在每个关键成功因素上所表现的力量、相对强弱进行评价。评价采用4分制，依次为：1分表示最弱，2分表示较弱，3分表示较强，4分表示最强。评价中必须注意：各分值的给定尽可能以客观性的资料为依据，以便得到较为科学的评价结论。

（4）将各个关键成功因素的评价值与相对应的权重值相乘，得出各竞争者在相应战略要素上相对力量强弱的加权评价值。最后对每个竞争者在每个要素上所得的加权评价值进行加总，从而得到每个竞争者在各关键成功因素上力量相对强弱情况的综合加权评价值。

这一数值的大小揭示了各竞争者之间在总体力量上相对强弱的情况。

表 2 －3 提供了一个行业竞争的态势矩阵分析示例。

表 2 －3　　行业竞争态势矩阵示例

行业关键成功因素	权重	本企业		竞争者 1		竞争者 2	
		评价值	加权评价值	评价值	加权评价值	评价值	加权评价值
市场份额	0.2	3	0.6	2	0.4	2	0.4
价格竞争	0.2	1	0.2	4	0.8	1	0.2
财务地位	0.4	2	0.8	1	0.4	4	1.6
产品质量	0.1	4	0.4	3	0.3	3	0.3
用户信誉	0.1	3	0.3	3	0.3	3	0.3
综合加权平均值	1		2.3		2.2		2.8

4. 外部环境预测方法

预测方法可以粗略地分为两大类：一是定性预测方法，也称为主观预测法或直观预测法，如头脑风暴法、德尔菲法、情景分析法及战略决策者的主观判断法等；二是定量预测方法，也称为客观预测法和数学量化分析法，如趋势外推法、项目的可行性研究等。

为了使大家对各种预测方法有一个大体的了解和感受，表 2 －4 列出了几种预测方法及其应用。

表 2 －4　　几种预测方法及其应用

分类	方法	应用
直观预测法	头脑风暴法 德尔菲法 关联树法 先行指数法	未来预测 科技预测 产品开发预测
时间序列预测法	单纯外推法 移动平均法 指数滑动平均法 周期变动分析法	长、中、短需求预测 科技预测 其他各种预测
计量模型预测法	回归分析法	中短需求预测 模型模拟预测 其他各种预测

2.2.2　内部环境评价分析方法

1. 内部环境分析的基础

（1）企业资源条件。企业资源是企业经营管理的基础，是战略实施的保证。根据企业资源的存在状态，可分为有形资源和无形资源，如表 2－5 所示。

表 2－5　企业资源的类型

资源类型		主要内容
有形资源	财务资源	现金、股票、融资能力
	物化资源	厂房、机器设备、场地、原料等
无形资源	知识产权	技能、版权、专利、商标
	商誉资源	企业形象、顾客信用、商标知名度、顾客忠诚度、营销渠道
	人力资源	员工素质、企业家素质、工作士气
	组织资源	企业的组织结构和它的计划、控制、协调系统
	基础结构资源	企业文化、管理制度、管理哲学、管理过程等

并不是每种企业资源对竞争优势的形成都有同等的贡献，只有对持续竞争优势的形成起关键作用的资源才能称为战略性资源。企业的战略性资源主要包括企业技术资源、信息资源、信誉资源、关系资源和人力资源。

（2）内部能力状况。企业能力是企业对各种资源进行有效整合以发挥最大潜在价值的技能。企业的竞争力来源于企业的竞争优势，竞争优势又源于企业能力，而企业能力源于企业资源。企业能力是企业内部特有的，必须在企业内部发展形成，通常表现在企业经营的各个领域。如医药企业的药品生产能力、营销能力、组织能力等。它还有一些跨职能、综合性的特点，如药品研发能力、学习能力、战略性的整合能力等。

2. 内部要素评价矩阵

对企业内部条件分析总结的方法是建立内部因素评价矩阵（Internal Factor Evaluation matrix，IFE）。这一战略制定工具总结和评价了企业资源和能力领域的优势和劣势，并为确定和评价这些领域间的关系提供基础。在建立 IFE 矩阵时，需要依赖于专家的主观判断和个人评价。这就意味着，如果专家的判断不准确、评价不客观，分析结果就会失去科学性和参考价值。因此，在利用这一方法时，应该对判断和评价予以高度重视。同时，对矩阵中因素的透彻理解比实际数字更为重要。

内部因素评价矩阵分析过程与外部因素评价矩阵的分析过程类似，可以按如下五个步骤来建立。

（1）通过企业内部条件分析，确定关键因素。一般采用 10～20 个内部因素，包括优势和劣势两个方面。首先列出优势，然后列出劣势。要尽可能采用百分数、比率和对比数字。

（2）给每个因素赋予权重。权重的取值范围由 0.0（不重要）到 1.0（非常重要），所有因素的权重之和等于 1。权重标志着在竞争过程中各因素对于企业成败影响的相对大小。无论按照因素反映的是优势还是劣势，对企业绩效的影响越大，赋予的权重值就应当越大。

（3）为各因素进行评分。1 分代表重要劣势，2 分代表次要劣势，3 分代表次要优势，4 分代表重要优势。优势的评分必须为 3 分或 4 分，劣势的评分必须为 1 分或 2 分。评分以公司为基准，而权重则以行业为基准。

（4）用每个因素的权重乘以它的评分，即得到每个因素的加权分数。

（5）将所有因素的加权分数相加，得到企业的总加权分数。

得到企业的总加权分数之后，就可以对企业内部的总体情况做出判断。无论 IFE 矩阵包含多少因素，总加权分数的范围都是从最低的 1.0 分到最高的 4.0 分，平均分为 2.5 分。总加权分数大大低于 2.5 分的企业的内部状况处于弱势，而分数高于 2.5 分的企业的内部状况则处于强势。IFE 矩阵应包含 10～20 个关键因素，因素数不影响总加权分数的范围，因为权重总和永远等于 1。

3. SWOT 分析法

SWOT 分析法是将企业内部环境的优势（Strengths）与劣势（Weaknesses）、外部环境的机会（Opportunities）与威胁（Threats），同列在一张“十”字表中加以对照，既可以一目了然，又可从内部环境条件的相互联系中做出更深入的分析评价。SWOT 分析法是一种最常用的企业内外环境战略因素综合分析方法，它对企业内部情况做了更深层次的综合分析，即从产业发展、市场竞争的角度研究潜在的优势与劣势、机会与威胁，如表 2－6 所示。在对企业进行 SWOT 分析的基础上，可以进行战略匹配，从而形成多个战略方案。

表 2－6　　SWOT 分析检验

	潜在机会（O）	潜在威胁（T）
外部环境	·纵向一体化 ·市场增长快 ·可以增加互补产品 ·能争取到新的用户群 ·进入新的市场或市场面 ·多元化进入相关产品领域 ·有能力进入的战略联盟 ·具有成本优势 ·在同行业中业绩优良 ·扩展产品线以满足需求 ·其他	·市场增长较慢 ·竞争压力增大 ·有关政策限制 ·有新的竞争者进入 ·替代品销售额正在上升 ·用户议价能力提高 ·用户消费偏好改变 ·易受衰退和商业循环影响 ·通货膨胀压力增加 ·突发事件 ·其他
	潜在优势（S）	潜在劣势（W）
内部环境	·产权技术优势 ·成本优势 ·竞争优势 ·经验曲线优势 ·规模经济性 ·特殊能力 ·产品创新能力 ·财务资源良好 ·人力资源充沛 ·企业形象好 ·其他	·产权不清 ·成本过高 ·竞争优势 ·缺乏核心技术 ·产品线范围太窄 ·竞争地位恶化 ·研究开发能力不强 ·缺乏资金 ·人才出现断层 ·营销水平低 ·其他

【开动脑筋】

1. 对于企业长远发展来说，企业内部资源和能力与外部环境相比，你认为哪个更重要，它们之间有什么联系？

2. 什么是核心竞争力？企业应该如何培育和发展其核心竞争力？

2.2.3　GS 矩阵

GS 矩阵是由小托马森与斯特里克兰根据波士顿矩阵修改的一种战略聚类模型，如图

2.6 所示。

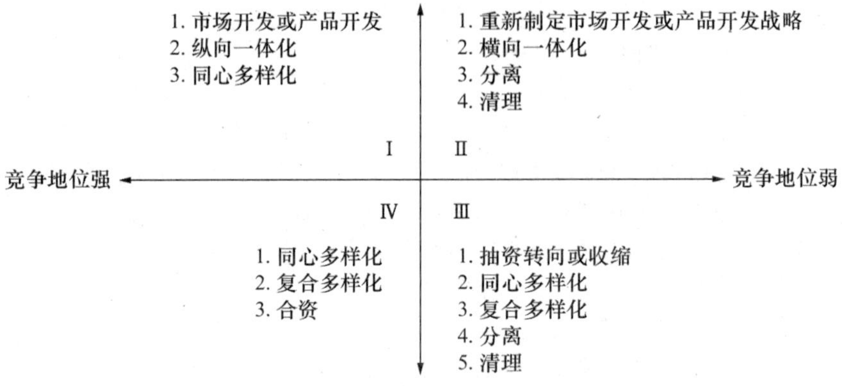

图 2.6 战略聚类模型

按照这一模型，象限Ⅰ中的企业处于最佳战略地位，宜继续集中力量经营现有的业务，不宜轻易转移其既有的竞争优势。但如果企业资源除扩大现有业务外还有剩余，则可考虑采用纵向一体化或同心多样化战略。

象限Ⅱ中的企业必须认真评估其现有战略，找出绩效不佳的原因，判断有无可能使竞争地位转弱为强，四种可能的选择是重新制定市场开发或产品开发战略、横向一体化、分离和清理。一般来说，在迅速增长的市场中，即使弱小的企业也往往能找到有利可图的机会，因此应首先考虑重新制定市场开发或产品开发战略。如企业通过上述措施仍无力获得成本效益，则可考虑采取横向一体化战略。如还未增强竞争地位，可考虑退出该市场或产品领域的竞争，若企业生产的产品品种较多，则可分离出耗费大、效益低的业务。最后，当某些业务很难盈利时，可以采取清理战略，以避免拖延造成更大的伤害。

若企业处于第Ⅲ象限，即企业的相对竞争地位较弱，同时面对一个增长较慢的市场，那么企业可以采取以下几种战略：转向或收缩、同心多样化、复合多样化、分离和清理。其中，收缩战略既能得到转移投资所需要资金又能促使雇员提高工作效率；同心或复合多样化战略便于企业进入有前途的竞争领域；如果能找到持乐观态度的买主，则可以采取分离或清理战略。

若企业处于第Ⅳ象限，即企业的相对竞争地位较强，但市场增长比较慢，那么，可以采用同心或复合多样化战略来分散经营风险，同时利用原有的竞争优势。在这种情况下，跨国经营的企业最好采取合资战略，通过与东道国企业合作，开拓有前途的新领域。

2.3　医药企业营销战略管理

2.3.1　药品市场及药品消费的特点

1. 药品市场的特点

（1）直接消费者（病人）需求。消费者的需求主要是指病人对药品的需求，由于药品是特殊商品，故消费者对药品的需求有特殊性。它表现为两点。一是药品是治病救命的商品，因此，只有病人才需要药品，消费者对其质量的关注胜过其他，即消费者的需求是药品的有效性，“花同样的钱买真药、好药”是消费者的普遍心态。二是药品使用属性的特殊，消费者没有选择药品的权利，须听命于医生，是“被动式”消费，被动接受专业治疗。在一项病人对药品指定消费的调查中，有 80.6% 的医生认为病人无药品选择权，16.6% 的医生确认病人会指定消费特定品牌的药品。

（2）间接消费者（医院、医生）的需求。医院、医生是间接消费者，因为医生的职责是诊断病人病情，使用药物或手术的方法给病人治病，对病人药品的使用有决定和引导的作用，其使用药品品牌的层次高低由医院购进的药物决定。医院、医生虽不是直接消费者，但可以引导消费，对处方药来说是直接市场。医院、医生的不同需求、医院自身利益的需求具有一般消费者的需求特点，也具有医疗市场专业性强的特点。在对临床医生与药剂科的调查中显示，决定医生处方的主要因素有疗效、安全性、价格等。

（3）人口迅速增长，扩大了药品市场的需求。人口的增长形成了药品市场强大的消费需求。同时，由于人口老龄化、新的疾病、环境恶化对身体健康的影响，人类对药物的需求不断增长。并且随着人民生活水平的提高，保健意识的增强，人们对药品的消费观念发生了极大的变化，已由过去的治病逐步转向了保健强身、延年益寿。

（4）药品市场的购买能力具有特殊性。目前世界各国的医疗费用基本由国家、保险公司和个人共同承担，而一般产品的购买完全由消费者个人承担，因此购买能力与国家的经济实力相对应，即受国家经济的制约，政府为了控制医疗费用，希望推广疗效确切、价格相对便宜的非专利药，这就与制药企业推广疗效更好、价格相对较高的专利药产生了矛盾，会限制消费者的购买能力；又由于医疗保险制度的实行，原来由于医疗费用无法得到报销而贻误治疗的患者都可以得到进一步的治疗，增加消费者的购买能力，导致药品销售增加。总体来看，各国的医疗保险制度有利于药品市场的长远发展。

2. 药品消费的特点

（1）被动消费。药品分为处方药和非处方药。对非处方药来说，患者可以通过药店自行决定购买，但是，处方药必须有医生处方才能购买。除极少数改变剂型等四类和五类新药可以申报并在得到国家批准以后进入非处方药目录外，其他新药一般不得申报非处方药。也就是说，大多数的新药，患者不能自行决定是否使用，必须由医生处方决定。因此，医生的处方权决定了是否让新药进入消费市场。在这个意义上，医生是消费者，至少是消费决定者；而患者只是支付药费的接受者，不同于一般意义上的最终消费者。

（2）消费者的购买欲望由治病救命引起。药品和一般意义上的商品不同，消费药品的主要目的是避害，即祛除疾病，恢复健康。任何时候，病人都希望能得到安全、有效、及时的治疗，只有治好疾病，病人的生命才有保障。

（3）两重性。用药的目的是治疗疾病。凡是能达到治疗效果的药物作用，就是治疗作用；凡是跟治疗效果无关的作用，就是不良反应。就目前已经上市的所有药品来看，每个药品均有不同程度的治疗作用和不良反应。《药品管理法》规定，药品说明书必须列出药品的药效、不良反应等。就临床实际来看，每个药品与治疗、预防、诊断成正相关的药理作用，就是药物的药效，如青霉素能通过破坏细菌的细胞壁而达到治疗目的。而与治疗无关的药物作用，则为副作用。如心得安治疗高血压和心绞痛均有效，对只有心绞痛的患者，可能导致低血压，严重者可导致低血压症，在这里，心得安的降压作用就是副作用。

（4）个体差异性。随着医药行业的发展，药品品种在不断增加。《药名手册》收载的药物就多达 10251 个品种，按药效分类分别属于 19 大类，这还不包括相同品种的不同剂型。每大类药品又包括若干小类，如抗微生物药就包括抗生素类、抗真菌类、合成抗菌药、抗结核药、抗麻风药、抗病毒药、消毒防腐药等。而不同小类药品又包括不同种类，如抗生素类包括头孢菌素类、青霉素类、四环素类、卡那霉素类、庆大霉素类、链霉素菌属类、利福霉素类等。我们日常使用的头孢类就包括 100 多个品种。

2.3.2 医药企业外部环境分析

药品经营企业的产业竞争格局由潜在进入者的竞争、替代服务的威胁、客户和消费者的压力、来自供应商的压力、行业内竞争等几方面的因素共同影响决定。

1. 潜在进入者的竞争

目前，国内医药企业面对的潜在进入者的竞争压力主要来自上游生产商、国外药品分销企业和部分初步完成产业积累的民营资本。这主要有以下五个方面的原因。一是医药行业利润率较低，盈利空间极其狭小，对新投资者缺乏足够的吸引力；二是行业规模经济效应越来越明显，若经营规模较小，则经营毛利很难覆盖营业费用；三是行业内具有较强的学习与经验曲线，若缺乏相关专业技能和持续学习的能力，那么，极有可能连正常的基本业务都难以开展；四是国家政策管制，行业存在一定的政策壁垒，如 GSP 认证；五是分销渠道的构建和其他关键的要素资源要求，如技术人才、经营管理人才、资金实力、物流配送体系等构筑了较强的经营性进入壁垒。

行业的发展前景和持续增长的态势，同样也吸引了国外医药分销企业的进入，外资进入对国内医药企业带来的冲击是不言而喻的。它们的资金实力、经营理念、管理模式、营销手段等将给国内医药流通行业带来深远的影响。但是，由于不熟悉本土环境，加上渠道、网络、营运组织的建设周期长、费用高，所以，国外医药分销企业大都会选择与业内流通企业合作，这将给业内企业的发展带来机遇。

此外，国内药品生产商为了构筑相对完整的价值链，从产业环节上降低运营成本，也会进行前向整合，进入流通领域自销产品并进行行业经营，从而进一步加剧行业内竞争的激烈程度。

2. 替代服务的威胁

由于政府对医药行业进行严格的管制，进入这一行业的门槛相对较高，又由于药品具有的特殊性，医药行业所提供的医药服务是其他生活消费品配送服务所不能提供的，所以，我国医药企业尚不存在来自替代服务的竞争威胁。但是，这并不说明医药行业没有替代者的竞争，比如一家药品经营企业正常对一家大型医院供应一种药品的过程中，由于不同经营企业代理不同生产企业的同样品种或同类品种，产品的疗效相同或相近，如果正在销售该产品的企业出现对竞争者的疏忽，另外一家或几家药品经营企业就有可能用自己手中的产品替换掉正在销售的产品，而且这种替代者的威胁随时存在。

3. 客户带来的压力

在我国现阶段，药品是通过医疗机构和药店卖给消费者的，因此，医疗机构和药店是药品的两个销售终端。其中，医疗机构为主要销售渠道，其销售额占全部市场销售的约85%，药店仅占15%左右。对于药品批发企业来说，其终端客户主要是医疗机构和药店。由于我国对医疗机构用药实行集中招标采购制度，使得药品批发企业和医疗机构处于严重的不平等地位。每逢医疗机构采购药品，药品批发企业几乎没有讨价还价的能力，只能按照既定的程序履行投标义务，唯一可为的便是企业彼此之间进行价格、实力、品牌、信誉、服务等方面的“拼杀”。受此影响，药品销售后，货款的结算回收也需要相当长一段时期。因此，对于医疗机构这一最主要的客户，药品批发企业只有遵守和服务的义务，几乎没有谈判的地位和讨价还价的能力。

对药品零售企业来讲，客户为上门购药的消费者。随着生活水平的提高，人们不再是有病进医院与药房，而是越来越注重保健，求医问药行为也变得越来越富有“个性化”。面对消费者日益离散化的需求，迫于竞争压力，药品零售企业不得不调整过往的经营理念和服务方式，在药房不仅出售药品，更要提供高品质的个性化健康服务。由此可见，药品零售企业面对客户的优势也并不明显。而且，随着经营业态的多元化和零售药店数量的不断增加，药品零售企业对客户和消费者的竞争地位将更趋弱化。

4. 供应商的压力

医药商业企业通过向供应商即上游制药厂商进行批量订货，获取批零差价利润及按合同执行后的返点利润。目前，几乎所有的医药商业企业在供应链的源头不可避免地受到上游供应商的竞争压力。医药商业企业在与供应商签订药品供销合同时，每个企业所获取的折扣点及返利点是不一样的，这取决于企业的销售能力。在一定时期内，企业销售能力越强，获取的折扣点和利润点就越多，反之，则获取的折扣点和利润点就越少。而且，在销售过程中，不同企业获得厂家对品种、数量、周期的满足程度、提供售后服务以及资金支持的状况都不一样，特别是适销对路、需求旺盛的品种，情形更是如此。在这种情况下，医药商业企业之间竞相竭力与供应商保持良好关系，不至于在需要向客户和消费者供货时因为竞争对手的哄抬价格而出现窜货现象，导致企业经济和信誉受损。

总体而论，医药商业企业对供应商的讨价还价能力较弱。而且，近几年，国内医药生产商在跨越了资本和产业的原始积累阶段后，出现了向医药流通领域进行前向整合的趋势，加上流通企业数量众多、规模偏小，使得医药商业企业的谈判地位更趋弱势。

5. 行业内的竞争

目前，国内医药商业行业内竞争异常激烈，主要表现在如下方面。

第一，企业数量众多。由于历史的原因，我国医药流通企业数量非常大，2002 年约 12000 家，经过 GSP 认证的筛选以及战略性并购的演进，虽有一部分经营条件恶劣、管理混乱、效益较差的企业被淘汰或被合并重组，但企业的绝对数量仍然较多，行业内“多、小、散、乱”的局面仍然未得到根本的改观。

【开拓视野】　　《药品经营质量管理规范》

《药品经营质量管理规范》（Good Supply Practice，GSP）于 2000 年 4 月 30 日以国家药品监督管理局局令第 20 号公布，2012 年 11 月 6 日卫生部部务会议第 1 次修订，2015 年 5 月 18 日国家食品药品监督管理总局局务会议第 2 次修订，2016 年 7 月，国家食品药品监督管理总局对 GSP 进行了再次修订。

2016 年修订的《药品经营质量管理规范》与 2015 版相比，共有 16 项修改，包括删除 4 条，增加 1 条，修改 11 条，修订完的 GSP 共 184 条。修订内容主要涉及药品追溯、疫苗储运和“三证合一”三方面内容：一是根据国务院办公厅《关于加快推进重要产品追溯体系建设的意见》，对药品流通环节中药品经营企业如何执行药品追溯制度提出了操作性要求；二是根据《国务院关于修改〈疫苗流通和预防接种管理条例〉的决定》，将 GSP 中关于疫苗经营企业的相关规定修改为疫苗配送企业的要求；三是根据《国务院办公厅关于加快推进“三证合一”登记制度改革的意见》，将首营企业需要查验的证件合并规定为“营业执照、税务登记、组织机构代码的证件复印件”。本次修订的法律依据明确，具有较强的操作性和实用性，首次将药品追溯体系的建立法定化，确立了药品追溯体系建设的基本定位。同时，伴随政府监管思路的改变，表现为简化行政流程，引入市场机制，明确企业责任主体，规定药品生产经营企业为建立药品追溯体系的首要责任主体；直接提高疫苗配送门槛，有利于医药流通行业的长期发展，对于进一步加强药品经营质量管理及保障药品安全具有重要意义。

资料来源：张焕、颜建周：“2016 年《药品经营质量管理规范》实施亟须关注的问题与对策”，《中国药业》2016 年 10 月，第 1 ~3 页。

第二，行业利润微薄。受国家药品限价、药品分类管理、医疗机构用药实行招标采购等政策因素，零售业态的变化以及市场理性、非理性竞争的影响，国内医药商业企业的销售毛利率近年来不断下降，虽然行业平均费用率也有所下降，但受物流配送能力、经营管理水平等因素的制约，费用率的整体下降幅度小于毛利率的降幅，致使行业利润率持续走低，并基本处于低位徘徊。

第三，竞争角逐的范围和形式发生很大变化。随着行业准入的放开，产业资本、民营资本、外资相继进入，加上行业自身的增长，近年来医药流通企业的规模和市场集中度均有所上升，出现了一批综合实力强、市场份额较大、网络齐全、具有一定品牌知名度的大型企业。伴随着这一高端战略群体的形成，以及上下游竞争压力的增加，行业竞争范围正被不断扩大。企业竞争的范围已不再局限于渠道网点的多少、价格的高低和关系资源的强弱，而是在发展战略、购存调销等核心环节及业务的组织与创新、增值服务、品牌经营管理等所有环节全面展开。竞争的形式也不再仅表现为价格战，而是围绕企业的市场覆盖能力、物流配送能力、信息处理能力、品种保障能力、客户服务能力和品牌经营能力等进行综合能力的较量。随着竞争范围的不断扩大，业内竞争的层次将会逐步提高。

总之，我国医药经营企业特别是高端战略群体之间逐步转向综合实力的竞争，对医疗机构这一最主要的终端客户处于绝对的弱势地位，和供应商的讨价还价能力也不强，而且，还面临上游生产商和国外药品分销企业的进入威胁。因此，医药经营企业唯有顺应目前的产业竞争格局及其未来演变的趋势，并根据竞争环境的变化，把握好角色的转换，适时调整具体竞争策略，以专业化提升服务质量，在规模经济中谋求成本费用的降低和效益的改善，通过增强内部综合实力来塑造和提高核心竞争力。

2.3.3 企业营销战略评价

1. 企业资源与能力评估

关于企业的资源与能力评估，我们以河北宏远医药公司为例来说明。该公司的营销网络健全，经营网络覆盖石家庄市的所有二级以上医院，与这些医院有着良好的合作关系。公司在加强企业内部管理和提高市场经营意识的同时，从一点一滴做起，认真做好每一件事，以诚信对待每个客户，建立了与上游客户之间的诚信关系，因此，石家庄市是公司的基本营销阵地，是公司盈利的基本保障。公司品种结构着眼长远，而不是靠清一色的促销品种盈利。这在打击医药领域不正之风的活动中得到体现，即许多公司的营业额开始下降，而该公司的营业额不降反升，正是得益于该公司的品种多为长线品种。而高素质的员工和强有力的销售队伍是公司做大做强的核心，他们的出色发挥不仅为业务人员本身树立了形象，也为企业赢得了声誉，医院反馈的信息多是该公司人员敬业、务实，是值得信任的长期合作伙伴。企业较高的信誉度也促进了销售回款率的提高。又由于公司经营成本的优势，为公司带来了强有力的发展后劲。

2. 资源能力与战略匹配

匹配分析是一种系统分析的思想，它的目标是将企业的资源与能力配置到最能发挥作用的方向上。根据产业自然吸引力和企业产业适应力的含义，外部环境的机会是一种与任何一个企业无关的自然状态，它属于所有的企业，但当这个机会恰恰与你的优势相匹配时，这个机会就属于你而不属于别人。同样的道理，企业要避免去做那些恰恰是企业劣势的业务。更多的情况是环境的机会与威胁相伴，而当企业的优势恰恰能抓住机会和避免威胁时，就是一种最佳的匹配。它的结果是：收益的期望值最大。通过对河北宏远医药公司资源能力的评估，分析认为该公司的强有力的销售队伍是公司占有市场和开拓市场的有力保障，强大的营销能力使公司具有比较强的市场竞争能力，有比较大的发展潜力，具备参与激烈的市场竞争的能力，足以向医药经营领域的领先者进行挑战。公司目前需要解决的是自身存在的一些问题，如强化管理，建立科学的人力资源管理体系，因为人是企业发展的最宝贵的要素；建立健全各项规章制度，引进发展资金，因为资金是企业扩张发展的宝贵血液，只有资金的问题解决了，公司扩张发展的战略才不至于受掣肘。

3. 战略选择

影响企业战略选择的因素有以下六点。

（1）企业过去的战略。对大多数企业来说，过去的战略常被当成战略选择过程的起点，这样的结果是，进入考虑范围的战略会受到企业过去战略的限制。由于企业管理者是企业过去战略的制定者和执行者，因此除非他们对现状高度不满，否则，他们常常倾向于不改动这些既定战略。因此，制定战略必须考虑存在问题的目前战略对未来战略的影响。

（2）管理者对风险的态度。企业管理者对风险的态度影响着企业战略态势的选择。风险承担者常常采取进攻性的战略，以便在被迫对环境的变化做出反应之前做出主动的反应。风险回避者往往采取防御性战略，只有环境迫使他们做出反应时他们才不得不这样做。风险回避者相对来说更注重过去的战略，而风险承担者则有着更为广泛的选择。

（3）企业对外部环境的依赖性。企业的生存受到股东、竞争者、客户、政府和社会的影响，企业对这些环境力量中的一个或多个因素的依赖程度也影响着企业的战略选择过程。对环境的较高依赖通常会减少企业在其战略选择过程中的灵活性。

（4）企业文化和内部权力的关系。任何企业都存在着或强或弱的文化。企业文化和战略方案的选择是一个动态平衡、相互影响的过程。企业在选择战略态势时，不可避免地受到企业文化的影响。

（5）时间性。时间性指可供进行战略选择的时间长短。时间限制的压力不仅减少了能够考虑的战略方案的数量，而且也限制了可以用于评价的方案信息和数量。

（6）竞争者的反应。在战略方案的选择中，还必须分析和预测竞争对手对本企业不同战略方案的反应，企业必须对竞争对手的反击能力做出恰当的估计。

还以河北宏远公司为例。通过对河北宏远医药公司进行SWOT分析评价，结合公司过去的战略、公司管理层对风险的态度、企业对外部环境的依赖性、企业文化与内部权力关系、时间性、竞争者的反应等影响战略选择的因素分析之后认为，公司应该积极地选择增长性战略，面对市场不断扩大的机遇，充分利用公司省会市场网络健全和营销队伍强大的优势，扩大公司的经营规模。同时，公司应该改变省会网市场占有率偏低、营销模式比较单一的经营缺陷，积极开发不断扩大的省会外市场，尝试新的经营模式，因此公司同时应该选择多元化战略，充分挖掘市场潜力，进一步增强公司的综合实力。由于公司的营销战略是围绕公司的战略目标进行选择和制定的，而且对于医药经营企业来说，其公司战略目标主要体现在营销战略的选择上。因此，河北宏远医药公司应该选择市场开发战略与多元化经营战略相结合。选择市场开发战略，可以运用自身的优势积极地面对市场机会，不断增强公司的综合竞争力；同时，应采用多元化营销战略完善公司的市场，增加公司的利润增长点，用多元化经营战略弥补公司自身的不足。

【开动脑筋】

在战略选择上面，应该考虑到哪些因素？你还能想到加强哪些方面的营销战略管理？

2.3.4　营销战略的实施保障

1. 服务策略

药品是一种特殊商品，以前药品标准对众多药品企业来说只有一个，那就是国家标准，任何厂家的药品生产标准不得低于国家标准，因此产品间的差异很小，几乎是同质化产品。如何在销售同质量化药品的药品经营中赢得先机，服务就成为企业在激烈的市场竞争中制胜的有力武器。

要使客户满意，必须搞好服务一体化工作，全方位、立体式让客户从心里感到满意。向客户提供单一的服务项目，也许能吸引一时，但要真正抓住客户的心，并形成忠诚度，则依赖于健全、良好的服务一体化策略。服务一体化包括售前、售中和售后服务工作，它们相互联系，相互作用。从纵向上看，是关系到整个药品销售过程的服务；从横向上看，是多种服务项目、服务方式的综合。在对公司的差异化服务中已经提到的供应药品的时间要及时、供应药品的品种要齐全、经营药品的特性要熟悉等都是具体服务的内容。

2. 快速反应策略

医药经营企业是经营药品的商业企业，而药品是治病救人的特殊商品。在对病人的治疗过程中，给药及时与否关系到医生对病人治疗的效果；抢救病人时，用药的及时与否甚至关系到抢救的成败。对病人的治疗要求分秒必争，对医药经营企业的供药时间同样刻不容缓，时间就是生命，因此，如何确保在这个环节上走在前面将可能决定企业的发展。及时地组织和配送急救药品，解决燃眉之急的边际效益非常大。

3. 人力资源保证

组织结构的调整对企业的未来发展有着重大影响，调整合理，企业就能解决目前存在的一些管理缺陷，健康发展，而如果调整不当，企业就会陷入新困境。因此，加强组织结构的调整，充分借鉴成功企业经验，保持自身组织结构的先进性，才是企业取得成功的必由之路。目前，公司最应着手进行的是成立人力资源部门，并给予部门经理足够的权力，在人员招聘、公司员工培训、绩效考核、企业文化建设等方面建立行之有效的管理制度，切实提高员工素质，提高员工的工作积极性，树立科学的人才观，确立人才平等竞争的观念，破除单位所有的旧观念，让人才资源流动，实现优化配置。要把人才的培养和使用提升到事关企业长远发展的战略地位，从对人的尊重开始完善人才管理机制，不拘一格选人才，鼓励人人都作贡献，人人都能成才，人人释放潜能，实现企业可持续发展。

4. 完善制度和科学管理

要充分发挥各部门、各岗位的职能，建立完善的管理制度和对制度实施的监督机制：实行岗位责任制，对业务部门、业务人员实行目标管理；实行销售任务的月度考评机制，及时发现经营中的问题；对后勤部门管理要结合公司实际情况，制定岗位说明书，人力资源部门负责监督考评，通过完善的奖惩制度的建立激励先进，鞭策落后。建立药品质量管理制度，建立公司的质量管理体系，保证所经营的药品让用户放心，让患者放心。正所谓“做诚信人，卖放心药”。建立完善的财务管理制度，实现财务部门真正地尽到公司理财职能部门的责任，成为公司决策的真正帮手。

【开动脑筋】

营销战略的实施保障，应该从哪几方面入手？

课后思考

1. 简述战略管理的概念及特点。

2. 什么是 EFE 矩阵分析？

3. 什么是 IFE 矩阵分析？

4. 对一家医药企业如何进行 SWOT 分析？

案例分析

制药企业绿色营销战略的作用①

目前，越来越多的制药企业认识到在竞争日益激烈的医药市场环境中满足消费者的药品需求对制药企业的生存和发展有很重要的作用。与此同时，消费者越来越关注健康和绿色消费，政府、企业、消费者都越来越支持“倡导绿色、保护绿色、实现绿色”的活动。制药企业想在竞争激烈的市场环境下长远发展，就要实施绿色营销战略。

制药企业的绿色营销战略是指企业在整个营销过程中充分体现环保意识和社会意识，向消费者提供科学的、无污染的、有利于节约资源和维护良好社会道德准则的药品及药学服务，并采用无污染或少污染的生产和销售方式，引导并满足消费者有利于环境保护及身心健康的需求。其主要目标是通过营销实现生态环境和社会环境的保护及改善，保护和节约自然资源，实行养护式经营，确保消费者安全、卫生、方便地使用药品，以提高人们的生活质量，优化人类的生存空间。制药企业实施绿色营销，使有限的资源得以充分利用，使企业在推动可持续发展战略的同时，促进企业及其营销活动与社会、经济、资源和环境的协调发展。

一是有利于制药企业扩大市场销路和提高市场占有率。如今随着生活和科技水平的不断提高，人们的社会环境意识在加强，消费者意识到自己追求、享受的物质生活会对自然环境和自然资源造成一定的伤害，这种伤害会反作用于人类，使人类的生存环境存在危机。而绿色营销主要以环境和资源的保护为特征，能够在很大程度上影响消费者的药品需求和消费决策行为。而今，世界各国的制药企业纷纷加入绿色营销的浪潮。在这种“绿色”环境的影响下，部分制药企业通过采用绿色营销战略，给消费者提供满足他们需求的、有利于健康的绿色药品，不仅可以增加药品的市场销售额，更有利于企业树立良好的形象和品牌，从而提高药品市场占有率。

---

① 资料出处：赵彤、杨鑫宇：“制药企业绿色营销战略的作用探析”，《中国市场》2016 年第 42 期。

二是营造绿色文明，推动医药经济的可持续发展。绿色文明是指以保护环境和人类经济发展相互和谐、共同发展为目的的一种新文明，而这种文明的发展目前只有通过绿色营销这种方式可以促进。制药企业通过采取绿色营销战略，可以协调企业发展、保护环境、国家经济发展三者之间的关系。如果协调得比较好，不仅可以满足当代消费者的绿色消费需求，而且也能满足后代人对资源的需求，消除后代人生存发展的威胁，同时还能促进人类社会文明的进步和经济的发展。

三是有助于制药企业提高经济效益。制药企业采取绿色营销的原理是降低原有资源的消耗，使药品在生产、使用或最终废弃处理过程中不会消耗较多的资源。选择最少污染的营销过程，使药品在生产、使用或最终废弃处理过程中对环境的伤害限度能够降低；加强医药产品的使用性与生命周期，使药品生产不会因为过度包装而造成不必要的浪费。制药企业通过技术创新，尽最大努力减少资源和能源的浪费，提高资源和能源的利用率，减少环境污染率，从而达到制药企业可持续发展的集约化经营目标。

思考题

结合本章内容，对制药企业实施的绿色营销战略进行SWOT分析。

第 3 章 药品营销网络物流配送

学习重点及要点

1. 药品配送的含义、特点及注意事项
2. 药品配送网络的结构与特点
3. 药品冷链物流的概念及特点
4. 药品冷链配送的模式

案例导读

专业医疗流通助力抗疫情

九州通医药物流公司是中国最大的民营医药商业流通企业，目前在全国拥有 31 家省级大型医药物流中心、101 家地区配送中心，是全国医药物流网络覆盖范围最广的企业之一。

新型冠状病毒肺炎疫情发生以来，九州通医药物流公司充分发挥在医药物流方面的专业能力，凭借自主研发的“九州云仓”管理系统的优势，协助红十字会对来自全国、世界各地捐赠的大量医疗和防护用品开展物流运营管理工作，短时间内理顺了流程、规范了出入库管理，极大地提升了捐赠物资和药品的周转效率。此外，九州通医药物流公司湖北分公司还积极参与了火神山医院、雷神山医院及“方舱医院”的医疗物资配送工作，“2 小时完成入库到出库全流程”的举动被媒体广泛传播，获得了社会的广泛赞许。

资料来源：王方玉，刘宝林：“九州通专业医疗流通助力抗疫”，《英才》2020 年第 1 期。

3.1 配送概述

3.1.1 配送的定义及与物流的关系

1. 配送的定义

2001 年 4 月，中国国家标准《物流术语》将配送定义为：“在经济合理区域范围内，根据用户要求，对物品进行拣选、加工、包装、分割、组配等作业，并按时送达指定地点的物流活动。”

具体来讲，配送包含了以下内涵。

（1）整个概念描述了接近客户资源配置的全过程。配送的资源配置作用是“最终配置”，因而是接近客户的配置。

（2）配送的实质是送货。

（3）配送是一种“中转”形式的配送，是“中转”型送货，而一般送货，尤其从工厂至客户的送货往往是直达型；一般送货是有什么送什么，配送则是企业需要什么送什么。

（4）配送是“配”和“送”的有机结合。

（5）配送以客户要求为出发点，按客户要求进行的一种活动，因此，在观念上必须明确“客户第一”“质量第一”。

2. 配送与物流的关系

配送是按用户的订货要求，在配送中心或其他物流据点进行货物配备，并以最合理的方式送交用户，在现代物流中占有相当重要的地位。物流的最终目的即满足用户的需要，它多是由配送来完成的，但配送的主体活动与一般物流活动不同，一般物流活动是运输和保管，而配送则是运输和分拣配货，分拣配货是配送的独特要求，也是配送中有特点的活动，以送货为目的的运输则是最后实现配送的主要手段。

（1）现代配送与一般送货的区别。

①工作内容。在配送活动中，货物要经过分类、配组、分装、整理、运输。而一般送

货活动没有分类、配组等理货工作。

②工作效率。现代配送会充分考虑运力的利用，考虑车辆的货物配载；重视运输线路优化，强调距离最短，并可一辆车向多处运送。而一般送货则基本不考虑车辆配载，基本不考虑制定运输规划，通常一次只向一地单独运送。

③时间要求和成本费用。配送活动送货时间准确，计划性强，能实现成本费用最优化。而一般送货活动的时间不一定准确，计划性较差，成本费用较高，存在运力浪费的现象。

④与其他物流作业环节的关系。在配送活动中，配货、储存、流通加工、分拣、送货等作业环境统一管理。而在一般送货活动中，配货、储存、流通加工、分拣、送货等各作业环节是分割进行的。

⑤市场性质和行为性质。现代配送是以市场需求为导向，客户需要什么送什么，以满足顾客需求为前提，是面向特定用户的增值服务。而一般送货活动是有什么送什么，只能满足顾客的部分需求，只是销售工作的一个普通服务项目，是企业销售活动中的短期促销行为，是一种偶然行为。

⑥目的和意义。现代配送是实现企业战略的重要组成部分，是提升企业竞争力的重要手段。而一般送货活动只是企业的一种推销手段，通过送货上门服务提高销售量。

⑦组织管理。现代配送有专职的企业物流部门（公司）或物流企业作为组织保障，组织管理水平高，有完善的信息管理系统作为支撑。而一般送货活动在生产企业只是一项附带业务。

⑧基础设施和技术装备。现代配送必须有完善的交通运输网络和设施，有将分货、配货、送货等活动有机结合起来的专业配送中心，全过程有现代化物流技术和装备的保证，在规模、水平、效率、速度、质量等方面占有优势。而一般送货对基础设施没有具体的要求，且技术装备较为简单。

（2）配送与运输的区别。

①活动范围。配送一般局限在一个地区或一个城市范围之内，而运输是大范围进行的，如国家之间、地区之间、城市之间等。

②运输性质。配送是支线运输、区域内运输、末端运输，而运输是干线运输。

③货物性质。配送的货物品种多、批量少，而运输的货物品种少、批量大。

④运输工具。配送使用的是小型货车，一般不超过2吨的载重量，运输所使用的是大

型货车或铁路运输、水路运输等重吨位运输工具。

⑤管理重点。配送以服务优先，运输以效率优先。

⑥附属功能。配送的附属功能较多，主要包括装卸、保管、包装、分拣、流通加工、订单处理等，运输只有装卸和捆包。

虽然配送与运输都属于线路活动，但由于功能上的差异，使它们并不能互相替代，而是形成了互相依存、互为补充的关系。仅有运输或仅有配送是不可能达到上述要求的，因为根据运输的规模原理和距离原理，大批量、远距离的运输才是合理的，但它不能满足分散消费的要求；配送虽然具有小批量、多批次的特点，但不适合远距离输送。因此两者互相配合，取长补短，方能达到理想的目标。一般来说，在运输和配送同时存在的物流系统中，运输处在配送的前面，先通过运输实现物品长距离的位置转移，然后交由配送来完成短距离的输送。

3.1.2 配送的特点

配送是按客户需求进行的商品组配与送货活动，其作为物流系统的重要功能之一，具有以下几个特点。

1. 配送是运输在功能上的延伸，是一种末端物流活动

配送是相对于干线运输而言的概念，从狭义上讲，货物运输分为干线部分的运输和支线部分的配送。与长距离运输相比，配送承担的是支线的、末端的运输，是面对客户的一种短距离的送达服务。从工厂仓库到配送中心的批量货物的空间位移称为运输，从配送中心到终端用户的多品种小批量货物的空间位移称为配送。

2. 配送是“配”和“送”的有机结合

配送与一般送货的重要区别在于，配送利用有效的分拣、配货等理货工作，使送货达到一定的规模，以规模优势取得较低的送货成本。如果不进行分拣、配货，有一件运一件，需要一点送一点，就会大大增加动力的消耗，使送货并不优于取货。所以，追求整个配送的优势，分拣、配货等项工作是必不可少的。

3. 配送是以客户需求为出发点的物流活动

配送是从用户利益出发，按用户要求进行的一种活动，配送承运人是服务者而不是主导者，因此必须从用户的利益出发，在满足用户利益基础上取得本企业的利益。更重要的是，不能利用配送损伤控制用户，不能利用配送作为部门分割、行业分割、割据市场的手段。

4. 配送是物流和商流有机结合的商业流通模式

配送是物流中一种特殊的、综合的活动形式，是商流与物流紧密结合，包含了商流活动和物流活动，也包含了物流中若干功能要素的一种形式。从物流来讲，配送几乎包括了所有的物流功能要素，是物流的一个缩影或在某小范围中物流全部活动的体现。一般的配送集装卸、包装、保管、运输于一身，通过这一系列活动完成将货物送达的目的。特殊的配送则还要以加工活动为支撑，所以包括的面更广。从商流来讲，配送是商物合一的产物，配送本身就是一种商业形式。虽然配送具体实施时也有以商流与物流分离形式实现的，但从配送的发展趋势看，商流与物流越来越紧密的结合，是配送成功的重要保障。

5. 配送是一种小范围、综合性的物流活动

配送较传统运输而言有着更深的内涵。从其内容上看，既包含着货物运输，同时也融合了集货、储存、分货、拣选、配装、装卸搬运以及信息处理等一系列物流辅助功能。除此之外，它还常常伴随着一些增值服务，如流通加工、促销包装等。它与大物流相比，具有运送距离较短、更接近终端客户的特点。

3.1.3　配送的功能

配送是物流系统中一个涉及多环节的物流活动，它有许多不同的功能。

1. 集货

集货，即将分散的或小批量的物品集中起来，以便进行运输、配送的作业。集货是配送的重要环节，为了满足特定客户的配送要求，有时需要把从几家甚至数十家供应商处预订的物品集中，并将要求的物品分配到指定容器和场所。集货是配送的准备工作或基础工作。配送的优势之一，就是可以集中客户的要求进行一定规模的集货。

2. 分拣

分拣是将物品按品种、出入库先后顺序进行分门别类堆放的作业。分拣是配送不同于其他物流形式的功能要素，也是配送成败的一项重要支持性工作。它是完善送货、支持送货的准备性工作，是不同配送企业在送货时进行竞争和提高自身经济效益的必然延伸。所以，也可以说分拣是送货向高级形式发展的必然要求，有了分拣，就会大大提高送货的服务水平。

3. 配货

配货是使用各种拣选设备和传输装置，将存放的物品按客户要求分拣出来，配备齐全，送入指定发货地点。

4. 配装

在单个客户配送数量不能达到车辆的有效运载负荷时，就存在如何集中不同客户的配送货物，进行搭配装载以充分利用运能、运力的问题，这就需要配装。跟一般送货不同的是，通过配装送货可以大大提高送货水平及降低送货成本，所以配装也是配送系统中有现代特点的功能要素，也是现代配送不同于以往送货的重要区别之一。

5. 配送运输

运输中的末端运输、支线运输和一般运输形态的主要区别在于：配送运输是较短距离、较小规模、额度较高的运输形式，一般使用汽车做运输工具。与干线运输的另一个区别是，配送运输的路线选择问题是一般干线运输所没有的，干线运输的干线是唯一的运输线，而配送运输由于配送客户多，一般城市交通路线又较复杂，如何组合成最佳路线、如何使配装和路线有效搭配等是配送运输的特点，也是难度较大的工作。

6. 送达服务

将配好的货物运输到客户还不算配送工作的结束，这是因为送达货和客户接货往往还会出现不协调，使配送前功尽弃。因此，要圆满地实现运到之货的移交，并有效地、方便地处理相关手续并完成结算，还应讲究卸货地点、卸货方式等。送达服务也是配送独具的特殊性。

7. 配送加工

配送加工是按照配送客户的要求所进行的流通加工。在配送中，配送加工这一功能要素不具有普遍性，但往往是有重要作用的功能要素。这是因为通过配送加工，可以大大提高客户的满意程度。配送加工是流通加工的一种，但配送加工有它不同于流通加工的特点，即配送加工一般只取决于客户要求，其加工的目的较为单一。

【开动脑筋】

现代配送过程中包括哪些中间环节？

3.1.4　配送的作用

配送在物流系统中的作用，主要体现在以下几个方面。

1. 有利于物流运动实现合理化

配送不仅能促进物流的专业化、社会化发展，还能以其特有的运动形态和优势调整流通结构，促使物流活动向“规模经济”发展。从组织形态上看，它是以集中的、完善的送货取代分散性、单一性的取货。从资源配置上看，则是以专业组织的集中库存代替社会上的零散库存，衔接了产需关系，打破了流通分割和封锁的格局，很好地满足社会化大生产的发展需要，有利于实现物流社会化和合理化。

2. 完善了输送及整个物流系统

配送环节处于支线运输，灵活性、适应性、服务性都比较强，能将支线运输与小搬运统一起来，使运输过程得以优化和完善。

3. 提高了末端物流的效益

采取配送方式，通过增大经济批量来达到经济的进货。它采取将各种商品配齐集中起来向用户发货和将多个用户小批量商品集中在一起进行发货等方式，以提高末端物流的经济效益。

4. 通过集中库存使企业实现低库存或零库存

实现了高水平配送之后，尤其是采取准时制配送方式之后，生产企业可以完全依靠配送中心的准时制配送而不需要保持自己的库存。或者，生产企业只需保持少量保险储备而不必留有经常储备，这就可以实现生产企业多年追求的“零库存”，将企业从库存的包袱中解脱出来，同时解放出大量储备资金，从而改善企业的财务状况。实行集中库存，集中库存总量远低于不实行集中库存时各企业分散库存之总量，同时，增加了调节能力，也提高了社会经济效益。此外，采用集中库存可利用规模经济的优势，使单位存贷成本下降。

5. 简化了手续、方便了用户

采用配送方式，用户只需要从配送中心一处订购就能达到向多处采购的目的，只需组织对一个配送单位的接货便可替代现有的高频率接货，因而大大减轻了用户的工作量和负担，也节省了订货、接货等一系列费用开支。

6. 提高了供应保障程度

生产企业自己保持库存、维持生产，供应保障程度很难提高（受库存费用的制约）。采取配送方式，配送中心比任何企业的储备量都大，因而对每个企业而言，中断供应、影响生产的风险便相对缩小，使用户免去短缺之忧。

3.2　药品配送概述

3.2.1　药品配送的含义、特点及发展趋势

1. 药品配送的含义

药品配送是指依托一定的物流设备、技术和物流管理信息系统，有效整合营销渠道上下游资源，通过优化药品供销配运环节中的验收、存储、分拣、配送等作业过程，提高订单处理能力，降低货物分拣差错，缩短库存及配送时间，减少物流成本，提高服务水平和资金使用效益，实现药品配送的自动化、信息化和效益化。

2. 药品配送的特点

（1）品类划分的复杂。医药物流与其他行业的物流相比，最大的特点就是药品品种繁多、分类复杂。

（2）GSP 要求。医药物流在配送环节上，对药品批号、生产时间、效期、来源、随货单证等要求都非常严格，在仓储环节上的量化指标要求也极高，所以使信息系统必须支持高精度的运作模式。

（3）运输管理严格。药品运输是实现药品空间位移的手段，也是物流活动的核心环节。在运输过程中应根据不同药品的特性选择不同的交通工具以及采取必要的措施，以保证药品的安全性。

（4）包装严格。包装材料的卫生情况直接影响到药品的质量，药品包装必须适合药品质量的要求，方便储存、运输和医疗使用；必须按照规定贴有标签并附有说明书；特殊药品的标签，必须印有规定的标志等。

（5）仓储与在库保管严格。患者对于药品的需求是迫切的，企业通常为了满足客户对药品的及时需求，保有一定的安全库存。而这部分安全库存药品必须严格分库区存储，药品要按剂型及自然属性，分别存放于不同温度条件的库区；药品摆放应该遵守“六分开”的原则；药品应实行色标管理。

（6）配送严格。药品出库时应掌握“四先出”原则，即“先产先出、先进先出、易变先出、近期先出”，以确保库存药品质量始终保持在较为新鲜的良好状态。药品需求的时效性对于药品的物流配送提出了更高的要求，要求医药物流配送系统具有很高的柔性。

3. 药品配送的发展趋势

我国药品配送必然朝着高标准、高效率、高技术手段、低成本的方向发展，最终形成将药品的安全放在首位，以客户要求为导向，实现与时俱进的现代化药品物流配送产业。

（1）医药企业管理体系向现代化、技术化、集约化方向发展。随着经济的快速发展和市场的不断规范，淘汰了一批管理不规范、效率低下的医药企业，医药批发商和生产商的物流系统必然要与先进的管理理念和技术手段相结合，来高效地运作整个物流体系。

（2）药品物流业从传统型向大型化发展。对药品生产商和批发商而言，增强自身的企业实力是提高市场竞争力的必要途径，只有使企业本身的规模和运营体系得到扩大，企业才有承载物流系统的必要性和能力，这样物流才能帮助并促进企业的发展。而对于多数小型药品企业而言，在自身发展缓慢但又需要物流系统支持的前提下，则可以考虑企业合作与货物的合并，将多个小型企业的物流系统整合在一起，共用一个物流体系。

（3）产品从多渠道分销向实行总代理、总经销制形式发展。作为药品生产企业，将产品向下游企业的配送是实现药品流通的必然方式。而当下游企业分散或者经销商订货数量相对较少时，生产企业的配送功能得不到充分发挥，同时也造成了其物流成本的增加。在一定地区范围内，有些销售企业的规模和实力相对比较强大，那么生产企业则选择比较有实力的销售企业作为物流配送的终端，使其成为地区范围内的商品总代理，这样既使生产企业的物流资源得到了充分的利用，同时又保证了出货量和营业额。

（4）与外企的竞争与合作。外资企业在国内市场的各个领域都有较强的实力和竞争力，但是在物流这一产业上，外企的分销和物流配送网络则是薄弱环节。因此，实现与外企的合作，能够相互补充，实现国内企业的物流资源与外企的生产实力结合，有效地打开国内市场，同时也促进国内其他物流企业增强自身的实力，提高市场占有率。

【开动脑筋】

我国药品配送现状如何？存在哪些问题？未来发展趋势又是什么？

3.2.2 药品配送注意事项

1. 普通药品

普通药品注意防潮、避光、密封等即可，特殊的药物要特别注意。比如疫苗和血浆需保持在一定温度下才能运输，可采用冷藏车进行运输，保证药物的质量。

药品运输应遵循及时、准确、安全、经济的原则。配送中心应配备与经营规模相适应并符合药品质量要求的运输设施设备，如适应各类有温湿度储存条件要求的运输工具、防护设施，尤其对于冷藏药品，发运人员在搬运、装卸药品时应轻拿轻放，严格按照外包装图示标志要求堆放并采取相应的防护措施。在药品运输过程中，应针对运送药品的包装条件及道路状况，采取相应措施，防止药品破损和混淆。特殊管理药品和危险品的运输应按国家有关规定办理。企业应根据运输路途的距离，规定相应的运输时间、运输方式及防护措施。

2. 危险药品

对于危险药品，除按一般药品运输的要求办理外，还必须严格遵照交通运输部《道路危险货物运输管理规定》的各项规定，做好安全运输工作。

危险药品发运前，应检查包装是否符合危险货物包装表的规定和品名表中的特殊要求，以及箱外有无危险货物包装标志，然后按规定办好托运、交付等工作；装车、装船时，应严格按照“危险货物配装表”规定的要求办理；在装卸过程中，不能摔碰、拖拉、摩擦、翻滚，搬运时要轻拿轻放，严防包装破损；汽车运输必须按当地医药部门指定的路线、时间行驶，保持一定车距，严禁超速、超车和抢行快车。

3. 医疗器械

医疗器械属于精密仪器，运输时要特别当心。同危险药品运输一样，在装卸过程中，不能摔碰、拖拉、摩擦、翻滚，搬运时要轻拿轻放，严防包装破损。

3.2.3 药品配送服务管理

1. 规范要求

在药品的整个配送流程中，应保证药品的安全与质量。这就要求药品物流配送企业具备相应的硬件设备，能够使药品在储藏、搬运等过程中保证质量。药品的配送流程与物流配送的流程整体上一致，但是由于药品的特殊性，在由全国物流标准化技术委员会提出的《药品物流规范（草案）》中，对药品物流配送的整个过程做出了明确的要求和规定。

（1）药品收货验收。在符合药品储存要求的场所和规定时限内，依据订货信息和随货清单，对药品进行逐批验收，做好记录。特殊管理的药品应建立双人收货验收制度。接收冷藏药品时，应对其运输方式、运输设施、温度状况、运输时间等质量控制状况进行重点检查并记录，对不符合运输温度要求的应拒收，药品收货验收项目符合《药品经营质量管理规范》的要求。在进仓搬运的过程中，搬运、装卸药品应轻拿轻放，严格按照外包装图示标志要求堆放和采取防护措施。药品堆码实行分区、分类、按批号管理，不同批号的药品不得混垛，药品与非药品、外用药与其他药品应分开存放，中药材和中药饮片与其他药品分库存放。特殊管理的药品应专库或专柜存放，双人双锁保管。

（2）药品的储存与养护。在出库之前的存储时间段内，药品应按规定的温湿度条件存储。药品包装上有标示具体储存条件的，按标示要求储存；没有标示具体温度的，按常温2℃～30℃、阴凉2℃～20℃、冷藏2℃～8℃的要求储存。储存药品相对湿度为35%～75%。药品储存按质量状态实行色标管理，待确定药品为黄色，合格药品为绿色，不合格药品为红色。储存的场地条件是：储存药品应避免阳光直射，采取避光、遮光、通风、防潮、防虫、防鼠措施。根据药品的特性要进行不定期的检查和养护，同时做好记录，随时掌握储存药品的属性变化。如果是长期储存的药品，如生产厂家所储存的药品，要进行定期或不定期盘点，做到账、物相符。同时还要严格遵守药品的保质期年限。在进行单据填写时，普通药品单据要保存至超过药品有效期一年，但保存期不得少于三年；特殊管理的药品单据应保存至超过药品有效期一年，保存期不得少于五年。

（3）药品的出库与包装。药品在进行运送之前，要严格按照药品的属性和运送装卸要求，对药品进行保证安全的包装并进行复核。发现异常情况不得出库，查明原因并做好记录，特殊管理的药品应建立双人核对制度。药品拆零发货时，应使用洁净、安全的代用包装。代用包装上应标明品名、规格、批号、有效期等内容，并附说明书原件或复印件。

（4）药品的运输与配送。在运输工具上，运输药品的车辆必须使用厢式货车，并针对运输药品的包装条件及道路、天气状况采取相应措施，防止对药品质量造成影响。对有温度要求药品的运输，要有冷藏或保温的措施。采用保温箱运输冷藏药品时，保温箱上应注明贮藏条件、启运时间、保温时限、特殊注意事项或运输警告。采用冷藏车运输冷藏药品时，冷藏车应符合国家 QC/T 450—2000 标准要求，具有自动温度监控记录功能，采用远程监控技术实施实时温度监测及数据上传。托运、承运和自行运输麻醉药品与精神药品的，应当采取安全保障措施，防止麻醉药品和精神药品在运输过程中被盗、被抢、丢失，具体操作按《麻醉药品和精神药品管理条例》执行。药品应安全、准确、及时送达，货损、货差应控制在合同约定的允许范围之内。制定因突发情况导致车辆无法正常运行的应急预案，及时、准确地向客户提供运输与配送的相关信息。

（5）药品的交接与签收。送药车辆到达卸货地点后，配送人员应首先与收货人取得联系后再卸车，当场点清数量，由收货人签证回单，不得自行签证。如发生破损、货差等质量纠纷，要当场与收货人分清责任，并在回单上批注清楚。

2. 服务承诺

（1）制定科学的操作流程。医药物流具有品类划分复杂、GSP 要求、运输管理严格、包装严格、仓储与在库保管严格、配送严格等六大特点，为满足这种服务要求，RDC（Regional Distribution Center，区域分发中心）将从个性化角度出发来设计并不断完善业务工作规范，将之纳入其程序化管理。所有业务操作均按照标准的物流流程和质量标准的服务流程及质量标准进行，确保整个流程井然有序。

（2）运输服务质量考评方法。重视对服务质量的控制，并严格按照 ISO9002 质量认证体系的要求，对用药单位提供的物流服务按照公开统一规范的评估标准进行考核。考核工作主要通过用药单位及各经销商对操作单位 RDC 服务的满意程度来考评。这种为该项目操作打分的方式使得考评更加客观公正，也会促使 RDC 为用药单位提供更加优质的服务。

（3）保证医药配送的及时。药品配送工作时间与用药单位工作时间一致，针对距离不同的客户提供不同的结单时间，如遇紧急配送需求的客户提供及时配送服务。

（4）应急处理。在配送过程中发生意外事故时，及时向用药单位汇报，并将具体指示通知事发现场的处理人员，确保意外事件得以及时的解决。

（5）运输服务关键操作指标（KPI）。RDC 将在确保完成用药单位制定的 KPI 前提下，结合车辆配送实际情况，制定更加全面的考核指标，并定期（每月）报告指标完成情况和客户满意程度（每季度）。如果某种指标超过限定，应及时找出原因并向用药单位作出说明，以便在将来不断加以改进。

（6）人员素质。为用药单位配置的物流相关操作人员均应受过医药物流相关知识及配送技巧等培训，对医药物流所需的产品划分、仓储、运输、搬运、分拣等相关操作都有熟练的操作技巧及方法，再通过严格的业绩考核方式，极大地满足用药单位的人员素质要求。

3. 保障措施

为了确保各种药品及医用器械在规定的时间内送至客户手中，应采取以下措施。

（1）对运输车辆进行定期保养和维修，保证车况良好。

（2）车辆出车前进行严格的检查，确保运输车辆的适运状态。

（3）利用配送车辆在省内的网络优势，对抛锚的运输车辆能在两个小时内进行及时更换。

（4）利用先进的技术手段（GPS）对运输车辆进行实时监控。

（5）对参与运营的车辆进行严格的质量考评及人员培训，确保服务人员的服务质量达到较高水平。

（6）按照 ISO 要求制定科学严格的标准化工作程序和业务流程。

（7）制订科学的配送计划，优化运输路线。

（8）先进的办公系统与对方办公系统对接，确保信息交流顺畅。

通过一系列流程和相关措施的实施，能够以较低的成本为对方提供安全、及时、优质的配送服务。

【开拓视野】 药品配送形式

从事药品配送的物流企业，一般本着“以省为单位、公开招标、统一配送”的原则，通过公开招标的形式，在具有药品配送条件的企业中确定配送对象，这是药品配送的第一种形式。医药改革大力倡导药品通过招标，实现统一集中配送的模式。通过药品的集中配送，减少了中间环节，例如批发商、零售商等，降低了医药成本，且提高了配送效率。例如社区医疗站的常用药品配送，由政府直接采购，再委托中标的企业实现统一直接配送。受委托方应是具有运输药品能力的药品批发企业或专业物流公司，可接受药品委托储存、配送服务，中标企业应符合《药品经营质量管理规范》的要求，具有与所配送药品相适应的质量管理机构、药品质量规章制度、药学技术人员、营业场所、设备、仓储设施、卫生环境等，同时应遵循国家及有关药品管理的法律法规和消防、安全、环保、卫生等方面的规定。

第二种形式就是药品生产企业直接配送。企业拥有自己的物流配送系统，整个系统隶属于企业内部，通过企业的集中调度实现对下游批发商、零售商的配送。企业应符合《药品经营质量管理规范》要求，应有与经营规模和经营范围相适应的运输、仓储设施设备和信息管理系统，能够完成对药品运输、储存、装卸、搬运、包装、流通加工、配送和信息管理等基本功能，满足药品物流服务的需求。

3.3 药品配送网络结构及特点

配送网络系统是指由配送节点和配送线路构成的配送网络及网络层次结构，其中包含配送节点类型、节点数量和节点布局等信息。基于物流配送网络流程，并根据配送网络系统中配送药品的流动方向与聚散性不同，即药品是否都要经过配送中心周转以及配送网络系统中配送中心的个数，将药品配送网络系统归类为集中型配送网络、分散型配送网络和多层次配送网络三种形式。

3.3.1 集中型配送网络

1. 集中型配送网络的含义

集中型配送网络是指在配送系统中只设一个配送中心，所有用户需要的物品均由该配送中心完成配送任务。在该系统中，由于只有一个配送中心，配送决策由该中心做出，配送的商品也只经过这一个中心进出，所以从这一点看是一种集中控制和集中库存的模式。如一个城市范围内中小型药品连锁经营企业自己设置的为所属连锁药店配送药品的配送系统一般只设一个配送中心，这种属于集中型配送网络结构。药品集中型配送网络结构如图 3.1 所示。

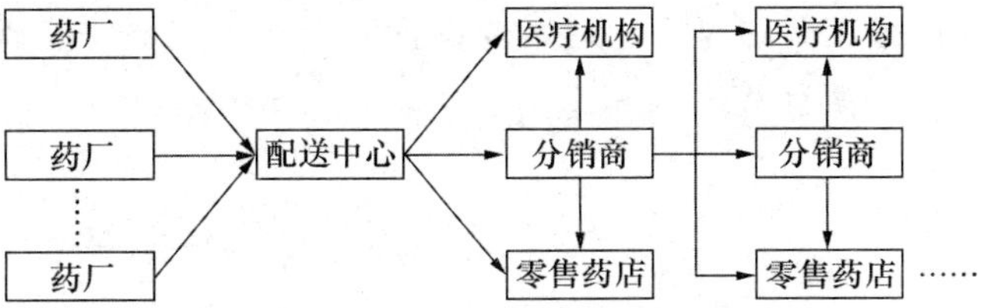

图 3.1 药品集中型配送网络

2. 集中型配送网络的特点

集中型配送网络系统在低频运输、运输货物数量大、运输货物种类少的情况下应用较多。集中配送有利于实现配送的规模效益，但由于必须到配送中心中转，增加了不必要的环节，有时也会导致配送成本的增加。其特点表现如下。

（1）配送管理费用较少。由于配送运输频率低，配送商品数量多、品种少，因此相对于分散型的配送网络系统，集中型配送管理比较轻松，管理费用自然也不会太高。

（2）安全库存降低。在集中型配送网络下，药品库存较为集中，有利于安全库存量的降低，规模效益较好。

（3）订货提前期延长。药品集中型配送网络，由于配送中心距离客户较远，因此客户订货提前期就不可避免地延长了一些。

（4）外向运输成本比较高。和分散型的配送网络相比，由于客户与配送中心之间的距离比较远，因此会增加外向运输成本。

（5）客户服务水平较低。由于这个区域只有一个配送中心，所以缺乏竞争力及竞争意识。又由于距离客户较远，配送中心集散货物的时间就比较长，提供配送服务的能力水平不高。

因此，集中型配送网络特别适合应用在小型和中型城市范围内，而且对配送服务水平要求不高的地区。

3.3.2 分散型配送网络

1. 分散型配送网络的含义

分散型配送网络是指在一个配送系统中设有多个配送中心，而将用户按一定的原则分区归属某一个配送中心为其提供配送服务。大城市中的大型药品连锁经营企业自己设置的为所属连锁药店配送药品的配送系统，通常要设置多个配送中心才能满足需要，它们就属于分散型配送网络类型。药品分散型配送网络结构如图 3.2 所示。

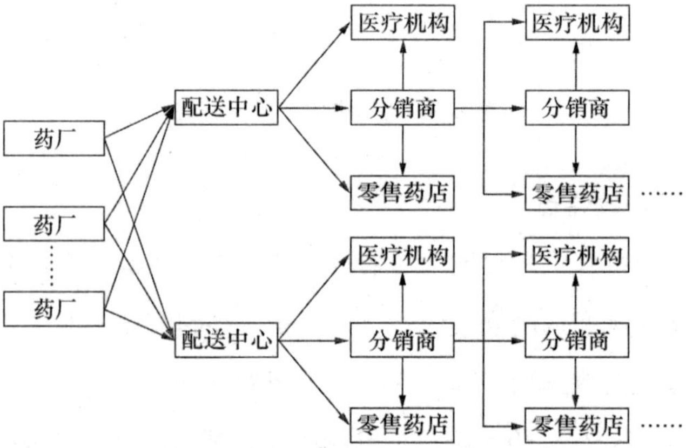

图 3.2 药品分散型配送网络

2. 分散型配送网络的特点

分散型配送网络根据实际情况（地理位置及配送量等）设立一定数量的配送中心，这些配送中心没有主次之分，呈现出以下特点。

（1）外向运输成本低。由于缩短了配送中心与客户之间的距离，因此配送中心商品集散成本降低，外向运输成本较低。

（2）内向运输成本高。供应商向配送中心送货时，由于要向多个配送中心送货，规模经济自然没有集中型网络好，故内向运输成本（从供应商到配送中心的运输成本）高。

（3）缩短了配送交货时间。由于配送中心数量增加了，因此配送中心距离客户一般是比较近的，所以可以提供较短交货时间和较高的物流服务水平。

（4）初期投入成本高。配送中心数量较多，设施设备的投入较大，而且随后的设备维修保养等成本也较高。

（5）库存分散，安全库存增大，总平均库存增大。

3.3.3　多层次配送网络

1. 多层次配送网络的含义

多层次配送网络是在系统中设有两层或更多层次的物流中心和配送中心，其中至少有一层是配送中心，而且是靠近用户的。大型第三方物流企业、大型零售企业或从供应链来看的物流系统，它们的配送网络通常是这种结构。

多层次配送网络是集中型配送网络和分散型配送网络的结合体，它既可以像集中型配送网络那样提高物流配送效率，也能像分散型配送网络满足客户各种复杂的服务要求。药品多层次配送网络结构如图3.3所示。

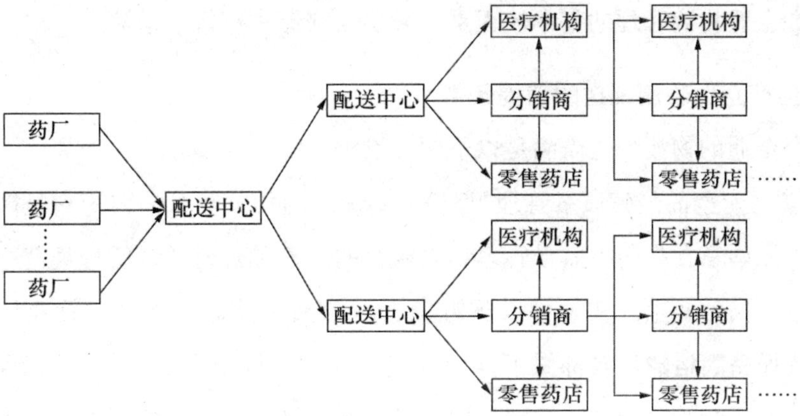

图3.3　药品多层次配送网络

2. 多层次配送网络的特点

多层次配送网络由于配送中心距离供应商和客户的距离一般都比较近，因此配送中心集散的成本会相对减少，内向运输成本和外向运输成本都比较低。离最终客户较远的配送中心，往往不一定作为商品的储存中心，只是对配送商品进行分拣中转过渡，因此，多层次配送网络并不一定会增加商品的库存数量。

当药品配送网络确定后，要想降低流通成本，提高服务质量，关键在于确定好药品配送方式和服务模式。因此，在考虑药品配送业务相关因素的前提下，能否正确选择物流配送方式和服务模式，对于提高药品配送工作效率和配送系统的合理性具有重要的意义。

3.4 药品营销网络各主体药品配送特点

3.4.1 药品生产企业的物流配送特点

药品生产企业物流配送是医药企业为满足消费者需要对医药商品从医药企业向消费者转移过程中所进行的计划、组织、指挥、协调、控制和监督。药品物流配送管理的基本任务是组建起执行医药物流活动的部门和机构，联系与协调有关部门、机构的活动，使各项物流活动实现最佳的协调与配合，以降低物流成本，提高物流效率和经济效益。

药品生产企业物流管理的基本流程是：采购—仓储—销售—运输。

1. 药品生产企业物流配送的前提条件

药品生产企业的物流配送需满足以下两个要求。

（1）需满足《药品经营质量管理规范》（GSP）的相关要求，因为它是医药物流的基本操作依据。原国家食品药品监督管理总局颁布的《药品经营质量管理规范》对医药物流配送有着非常严格的要求。在硬件设施方面，对药品仓储储存条件、营业场所、质量验收、养护设施设备、运输工具都做了详细规定。在软件设施方面，GSP 的要求更为严格，如对购进记录、质量验收记录、仓储养护记录、不合格品记录有特别的规定，对企业机构设置、人员培训等也有具体要求。

（2）需将物流信息化与 GSP 融为一体。国家强制要求企业对经销医药商品的流向负责，企业对自身经销医药商品的批号实现全面控制，流向追踪。为了达到这一目的，原国家食品药品监督管理总局出台了 GSP 强制认证标准，要求所有医药流通企业都必须通过该认证，否则不得进入医药流通领域。

2. 药品生产企业的物流系统作业模式

药品生产企业的物流配送以市场预测为开端，收集市场信息，考虑目标消费者客户的位置以及他们对医药商品运送便利性的要求，制定一个综合策略，主要职能有三个。

（1）医药信息管理。其中包括医药市场预测、用户跟踪记录、销售订单管理、进销库存管理、销售分析、绩效管理等。

（2）运输管理。医药商品的运输有三种基本方式：药品生产企业车队直接运送，称自营运输；委托专业运输公司运送，称合同运输；向各种提供以单独装运为条件的运输承运人预订服务，称公共运输。在有利于生产，有利于市场供应，有利于节约流通费用、运力以及劳动力的前提下，使货物运输以最短里程，经过最少的环节，用最短的时间、最小的损耗和最低的成本，从出发地运到客户要求的地点。

运输管理的主要职能是选择合适的运输方式和运输方案，并安排和执行运输计划。一般贯彻的原则是：快捷——用最短的时间、最快的速度将商品送达目的地；准确——实物与订单相符，同时防止少发或者多发；安全——保证医药商品、运输工具和工作人员的安全，尽量控制损耗；节省——控制运输成本；完整——保证医药商品的品质和外形及包装不受损。

（3）仓储管理。包括质量验收、合理存放保管、养护、装卸、包装、配送等。仓库的类型是多种多样的，它有不同的划分标准：按照仓库的建筑形式划分，有平房仓库、多层楼房仓库、高层货架立体仓库；按照仓库的建筑规模划分，有大型仓库、中型仓库、小型仓库；按照温湿度管理要求划分，有冷库、阴凉库、常温库；按照仓库建筑的技术设备条件划分，有普通仓库、专用仓库；按照特殊管理要求划分，有麻醉药品库、一类精神药品库、毒性药品库、放射性危险品库。

3. 4. 2　药品批发企业的物流配送特点

药品批发企业在物流配送中需做好以下三个方面的工作。

（1）上游制造商要求产品销售最终化。随着市场经济的成熟，尤其是国际知名制药企业的进入，使中国医药市场竞争手段不断更新，药品制造商对药品批发企业的要求已不仅仅是接货、回款、把货发给下游的大客户，而是开始强调终端销售，要求药品批发企业实现代理产品的“最终销售”而不是“库存转移”。药品批发企业对经销的产品进行精心培育，对目标市场进行精耕细作，方能夺路突围，在夹缝中生存。否则，药品批发企业的经销区域越来越小，经销的优势越来越弱，产品经销权特别是新产品的代理权最终将被挑剔的生产商慢慢回收。

（2）下游分销商要求产品物美价廉且品种齐全。如果药品批发企业经销的产品价格低廉但品种并不齐全，同样会使分销商四处求购而加大分销商的采购成本。因此，优化产品结构被提升到了与降低供货价格同等重要的位置。药品批发企业“有什么卖什么”的运作方式远远不能满足下游分销商多品种一步到位的采购要求。收集下游分销商产品需求信息，代替下游分销商采购并储存，做下游分销商的“采购代理商”的做法，势必越来越受下游分销商的青睐。

（3）流通行业自身结构变化。药品自选式大卖场提供充足的货品和低价优质服务，24小时便利店深入居民区提供生活便利，两者结合一统零售业天下已成为不可阻挡之势。药品超市快速成长，其价格之低、规模之大、品种之多、管理之严格、服务水准之高，已成为药品批发企业的另一个竞争对手。药品批发企业前有强敌——制造商的密集分销直营政策，后有追兵——异军突起的药品超市渠道，新的市场规则给药品批发企业提出了新的生存课题。

3.4.3 药品零售企业的物流配送特点

药品零售企业的物流配送呈现出以下几个特点。

（1）批量采购，统一配送。各门店的商品统一由总部采购，按照统一的营销策略和各分店对商品品种、规格、包装等的要求，统一储存和配送。药品采购权均集中于总部，既实现了以大批量进货来获取折扣并延长付款期限的机会和规模效益，也实现了配送路线的合理化。

（2）商品变价快，订单频繁。医药连锁零售门店经营的商品进货价格有随行就市特征。医药零售连锁的店铺多，销售量受随机因素和其他人为因素的影响较大，订单频率高。对于仓储空间等资源有限的门店，必须依靠提高配送频率来满足需求，门店的配送量波动大。部分小型便利店甚至要求一天送货两次，且配送过程限定在某个时段内。

（3）拆零分拣量大，退货换货频繁。医药连锁零售企业实行集中采购和批量进货，每次进货量大，配送中心需要按照门店的订货量进行拆零分拣。一方面，医药连锁业货损率比较高，退货数量比较大，配送中心还有处理诸如赠品、退货等问题；另一方面，商品更新换代的频率较高，销售门店多，各销售分店库存不同、销量不同，配送中心工作难度差异较大。

（4）对保质期要求很高。药品作为一种特殊的商品，对批次号和有效期的管理要求很高。药品批次过多，效期管理工作困难。医药门店经营的其他日用消费品也有不同的保质期，需要有针对性地进行管理。

3.5　药品保管与库存管理

3.5.1　药品营销网络中存货管理的特点

药品营销网络中存货管理的特点如下。

（1）医药分销机构多，管理难度大 。一般药品生产企业均有自己的分销体系，众多分支机构为统一化、扁平化管理带来了不小的难度。分支机构的不可控，导致企业整体经营风险很大。目前，医药生产企业普遍存在对分支机构的库存、商品流向、应收账款不准确、不及时的担心。

（2）医药流通需遵循《药品经营质量管理规范》。《药品经营质量管理规范》要求医药企业严格审核进货来源，规范地管理存放药品，准确地追踪药品流向。这就要求企业必须建立一整套标准化的作业流程，并详细记录过程中发生的关键数据。这需要企业投入大量的精力。如果有一套符合《药品经营质量管理规范》的信息系统来规范监督医药企业日常业务，就可以大大提高企业整体效率，让企业最终从实施《药品经营质量管理规范》中受益。《药品经营质量管理规范》的一些基本要求如下。

① 仓储分区管理。《药品经营质量管理规范》要求在库内摆放药品，一定要根据药品的药性、配送状态、质量状态分区管理。例如从药品配送环节看，有临时储存区（待验区）、储存区、配送区、发货区等；从药品质量状态又可分为合格区、不合格区、复检区；

从药品储存条件可分为常温库、阴凉库等。如此多的分区管理，在保证符合相关规定的同时也增加了药品管理的复杂度。

②批号效期管理和追踪。批号是医药行业的一个管理特色，药品必须有一个批号信息来记载其生产或失效日期。同时，一旦发现批次质量问题，还应保证能够以最快的速度从流通环节回收相关药品。医药企业每天进出的商品众多，在批号管理上耗费了大量的精力，即使如此也会出现药品过期现象。

③质量检验记录。医药企业必须保留完整的质量检验记录。根据不同人员、不同时点、不同检验内容，检验记录又分为很多种。医药企业往往花费大量精力建立检验台账。但建立起来的台账由于查询不便，基本发挥不了作用。

（3）品种多，一品多厂，药品分析需要细化。医药品种多，同一个品种又有很多厂生产；药品划分比较复杂。对药品的描述需要从多个角度进行。例如，从功效分，从性态分，从中西药角度分，等等。只有对品种进行全方位的分析，才能深挖掘，创效益。从目前医药企业看，这部分工作量极大，也缺少适当的工具支持。

（4）季节性因素加大了药品库存管理的难度。季节性因素对中成药企业有比较大的影响。季节性药材到成熟期后，其有效成分的含量高且价格相对便宜，此时就会加大储备量。药品的销售也存在季度性影响，如感冒药、皮肤药等，公司需提前备货，否则容易出现断货的情况。

（5）药品行业的周期因素影响了药品库存管理。根据中国信息产业机构统计，医药制造业前几年业务高速增长，市场实际销售与预测基本一致。然而近两年来，年复合增长率从17.7%大幅下降到目前的9%左右。由于市场的饱和，竞争对手的影响，国家医保费用的管控、公立医院的医疗体制改革、医疗领域反腐等因素加上对中成药企业发展的判断性误差等，销售预测量与实际之间有些差异。同时，新产品开发及药品的市场开拓都会形成一定的产品积压。

3.5.2 药品营销网络库存管理的方法

从以上的分析可以看出药品存货管理中存在的问题不仅有主观因素，也存在客观因素。针对上述问题提出了如下对策。

（1）加强供应链管理。供应链管理就是对供应链中的信息流、物流和资金流进行设计、规划和控制，从而增强竞争实力，提高供应链中各成员单位的效益与效率。供应链管理是一套系统管理办法，实施供应链管理需要准备充足的人力、物力、财力，而且投入大，需要足够的资金来获取强大的技术保障。企业之间通过技术，实现数据的自动、安全采集，将企业各种信息化体系高度整合、集成，实现信息互通，把不同单位的需求、不同地方的需求集中起来，实现库存集中控制、集中采购，既可以降低各企业的安全库存，减少库存风险和资金占用，还可以通过集中采购降低采购成本。

（2）加强销售计划管理。销售计划决定了生产计划、各生产单元的排产计划、采购计划以及库存计划，一方面通过加强数据分析技术，提高销售计划编制数据来源的准确性；另一方面建立从营销到生产制造各环节的指标、数据以及实物管理的库存管理体系，形成常态化的沟通、联系机制，及时进行系统库存管理，并通过制度形成固化管理体系。因销售市场变化而引起的计划调整，其决策要迅速，尽可能将库存影响降至最低。

（3）提高信息化管理水平。实施供应链管理及完善计划管理体系离不开信息化系统的支持。企业应根据自己的实际情况，建立适应企业自身发展的信息化系统，形成完整的产业链的库存管理信息系统。现在部分医院药品的调价功能设在药库，使药库工作量大幅增加，这就要求药品库存管理人员及时、准确地做好药品的进出库账目，掌握库存最新动态。另外，要做到金额相符，必须对调价药品实时监控，并做好金额盈亏报表。完善的数据查询系统可以随机查询统计某个时间段的药房销售情况，还可以对入出库和退库报损情况进行查询核对，通过查询及时了解药房中各种药品的数量及已报警的药品，合理利用药房。

（4）加强药品使用单位的采购管理。运用经济手段，了解临床需求情况，收集有关资料，掌握医院用药动态。根据上一年同期药品消耗情况，做好本期及下期的药品需求预测，使药品能做到适量储存，保障临床供应。

（5）加强入库药品的质量管理。进口药品依据《进口药品管理办法》的有关规定和国务院卫生行政管理部门授权的口岸药品检验所的检验报告书或其复印件验收；国内药品根据《中国药典》、部颁标准实施检查。每次入库做好“药品质量验收记录”，记录内容包括供货单位、数量、到货日期、品名、剂型、规格、批准文号、批号、生产厂商、有效期、质量状况、验收结论和验收人员签字等，并对药品外观、质量进行抽样检查。对于出厂检验报告书内容有疑问或发现质量不稳定、原料或工艺改变、包装方式改进、长期停产恢复生产、新品种等，加强抽样检查，并要求供货单位出示质量检测报告书。

（6）加强药品储存管理。入库药品经药库管理员验收后，分类定位排列，便于盘点和发货。依据药品编码规则输入药品编码登记入库，在录入批发价和零售价后自动生成总金额的同时，输入有效期及库存上下限等，自动监控药品的有效期及限量，随时报警。出库时，选择发往单位，如门诊药房、急诊药房和住院药房等，按各药房的请领单审核发药或拒绝发药。选择发药后将按请领单上的药品内容将药品追加到各子药房的库存上。同时，还可以根据各子药房的申请单提供退库和报损服务，完成退库和报损登记，并自动减去各药房的库存量和报损药品的药库数量及金额。这些过程可以运用计算机管理，避免了人工往来等带来的烦琐劳动，省时省力，提高了工作效率，减少了差错。

（7）完善药品使用反馈机制。药库管理人员经常深入临床科室征求意见，了解各科用药情况，加强合作，处理好“供”与“求”关系；并与临床科室合作，向各科室介绍国内外医药动态、最新药品供求信息，使临床用药不断更新。

（8）强化药品保管与库存管理的目标。从五个方面制定药品库存目标：一是库存成本最低的目标，通过降低库存成本以降低药品成本；二是库存保证程度最高的目标，在工作业务量大的时期确保供应品种的齐全；三是不允许缺货的目标，保证最佳医疗效果；四是限定资金的目标，须在限定资金预算前提下实现供应；五是快捷目标，快进快出。

环境条件制约了库存的控制，需求的不确定性越高（如一些突发事件用药）、订货周期越长、运输的不确定因素越多（如边远地区）、管理水平越低（包括计算机的应用程度）、人员越紧张，库存降低越困难。而当仓储条件好、不存在资金的制约、药品处于通货膨胀时期，特别是对某些药品必须实现不允许缺货的目标时，库存量则不宜过低。

（9）提高药品库存的周转率，降低断货率。周转率以单品种库存数量/月平均消耗数量表示，这项指标能较早做出药品过期损耗的报警，比有效期表更有效。它可防止在近失效期时（3 个月内）退货造成供应商不合理的损失。药品断货率由两个指标组成，即断货品种数/总品种数和单品种断货天数/365，其反映了药品供应保障程度。如果由于货源不足引起断货率上升，则要适时调高储备限额及最低额或拓宽采购渠道。

（10）加强药品信息化管理。

3.6　特殊药品的冷链配送

药品冷链运输是指为满足人们疾病预防、诊断和治疗的目的而进行的冷藏药品的运输，药品冷链运输是药品冷链物流的一个重要环节。

3.6.1　冷链药品的概念和分类

1. 冷链药品的定义

我国《物流术语》对冷链是这样定义的：冷链（Cold Chain）是根据物品特性，为保持物品的品质而采用的从生产到消费的过程中始终处于低温状态的物流网络。冷链是确保药品安全流通的有效手段，也是减少易腐品流通损耗、满足消费升级的重要保障。冷链药品指的是药品质量受温度变化影响较大，需要在预先给定的温度环境（通常指 10℃以下）中流通与使用，以保证质量安全、减少损耗、防止污染的药品类别，其中主要是生物药品。

冷链运输药品其实就是需要冷藏的、对温度变化比较敏感的药品，一般在药品说明书中都有该药品的储存方法说明。对于储存方法需要冷藏的药品，一般需要在 2℃ ~8℃储存和运输，也有一些药品需要在特定的冷藏或冷冻条件下运输。

2. 冷链药品的分类

根据冷链药品对环境温度的要求不同，可以将其分为冷藏药品和冷冻药品两大类。

（1）冷藏药品。指药品从生产后直至送到患者注射、服用之前，在其生产、储存、运输、配送、销售等整个流通过程中，始终处于 2℃ ~10℃或其他相应规定的存储温湿度环境之中的药品。

（2）冷冻药品。指需要在 0℃以下温度条件贮藏运输的药品，或是药品包装标识“贮藏”项下对环境温度要求为冷冻或 -25℃ ~0℃范围保存的药品。

一般需要冷链运输的药品主要包括以下几大类：①所有的生物制品；②所有的血液制品；③所有疫苗；④部分活菌制剂；⑤部分眼用制剂；⑥部分抗肿瘤药物；等等。

3. 冷链药品流通的特点

冷链药品作为一类特殊的药品，其流通具有以下特点。

（1）约束和监管相对严格。冷链药品不但受药品监管的相关法律法规约束，而且受到针对生物制品的流通制定的专项法律法规约束，监管比常规药品更为严格。

（2）冷链药品的市场准入门槛和质量要求高。疫苗的经营企业要想取得经营资格，首先需要有从事疫苗管理的专业技术人员；其次，需要拥有能够保证疫苗质量的冷冻或冷藏设施设备；再次，必须有规范的疫苗储存和运输管理制度。只有具备以上三个条件，才能进行申请，并由所在地政府药品监管部门审查其是否符合相应条件。

（3）流通体系垄断性较强。由于法律法规的限制（市场准入门槛高）及社会物流企业普遍不具备冷藏药品储存、运输的条件和过程质量管控的能力，再加上冷链药品配送呈现多批次、小批量的特点，致使冷链药品流通体系呈现较强的垄断性。

4. 冷链药品配送的特点

图3.4为冷链药品配送流程。冷链药品一般都是在冷库中储存，由于冷链药品的特殊性，配送的药品基本都是成品药，配送方没有生产资质，所以流程中一般没有配送加工的过程。

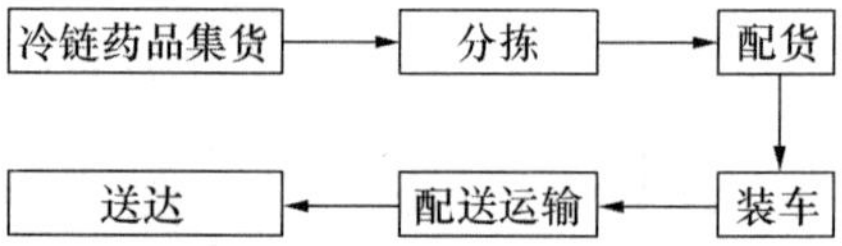

图3.4　冷链药品配送流程

对于冷链药品来说，合理的配送在冷链药品供应中起着决定性作用。与常温药品相比，冷链药品的配送具有以下特殊性。

（1）配送条件高要求性。冷链配送的药品通常需要在稳定的低温环境下配送，才能保持医学品质。因此，温度是影响其品质最重要的因素。此外，药品的易变质性也容易受到冷链药品包装材料的清洁程度、细菌含量的直接影响，所以，药品包装需要针对不同的药品合理使用，必须符合药品质量的要求，方便药品储藏、运输和最后使用；必须按照相关规定，附带说明书和标签；特殊冷链药品的标签，还必须印有特定的标志等。

（2）时间有限性。由于冷链药品具有易变质性，其生产、储存和销售需要在较短的时间内完成，有时在遇到突发情况时更是对配送时间提出超高的要求，这决定了冷链药品的配送具有时间限制。超出这一“时间窗”，冷链药品很可能没有在紧急需求时送达需求方，从而造成损失，甚至引发严重的事故。因此，冷链药品的需求方往往会要求配送者必须在事先约定的时段内送达。出库时应掌握“四先出”原则，即“先产先出、先进先出、易变先出、近期先出”，以确保库存药品自身质量始终保持在较为良好状态。药品需求的时效性对于药品的配送则提出了更高的要求，要求配送系统具有很高的柔性。此外，北京市对于货运车辆进出市区的时间有严格规定，且车辆必须具备通行证，这又进一步限制了配送的时间，增加了配送难度。

（3）装备特殊性。冷藏运输车在运输过程中，由于车厢内温度与外界温度差异而造成的热传导现象以及装卸搬运过程中冷藏车门开启造成的热侵入现象使得冷链药品配送商在配送时必须额外考虑车辆的能源损耗。在配送过程中，还可能根据不同药品的特性选择不同的交通工具以及采取必要的措施保障药品的安全性。此外，保温设备也往往采用蓄冷箱和冰排，这些都和普通的货物有较大区别。

（4）需求高频次性。药品的宏观需求受季节、药品更新周期、疾病或流行病突发等诸多因素的影响，所以冷链药品的需求就表现出波动性大、偶然性强等特点，加上冷链药品的储存条件要求高以及医院、医药连锁店和防疫站数量较多，冷链药品的订单就是小批量、高频次的需求，对配送效率和响应能力提出了高标准的要求。

冷链药品的配送要求冷链药品始终处于规定的温度环境之中，且各环节应保证稳定衔接。例如，冷链药品出库到装车的过程中间，冷链不间断，冷库应配备封闭门罩进行保温，如果任何环节中出现药品没有相应的低温保证，处于规定温度以上达到一定时间，冷链断链，药品就会出现变质的情况。

总的来说，由于冷链药品自身的性质和小批量、多批次、多品种与紧急性的需求特点，使得其供应链构建成本大，物流与配送费用较高。

3.6.2 药品冷链物流的概念和特点

1. 药品冷链物流定义

药品冷链物流是指药品的生产企业、经营企业、物流企业和使用单位采用专用的制冷设备，使冷藏药品从生产企业的成品药库房到使用单位的药品保存库房这个过程中，温度一直控制在药品所需的范围内的物流过程。当药品的质量受到波动温度的影响而产生变化时，需要预先给该药品准备适当的温度，使其在一定的低温供应环境下流通与使用。

冷链药品物流系统是确保冷链药品在合适的温度下，以最少的损耗、较低的成本又能避免缺货并以准确的数量，在合适的时间、地点，以良好的质量从生产地向接受地流动并满足使用需要的系统。

【开拓视野】 冷 链 物 流

所谓冷链物流，泛指冷藏冷冻类食品在生产、贮藏运输、销售到消费前的各个环节中始终处于规定的低温环境下，以保证产品质量，减少产品损耗的一项系统工程。它是随着制冷技术的进步、物流的发展而兴起的。冷链物流是一门综合性、交叉性的应用科学，是以冷冻工艺学为基础、以制冷技术为手段的低温物流过程。冷链由冷冻加工、冷冻储藏、冷藏运输及配送、冷冻销售四个方面构成。

（1）冷冻加工：包括肉禽类、鱼类和蛋类的冷却与冷冻，以及在低温状态下的加工作业过程，也包括蔬菜的预冷、各种速冻食物和奶制品的低温加工等。在这个环节上主要涉及的冷链装备是冷却、冻结装置和速冻装置。

（2）冷冻储藏：包括食品的冷却储藏和冻结储藏，以及水果蔬菜等的冷藏。它是保证食品在储藏和加工过程中的低温保鲜环境。在此环节主要涉及各类冷藏库、加工间、冷藏柜、冷冻柜及家用冰箱等。

（3）冷藏运输：包括食品的中、长途运输及短途配送等物流环节的低温状态。它主要涉及铁路冷藏车、冷藏汽车、冷藏船、冷藏集装箱等低温运输工具。在冷藏运输过程中，温度波动是引起食品品质下降的主要原因之一，所以运输工具应具有良好的性能，远途运输尤其重要。

（4）冷冻销售：包括各种冷链食品进入批发零售环节的冷冻冷藏和销售，它由生产厂家、批发商和零售商共同完成。随着大中城市各类连锁超市的快速发展，各类连锁超市正在成为冷链食品的主要销售渠道。在这些零售终端，大量使用了冷藏、冷冻陈列柜和储藏库，它们成为完整的食品冷链中不可或缺的重要环节。

2. 药品冷链物流结构

药品冷链物流结构由冷藏药品原材料企业、冷藏药品生产企业、药品批发企业、医药储备企业、疾控中心、医疗机构、药品零售企业、药品冷链物流企业以及社会公众组成，其中药品零售企业包括连锁门店、单体经营店、网上药店，如图 3.5 所示。

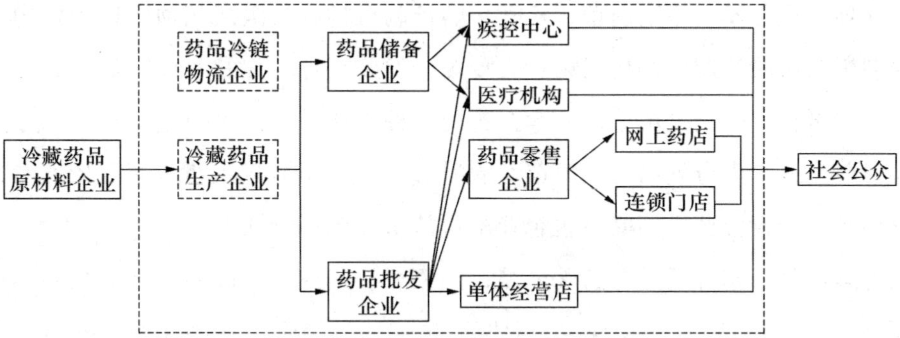

图3.5　药品冷链基本结构

目前的药品流通主要从生产企业开始，经由药品批发企业，最终到达医院、药店和防疫站等消费端，中间还有由相关政府部门和企业共同管理的药品储备库对冷链药品进行应急储备。药品批发企业在大多数情况下同时经营药品物流业务，扮演药品物流企业的角色。

冷藏药品的生命周期由生产、流通、消费三部分构成，而冷链物流则是连接生产到消费的纽带，药品原材料经生产企业加工成为冷藏药品成品。冷藏药品从产地到销地可分长途运输和短途配送两个阶段，长距离的运输多采用空运和铁路运输的方式，短途配送多采用冷库仓储、冷藏车运输。

不同的冷藏药品，物流过程不尽相同。对于常见的血液制品、诊断试剂等产品，通过批发企业流入除网上药店外的零售企业（包括连锁零售店和非连锁店）和医院、社区诊所等医疗机构；通过连锁药品零售企业，产品进入各连锁门店和网上商店，其中根据《互联网药品交易服务审批暂行规定》和相关通知，网上商店进行零售业务必须获得连锁药店资格，也就是说只有连锁药店才能进行网上售药。

针对疫苗产品，《疫苗流通和预防接种管理条例》（2005）（以下简称《条例》）将疫苗分为两类。第一类疫苗，是指政府免费向公民提供，公民应当依照政府的规定受种的疫苗，包括国家免疫规划确定的疫苗，省、自治区、直辖市人民政府在执行国家免疫规划时增加的疫苗，以及县级以上人民政府或者其卫生主管部门组织的应急接种或者群体性预防接种所使用的疫苗；第二类疫苗，是指由公民自费并且自愿受种的其他疫苗。依照国家有关规定，负责采购第一类疫苗的部门应当依法与疫苗生产企业或者疫苗批发企业签订政府采购合同。对于第一类疫苗，省级疾病预防控制机构负责分发组织工作，第一类疫苗将会按照使用计划组织分发到辖区内市级疾病预防控制机构或县级疾病预防控制机构。县级疾病预防控制机构按照使用计划再将第一类疫苗分发到接种单位和乡级医疗卫生机构。乡级医疗卫生机构再将第一类疫苗分发到承担预防接种工作的村医疗卫生机构。医疗卫生机构不得向其他单位或个人分发第一类疫苗。同时《条例》规定药品批发企业依照本条例的规定经批准后可以经营疫苗，药品零售企业不得从事疫苗经营活动。

对于麻醉药品、精神药品等特殊产品，国家有特殊规定。按照《麻醉药品和精神药品经营管理办法（试行）》和相关规定，对麻、精类药品经营企业的经营规模、经营质量管理水平、市场占有率和服务范围，安全设施、设备进行检查、保养、维护和验证，以及区域内企业数量，都有严格的要求。当前批发企业与连锁零售企业冷藏药品的配送以自营为主，其配送过程如图 3.6 所示。企业通过自营的配送中心，对终端客户或者门店进行独立配送。

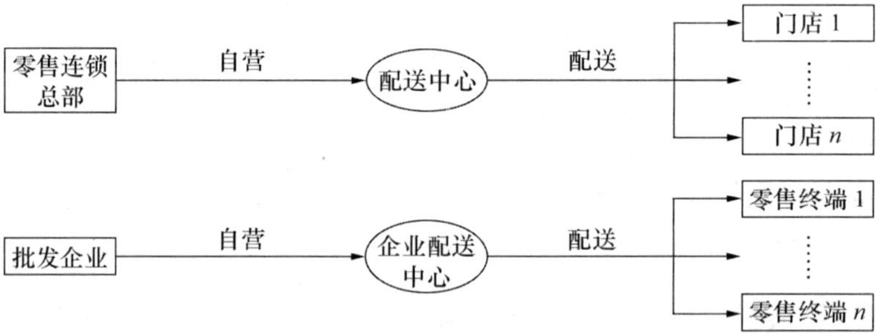

图 3.6　自营配送示意

3. 药品冷链配送业务流程

业务流程是为达到特定的价值目标而由不同的人分别完成的一系列活动。配送业务流程主要由备货、理货和送货三个基本环节构成，每个环节又包含若干具体活动内容，如图 3.7 所示。配送处于“末端运输”的位置，是企业物流系统的终端和重要功能。配送功能完成的质量及其达到的服务水平，直观而具体地体现了企业物流系统对需求的满足程度。药品批发环节冷链配送包括正向物流和逆向物流，其中正向物流包括到货、检验、储存、分拣、包装、配装、出库、运输、卸货等作业，逆向物流主要为回收物流，包括批发企业退货和零售企业退货，以及蓄冷袋、冰板等包装材料的回收。

（1）备货环节。备货环节是准备货物的系列活动，包括入库和储存货物两项基本活动。冷藏、冷冻药品到货时，首先对其运输方式及运输过程的温度记录、运输时间等质量

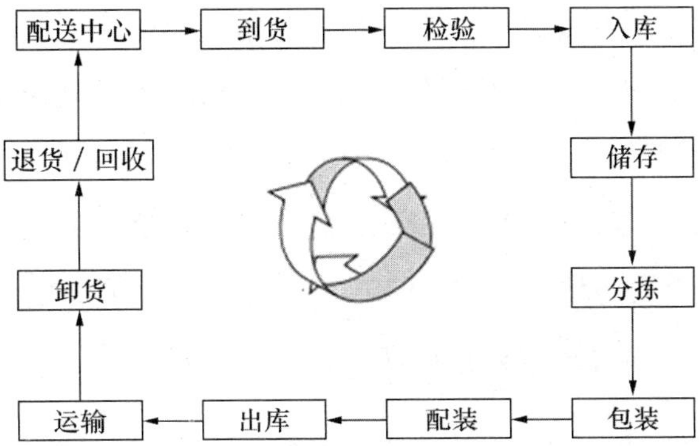

图 3.7　药品冷链配送业务流程

控制状况进行重点检查并记录。不符合温度要求的应当拒收，符合要求的产品则按照 GSP 相关规定在冷库中进行验收。验收合格的药品应当及时入库登记，验收不合格的，不得入库，并由质量管理部门处理。对实施电子监管的药品，企业应当按规定进行药品电子监管码扫描，并及时将数据上传至中国药品电子监管网系统平台。冷藏药品入库后应当根据药品的质量特性对药品进行合理储存和养护。冷藏药品要储存在专用冷库或冰箱、冰柜内。冷库应具有对温度进行自动调控、监测、记录及报警的功能，并拥有不间断电源，以保证特定温湿度环境、记录的连续性和报警的及时性。产品储存时应按照品种、批号分类堆放，定期盘点；冷链设备要安排专人管理、定时巡视，确保药品的安全性。若发现质量异常，要先行隔离，暂停发货，做好记录及时送检，然后根据检验结果处理异常药品。

（2）理货环节。理货环节包括分拣、包装、配装等活动。配送中心根据下游企业的订单内容，选择合适的分拣方式，完成整箱分拣和拆零分拣并按照规定进行包装。对于首次配送的业务，需要对蓄冷材料填充的数量、位置、包装材料等进行验证，确定包装方案安全有效。出库前需要对药品数量核对、质量检验、文件记录，防止错发或不合格药品出库。发货前企业应严格审核委托配送的物流企业的冷链资质和运输计划，委托配送时要签订冷藏药品运输质量保证协议。车载冷藏箱或者保温箱在使用前应当达到相应的温度要求；应当在冷藏环境下完成冷藏、冷冻药品的装箱、封箱工作；装车前应当检查冷藏车辆的启动、运行状态，达到规定温度后方可装车；启运时应当做好运输记录，内容包括运输工具和启运时间等。对实施电子监管的药品，应当在出库时扫描编码并上传数据。

（3）送货环节。送货环节是配送活动的核心，主要包括运输方式选择、运输线路选择、在途温度监控等活动。配送中心首先根据药品的包装、质量特性并针对车况、道路、天气等因素，选用适宜的运输工具，然后根据订单量、配送终端地理位置、收货时间窗口等因素选择科学的配送线路。配送车辆在冷藏、冷冻药品运输途中，应当实时监测并记录冷藏车、冷藏箱或者保温箱内的温度数据，记录时间间隔不超过 10 分钟，记录数据应可以导出，但是不可更改。温度记录应至少保存到产品有效期后 1 年，总保存时间不得少于 3 年。同时企业要建立冷藏药品运输应急机制，对运输途中可能发生的设备故障、异常气候影响、交通拥堵等突发事件，预先做好防范、应对预案。

4. 药品冷链物流的特点

（1）药品冷链物流对药品质量有较高的要求。药品作为冷链物流的特殊对象，直接满足人们的生活需要，其质量安全也相对较高。在医药行业中，有很多临床方面的科学实验必须从国外进口化学试剂、细胞、抗体等，尤其是一些转基因的物质需要长时间的培养，经过多代不可复制的繁殖，如果在冷链运输过程中出现一点小问题，就有可能使这些转基因物质发生质变。若发生质变，所有的努力就白费了，同时临床研究也会受到严重影响。同样，在经济全球化的今天，药品不仅仅使用于其生产的国家，往往还会出口，销售到其他国家。由于其关乎人类的生命健康，所以药品的质量是医药行业冷链物流必须确保的。

（2）药品冷链物流具有及时性要求。现如今，及时性是物流运输的基本要求。药品不同于其他产品，质量安全保质期较短，这对于厂商的信誉、对于消费者健康与安全至关重要，若不及时送达，将造成药品积压甚至丧失价值的不良后果。所以，药品冷链物流的及时性是确保药品质量安全的关键。

（3）药品冷链物流要求有非常高的运输服务能力。在冷藏运输的过程中，必须保证稳定的较低的符合规定的温度才能避免药品的质量不受损害或者受最小的损害。运输设备车厢必须具备非常好的保温性能，即使在控温机组出现故障的情况下，车厢内的温度仍然可以在一定时间内保持在设定范围内。如果在药品的运输环节提高运输的服务水平，那么就可以大大减少药品在流通过程中的消耗损失。

（4）药品冷链物流各环节要求具有较高的组织协调性。如果在药品冷链物流系统上下游之间不具有协调性，不能进行信息共享，信息流通不顺畅，那么物流工作人员就不能及时地了解到药品流通的相关信息，这样将导致药品在配送、运输途中发生耽误搁置，进而产生断链的现象。这就要求药品冷链物流系统的上下游之间保持高度的协调，用来确保最终药品的安全性。

【开拓视野】　　国外医药冷链物流的发展特点

医药冷链物流是物流业的一个分支，特指为满足人们疾病预防、诊断和治疗的目的而进行的冷藏药品实体从生产者到使用者之间的一项系统工程。现阶段我国医药冷链物流仍处于初级发展阶段，相较而言，美国、日本、加拿大等发达国家的医药冷链物流体系较为健全。借鉴国外医药冷链发展经验，有助于推进我国医药冷链物流的现代化发展。

1. 重视标准指南，保障物流通道顺畅

近几年，国际组织与不少发达国家发布了关于医药冷链物流的标准指南。美国冷链协会出台了《冷链质量标准》，内含温度控制标准和设施设备标准等内容，可正确检测医药冷藏效果和冷链包装规范性，及其运输标准性。加拿大在医药冷链物流标准方面执行的基准是医药规范和生产规范等标准制度。在标准控制下，加拿大医药冷链物流的安全指数高，运输率高达 90%。

同时，政府重视医药冷链物流发展，积极打通物流通道。加拿大建立了综合型冷链物流交通网络，建立三大冷链运输走廊，分别是西海岸运输走廊、东海岸运输走廊和南北运输走廊，贯穿大西洋和亚太地区国家以及美国的冷链业务。美国具有较完善的高速公路系统，可实现 1000 公里内 24 小时的医药冷链物流及时送达服务；铁路方面，可以实现医药在 48 个州之间即时运载；此外还有冷藏快运通道，提供东西海岸医药冷链物流的无缝衔接，这不但大大提高了运输速度，还降低了成本，比公路低 5% ~15%。

2. 管理体系完善、健全，医药企业市场较集中

如美国在医药方面的衔接枢纽往往是大型医药批发企业和制药企业集中地，药物集中后，再进行配送，使市场集中性更高，环节简单并降低了成本。除此之外，美国对药物运输进行无线监控，实时逆向追踪医药冷链物流各个方面情况。日本在运输药品时要直接跟制造商接触，这使药物的收发周期具有很强的可控性。在医药冷链物流领域，日本制定了严格的制度，对低温药物运输有严格规定。因此日本很少进口药物，这使整个医药冷链的安全指数较高。

资料来源：陈杨丽，明惠："国外医药冷链物流的发展特点"，《花炮科技与市场》2019 年第 2 期。

3.6.3 药品冷链运输的风险管理

1. 药品冷链运输过程中的作业风险

药品冷链运输物流根据作业内容，可以分为作业环境风险和作业人员风险。作业环境风险又包括设施设备标准化程度、操作规程的完善程度和装卸搬运机械的风险，以及冷库安全性；作业人员风险主要是指人员安排合理化、人员操作安全问题等。

2. 药品冷链运输过程中的运输风险

药品冷链运输物流根据运输途中的可能状况，可以分为运输工具的风险和温度的实时控制风险。其中，运输工具的风险又分为自身的风险和外部风险，自身风险主要指在运输过程中车辆出现机械故障、车祸等，外部风险主要指汽车没油、运输过程遇上风雪冰冻等灾害天气。温度的实时控制是药品冷链物流运输过程中至关重要的环节，由于冷链信息系统化不够完善，途中往往只有司机了解车上药物的保管温度，难以及时了解与掌控。

3. 药品冷链运输过程中的服务风险

药品冷链运输物流根据服务内容，可以分为时效风险、药效保障风险和信息传递风险。其中，时效风险是指医药品能及时被送达或退回；药效保障风险类似温度的实时控制，主要依靠设施设备和人的维护；信息传递风险是指信息沟通渠道可能出现故障，导致问题不能及时被了解、被解决。

【开拓视野】 不可忽视药品冷链存储与运输

2016 年 3 月，山东警方破获案值 5.7 亿元非法疫苗案，涉案疫苗含 25 种儿童、成人用两类疫苗，未经严格冷链存储运输销往 24 个省市。此案一出，引起社会各界的高度关注，疫苗质量也造成了民众的某种恐慌情绪。所查获疫苗虽然是正规疫苗生产厂家生产的，但其未按规定进行冷链存储和运输，部分属于临期（临近有效期）疫苗，流通过程中存在过期、变质的风险。查获当天，囤放疫苗的仓库内温度计显示室温已接近 14℃。按规定，疫苗存储运输要求在 2℃ ~8℃，仓库温度已经高出很多。同时，在该仓库内有两台用来冻冰块的冰柜。涉案疫苗未经冷藏裸放在仓库内，向下线发货时，用泡沫箱将疫苗配货分装，放入冰块，包裹好后通过快递公司发往全国各地。在北大专家王某看来，这样贩卖疫苗等于是在“杀人”。她表示，接种未经2℃～8℃存储冷链运输的疫苗或过期疫苗，首要风险是无效免疫，例如狂犬病这类致命性传染病，本可通过接种疫苗免疫来避免死亡，但接种问题疫苗导致免疫无效，接种者可能会感染发病死亡。

3.6.4 药品冷链配送模式

1. 传统配送模式

传统的配送模式适用于数量较大或体积较大的货物运输，配送时因为有节省成本的考虑，经常会一次性满载运输；而体积大的货物单独一种或少量几种便可以装满一车进行运输，数量多的货物也不需要和其他货物搭配，直接实现整车运输。其配送模式如图3.8。

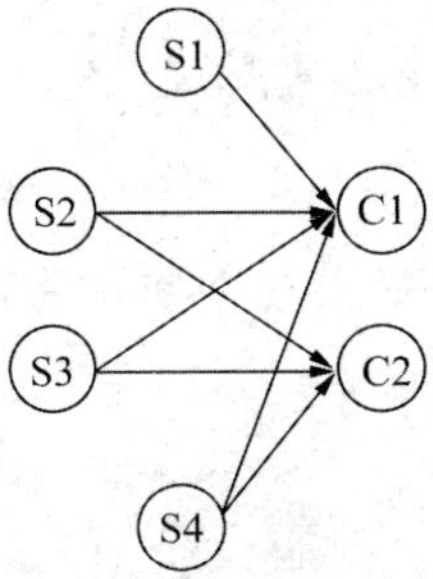

图3.8 传统配送模式

2. 共同配送模式

共同配送的模式如图3.9所示。

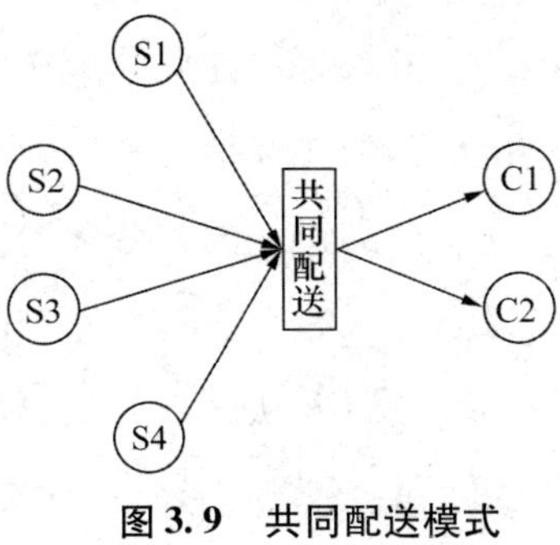

图3.9 共同配送模式

（1）共同配送模式的特点。

①多对一配送。共同配送不是单纯的点对点从药品供应商到配送中心之间的运输，而是由冷藏车到多个供应商（批发商）处取出一定量的药品，并同时返还空容器，最后运至配送中心的完整封闭的过程。在单次独立的配送过程中，多家供应商对应一台配送车辆、一个配送中心。

②多频率、小批量定时性取货。共同配送模式是一种高频次、小批量的配送，有时甚至采取定时定量配送的方式。配送首先从多个供应商处提取多品种、少批量的药品，一天可能需要到同一个批发企业取几次药品，每日的取货时间也会依据相应的配送计划执行。

③有严格的窗口时间与线路。共同配送对收货、配送的时间要求得很严格，它规定配送车辆的服务时间不能超过规定时间，因为一旦一个供应商点的收取药品操作误点，将会影响到整个路径内所有的供应商，最终影响药品供应，造成缺货或其他严重后果。

共同配送的模式适用于数量少或体积较小的货物，因为此类货物一般不便于整车运输。应用共同配送后，针对多个配送中心或配送点进行配送，不仅提高了车辆利用率，也满足了小批量配送的需求。

冷链药品种类繁多，体积小、易变质的性质加上冷链药品小批量、多批次的配送特点，决定了冷链药品很适合进行共同配送。

（2）共同配送参与企业的特点。

①配送需求为导向。配送需求是企业配合的起点，共同配送的基本目的就是满足配送需求。

②共同配送中的物流成员企业拥有各种资源，合作后可以快速整合各成员企业的物流资源，更好地开展配送活动。

③企业间互相信任，风险共担，利益共享。在共同配送联盟中，成员企业之间由于达成同盟状态，合作性较以往更强，也更强调相互信任和风险共担。

④企业具备开展共同配送的理念。药品市场的多变和消费群体需求的个性化与多样化特点，使得药品冷链行业竞争日趋激烈，只有企业转变原有落后观念，由盲目竞争的方式向技术和服务高水平竞争的良性局面转变，并从原来的竞争对手中寻找可以合作的商业伙伴。所以，参与共同配送的企业需要做到：理念一致、摒弃成见、合作共赢；处理相关业务问题时要公正平等、利益同享；也需要确保各个参与企业自主经营，不可无偿调用某个企业

的自有资源；合作过程中遵守商业规范和道德，严守企业的合作信息与其他商业秘密。

（3）实施共同配送的优势。

在应用共同配送的模式之后，可以取得传统配送无法比拟的优势。

①降低成本。一方面，企业之间可以对冷链物流设施设备等资源进行整合，单个企业无须维持固定数目的硬件设施设备，实现资源的优化配置，减轻了投资负担和风险。另一方面，企业根据实际需要进行配送，使用了化零为整的方式，运输成本也得以降低。

②提高效率和水平。共同配送可使专业车辆资源得以充分利用，装载率明显提高，从而让配送达到规模效应，取得整体效益，解决配送效率低下的问题。同时，更有条件使用先进设备，进行更为标准化的管理，共建信息系统与网络，实现信息的快速共享与反馈，也可以提高服务水平，更好地满足客户的需要。

③减小风险。传统的冷链药品配送模式下，不同的药品配送企业具备的资源、技术、管理水平参差不齐，水平低的企业更容易在药品配送等环节上出现问题，甚至造成事故，风险较大。而实施共同配送后，不但要保证软硬件的资质、水平，而且信息更为透明，有利于如 RFID、GPS 等现代化物流技术的采用，加强对冷链物流的全程温度控制；也有利于统一、全程控制和监管，大大降低了配送环节的风险。

④节约资源。如前所述，应用共同配送的模式后，配送方式更加灵活，资源进一步整合，大量重复、闲置设施设备得以节约出来，并且在能源的消耗上，同样会有所减少。

⑤缓解交通拥堵。共同配送由于集中多家企业或用户的货物，从而实现车辆的高载货率，减少一定的交叉运输，降低配送车辆的数量，减少道路资源的占用，缓解交通拥堵。

⑥减轻污染。伴随着运输车辆使用的减少，减少了交通污染源，整个配送过程中燃油燃气的消耗不断下降，带来的环境污染便随之减轻。

课后思考

1. 简述配送的含义及特点。

2. 简述药品配送的含义及特点。

3. 药品配送网络有哪几种？分别有什么特点？

4. 简述冷链药品的分类。

5. 药品冷链运输中存在哪些风险？

6. 药品冷链配送模式有哪些？有何特点？

案例分析

叮当快药从限时急配末端服务到全景药品服务的创新①

末端物流有一个重要的细分服务：限时急配业务。即要求物流服务企业在短时间内（一般1个小时之内）响应客户需求并完成上门投递。这类服务一般应用在餐饮外卖、药品配送等领域。叮当快药就是这样一家物流服务企业。2014年，叮当快药（北京）科技有限公司在北京成立，2015年2月6日叮当快药正式上线。当时，叮当快药的主要服务特点是为传统药店打造互联网信息服务平台，用户通过App下单后，药店专业配送人员会免费送药上门，实现核心服务区域7×24小时服务。在短短的4年多时间，叮当快药从一家非纯互联网背景的新零售企业，发展为覆盖全国十大核心城市的药品配送服务企业，有接近4000万的注册用户，月活跃量超过了500万，用户的整体复购率超过了50%。一年下来，叮当小哥所跑的路程相当于绕了赤道1400圈。目前，叮当快药提出不能只依靠单一引擎拉动，而要尽可能提供多渠道、全场景服务，将自己打造成为一个全球化药品供应中心。叮当快药的服务特点可以归纳为以下两个方面。

首先是限时急配末端服务的叮当快药（服务范围内28分钟免费送到家）。通过电子围栏技术，并结合市际交通状况，将城市划分成若干个核心区域，从而确保每个核心区域内的配送及时。同时，叮当快药还有预约配送服务，用户可提前预约配送上门时间，从而提高时间效率。

其次是实现全场景服务的叮当快医（用户可以通过互联网得到医生的开药、用药指导）。因为用户用药的需求是既定的，所以叮当快药开发出了“叮当快医”，用互联网医院的模式来解决用户慢病、复诊的用药需求，缓解在传统场景下用户为了复诊，甚至是单

① 资料出处：陈国进：“叮当快药：三年成为医药O2O的当大旗者”，《中外管理》2019年第7期。

纯为了开药，就要去医院排几个小时队的“看病难”痛点。

叮当快药通过构建自己更强的网络效应（加入的服务越多，用户越多，每个用户得到服务的成本就越低而品质就越高）、更强的场景融合（通过自营药店、自建配送、战略合作、供应链整合，专业的医师药师服务以及互联网，把医、药、养串接在一起）、更好的供应链建设（供应链上，不仅有实体的药品，也有虚拟形态的服务）开拓了市场。可以说叮当快药的成功是通过提供实实在在的服务所达到的。它不仅集中了部分优质的医疗资源、优质的服务送达渠道，而且通过科技手段强化了这些资源的应用效率，同时在此基础上通过大数据等科技创新推出了新的服务模式，并且以新的渠道分发这些资源。

思考题

1. 简述叮当快药服务的特点及作用。
2. 叮当快药是如何通过网络效应实现了限时急配末端服务的?
3. 简述对叮当快药提出的全场景服务的理解。

第 4 章 药品营销网络信息管理

学习重点及要点

1. 企业信息管理的内涵及分类
2. 药品营销与物流信息网络的构成
3. 信息管理相关技术在医药企业中的应用
4. 药品营销信息管理中的大数据

案例导读

云南白药集团携手曼哈特软件改造数字供应链

日前，中国最大的制药和医疗保健企业之一的云南白药集团（以下简称云南白药）宣布选择曼哈特公司的仓储管理系统（WMS）来改造其数字供应链，以推进新一阶段的增长战略。曼哈特公司的解决方案将帮助生产商优化配送业务，在确保遵守严格生产管理法规的同时，满足全球日益增长的产品需求。

成立于 1971 年的云南白药是中国最重要的医药企业之一，主要销售医药和个人护理产品。得益于将中医药与新产品创新相结合的独特能力，云南白药 2017 年的收入高达 243 亿元（折合为 35 亿美元）。为了延续这一强劲的增长势头，云南白药又着眼于实现其制造和分销业务的现代化。因此，云南白药选择了曼哈特公司的 WMS 解决方案，以助其全面优化配送和吞吐能力。

云南白药首先在其牙膏工厂附近的新配送中心部署 WMS，该配送中心位于中国西南部的云南省昆明市。云南白药牙膏是中国市场上极受欢迎的产品，市场占有率排名靠前。云南白药希望大幅提升其牙膏产量，以满足日益发展的市场需求，而曼哈特的 WMS 解决方案将在产量提升方面发挥关键作用。云南白药工程系统中心总经理夏逢表示："曼哈特的 WMS 解决方案能够帮助我们确保生产线的及时补给，加快给批发客户的成品发货速度，提高整个仓库和工厂的效率，并为我们提供增长所需的可扩展性。同时它还能通过提供全库存流动的实时可见性，确保我们完全符合包括药品生产质量管理规范（GMP）和药品经营质量管理规范（GSP）两大药品可追溯性管理制度。"曼哈特公司大中华区总经理陈旋表示："云南白药在制药行业中率先使用一流的技术取代传统固有的系统，从而提高其制造与供应链的生产力、效率和竞争力。曼哈特公司的 WMS 方案将在云南白药的数字化转型中发挥关键作用，为其提供具有可扩展性能的执行平台，使其能够充分利用全球不断增长的中医药需求所带来的发展机遇。"

资料来源："云南白药集团携手曼哈特软件改造数字供应链"，《智能制造》2019 年第 3 期。

4.1　药品营销网络信息管理概述

4.1.1　信息系统及其基本功能

1. 信息系统的概念

信息系统是一种由人、计算机（包括网络）和管理规划组成的集成化系统。

2. 信息系统的基本功能

信息系统的不同阶段和不同层次之间是通过信息流紧密地联系在一起的，因而在信息系统中，总是存在对信息进行采集、传输、存储、处理、显示和分析等环节。它的基本功能可以归纳为以下几个方面，如图 4.1 所示。

（1）信息采集与传输。数据是信息系统处理的对象。在信息系统处理流程中，首先需要对信息进行采集与传输。当信息记录在一定介质上并经校验后，即可输入系统进行处理。在实际处理中，可以通过输入设备将系统所需数据进行输入。例如，在物流信息系统中，POS 系统可以完成部分数据的收集和输入，通过 EDI 系统完成数据传输，为零售商提

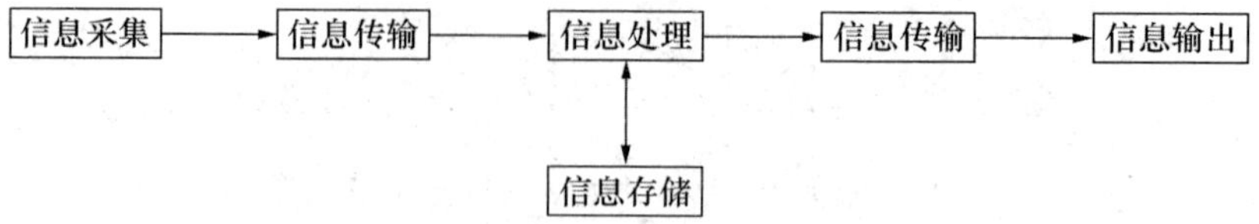

图 4.1　信息系统的基本功能

供决策支持。

（2）信息的处理。信息具有一定的抽象性和原始性，要使之成为有用的信息，必须进行加工处理。信息系统具有处理数据的作用。数据加工的方法很多，包括代数运算、统计量的计算及各种校验、各种最优算法、模拟预测、排序分立与合并等。系统这一部分功能的强弱直接关系到信息系统的优劣，现代高级的信息系统已经能够处理数量惊人的各种数据。

（3）信息的存储。在日常经济管理过程中往往会产生大量的各种类型的数据信息，其中又有相当一部分数据需要重复使用。大量的经过加工处理而得到的有关信息和数据也要随时存储起来，以备将来使用和更新。信息系统的这种存储数据的功能方便了管理者的日常业务处理，大大提高了工作效率。

（4）信息传输。一般较大的信息系统都具有较大的规模，在地理上有一定的分布，此时信息传输就成为信息系统必备的一项基本功能。在信息传输过程中，要考虑信息的种类、数量、频率和可靠性等因素。实际上，传输与存储常常联系在一起。

（5）信息输出。信息系统服务的对象是管理者，因此，它必须具备向管理者提供信息的手段和机制。信息系统将加工处理后所得到的信息，根据不同的需要，以不同的方式输出。有的直接供管理者使用，以报表、图形等形式输出；有的则是供计算机进一步处理、分析，如将中间结果输出到有关介质上。

3. 企业信息的构成

企业信息按其来源可分为内部信息和外部信息两大类。

（1）企业内部信息。企业内部信息是指企业内部产生的各种信息，它是反映企业目前的基本状况和企业经济活动的信息。企业状况信息包括企业的基本情况，如人、财、物的构成，企业规模等。企业经济活动信息包括产、供、销等生产经营信息，财务核算信息及生产工艺、设备、安全、质量、技术改造、新产品开发等信息。

具体来说，企业内部信息包括以下几点。

①生产信息。反映生产过程的信息，如生产计划、工序管理、工业流程、库存、在制品等信息。

②会计信息。会计信息主要是资金流动信息，包括资产、负债、权益、收入、费用和利润及其相互关系。

③营销信息。营销信息主要包括订单、装运、应收款账和销售报告等一系列销售信息。它是企业信息结构最重要的组成部分。

④技术信息。这是指有关企业产品的技术信息。从广义上讲，每个产品都有其技术含量，技术信息反映的是本企业产品是基于何种技术条件产生的，与同行相比是否领先，实现该技术的投入是多少，以及企业的技术手段、科技开发能力和组织情况等。技术信息是一种竞争能力信息，一般属于商业秘密。

⑤人才信息。人才信息反映企业各种人才的基本情况，如专长、教育背景等，是企业经营者了解企业各种层次人才结构、分布和使用情况的依据。

（2）企业外部信息。企业外部信息是指企业以外产生但与企业运行环境相关的各种信息。其主要职能是，在企业经营决策时作为分析企业外部条件的依据，尤其在确定企业中长期战略目标和计划时起重要作用。

企业外部信息包括以下几点。

①宏观社会环境信息，包括国内政治经济形势、社会文化状况、法律环境等信息。

②科学技术发展信息，包括与企业经营相关的科学技术发展的信息，这些信息往往展示产品发展的方向，在新产品研发中发挥重要作用。

③生产设备发展信息，主要包括企业正常生产所需要的设备、原料、外购元器件和零部件、能源等物资的供应和来源分布。

④市场信息，这是营销信息的主体，它集中反映商品供需关系和发展趋势，主要包括市场需求信息、竞争信息和用户信息。

4. 企业信息资源的特点

企业的信息资源是指产生于企业内外部，企业可能得到和利用的与企业生产活动有关的各种信息。它具有以下特点。

（1）时效性。企业信息资源具有生命周期。在生命周期内，信息资源有效，否则信息资源无效。信息资源的有效性特征要求企业的信息尽可能地得到并被使用。因此，企业在收集、处理和利用信息资源时，必须保证信息传递通道的畅通和快速。

（2）有序性。有序性是指相关信息的发生在时间上具有连贯性、相关性和动态性，根据信息资源的过去可以分析现在，进而推测未来。为了保证企业信息资源的有序性，企业要连续收集信息，利用先进的存储设备建立数据库和开发高效、便捷的检索方法。

（3）共享性。共享性表现为同一信息可供多人使用。在企业信息资源中，这种共享性表现在两方面：一是企业内部的许多信息可以被各个部门使用，从而保证了决策的一致性和行为的可协调性；二是企业与外部之间的信息能够互相交换、共同利用。共享性并不排斥企业信息资源中的一部分尤其是产生于企业内部的信息资源由于某些原因而不能广泛地共享，只能由某些人专用。

（4）可存储性。可存储性表现在两个方面：首先，企业的信息资源可以以文字、图形、声音、符号等形式存在，一种信息资源必须借助于一定的媒体才能存在和传输，并由此产生各种储存方式；其次，信息资源的可存储性要求存储的信息内容真实、安全。

5. 企业信息管理的内容

从企业信息管理规划上看，企业的信息管理涉及以下五个方面。

（1）建立业务与管理流程。充分考虑信息技术的应用和企业外部环境变化对企业生产经营活动模式及其相应的管理模式的影响，尽可能合理地构建起企业的业务流程和管理流程。在此基础上，结合企业发展规划完善企业组织结构、管理制度等。

（2）建设企业总体数据库。总体数据库一般分为两个基本部分：一是用来描述企业日常生产经营活动和管理活动中的实际数据及其关系；二是用来描述企业高层决策者的决策信息。

（3）建立自动化及管理系统。建立相关的各种自动化及管理系统，如计算机辅助设计、计算机辅助生产、管理信息系统、制造资源规划、决策、办公自动化系统、专家系统等。它们构成企业内部信息源，主要实现企业生产经营活动及管理活动中各项信息的收集、存储、加工、传输、分析和利用，为企业高层决策提供依据。

（4）建立企业内部网（Intranet）。建立企业内部网，提供企业内部信息查询的通用平台，并利用这一网络结构，将企业的各个自动化管理系统及数据库与网络进行重新整合，进而达到企业内部信息的最佳配置。

（5）建立企业外部网（Extranet）。建立企业外部网，使企业与合作伙伴、供应商及顾客或消费者之间达成相应的信息共享。

4.1.2　药品营销信息管理

1. 药品营销信息管理的功能

（1）药品管理。药品管理包括货位的维护，应可随时查询库存药品的药品编码、名称、单位、库存单价、零售单价、库存数量、库存金额、售价金额、最高库存、最低库存、累入数量、累入金额、累出数量、累出金额、生产日期、有效期等。

（2）实时查询。可实时查询本店的有关药品数量、金额等信息，对在售药品做到心中有数，为药品资金占用、补货等提供依据。

此外，该系统还应包括入库、盘点、报损报残、报警、调拨、查询、数据传送管理等功能。

药品零售管理可进行药品零售日结、汇总前台的日销售信息，实时查询收款数据，并随时查询销售情况，生成各种销售分析图表，如销售日报、旬报、月报、季报、年报。

2. 药品零售门店管理信息系统的功能

（1）收款机管理功能。监测收款机实时状态，随时查看每一台收款机的开关状态，查看在每一台收款机上工作的收款员编码；查看收款机实时图形，随时查看每一台收款机的收款金额数、各时间段收款的累计金额数，并用直观的条形图显示在屏幕上。

（2）补货管理功能。具体包括以下几点。

①人工补货。由补货人员填写补货单，提出补货申请。

②自动补货。比较药品库中药品的在架数量与在架下限值，凡低于在架下限值的药品，系统将以在架上限值为标准自动填写补货单，提出补货申请。

③补货查询。对补货单进行查询。

（3）到货管理功能。具体包括以下两点。

①到货输入。对到货药品按照有关规定经确认后正式作为到货信息录入电脑。基本的

到货信息应包括到货单编号、到货日期、进货人、验收人、供应商编号、所采购的药品代码、批次、单位、数量、进货单价、到货税额、折扣情况、生产日期、保质期等。

②到货查询。对已到货药品进行查询。

（4）在架管理功能。具体包括以下几点。

①对在架单一药品或分类药品的数量、金额进行统计。

②对数量低于在架下限或上限的药品进行信息提示。

③对于变价药品进行调价管理和查询编辑。

④对在架药品按供应商进行统计。

（5）盘点管理功能。对库存药品的盘点是连锁门店定期或不定期要进行的工作。由于在连锁门店管理信息系统中已存有各部门的药品台账，所以可以由系统自动生成各部门结存药品的清单、盘点报告单，以供人工实际盘点时参考；也可使系统输出的清单不包含账面结存数，而由人工实盘时填写实盘结存数，然后再将实盘数与计算机结存数校核。一旦实盘数输入结束并得到认可，系统立即自动将账、物不符的药品清单列出，生成一系列药品溢缺单。

盘点报告单的项目有：编号、日期、部门、药品代码、规格、批次、单位、数量、销价、金额、盘点人、复核人等。对历次盘点有溢缺的药品，要进行查询统计。

（6）退库管理功能。药品因质量或代销滞销等原因必须退还给供货商，称药品退货。药品退货可以和药品进货做相同处理，以负数形式表示药品的退货，并增补备注栏目填写退货原因。

①退库输入。工作人员录入要退库的药品。

②退库查询。对确认过的退库药品进行查询浏览统计。

（7）数据统计功能。具体包括以下几点。

①到货返库销售统计。对某一时间段内的单一药品的到货、返库、销售进行统计。

②药品毛利率统计。对某一时间段内的单一药品的毛利及毛利率进行统计。

③药品销售综合统计。对某一时间段内的药品销售款情况进行统计，如收款总额、收款员收款统计、收款机收款统计、交易次数等。

④单一药品销售综合统计。对销售的单一药品进行明细统计，如单一药品销售情况可按类、金额、数量等排名。

⑤药品销售供应商统计。对销售的药品，按供应商进行明细统计，如按供应商单一药品的销售情况排名，也可按供应商药品销售的金额、数量等进行排名。

（8）系统管理功能。具体包括以下几点。

①开店管理。开店前，从总部接收药品变更信息。

②闭店管理。闭店后，给总部上传本日的补货和销售信息。

③数据处理。闭店后，对销售数据进行处理，并修改在架药品信息。

④系统维护。对销售数据进行压缩备份。

⑤数据维护。对药品在架的上、下限进行修改，对门店人员库进行修改。

⑥初始化。对本系统的全部数据进行初始化。

（9）货位管理功能。具体包括以下几点。

①药品货位的维护和统计。对每一在架药品分配货位号并进行统计。

②货架人员维护。输入每一货架所对应的理货员信息。

（10）销售管理功能。具体包括以下两点。

①销售日报。对当日的销售情况进行统计及打印。

②销售报表。对任意时间段的销售情况进行统计及打印。

（11）条形码打印功能。具体包括以下两点。

①药品原有或自编条形码打印。通过条形码打印机打印药品原有或自编条形码。

②收款员密码条形码打印。通过条形码打印机打印收款员密码条形码。

【开动脑筋】

药品营销信息管理的特点是什么？

4.1.3 药品物流信息管理

物流信息作为物流过程的“中枢神经”，极大地影响着全体物流组织者的决策，控制着物流基础设施资源的使用。随着信息技术、网络科技的飞速进步，物流信息网络化发展的趋势日益显著。如何在新的时间断面上对物流信息网络中存在的问题进行深入研究，成为国内外学者共同的关注。

1. 物流信息化的含义

物流信息化是指利用电子信息手段，尤其是利用互联网技术完成物流全过程的协调、控制和管理，实现从网络前端到最终客户端的所有中间过程服务。具体地说，物流信息化是一个整合性物流管理平台，它将产、供、销各个环节中的信号、数据、消息、情况等通过信息技术，如条码技术、电子数据交换技术、全球定位系统、射频技术、地理信息系统等，进行系统的智能采集和分析处理，并配合决策支持技术，对企业物流系统中涉及的各个流通环节及部门进行有效的组织和协调，从而实现企业物流管理和决策的高效率及高质量，进而降低物流成本。

连锁化的推行，更使业界的管理者们认识到信息化不仅仅是硬件与软件的集成，还可借助系统推动他们的管理模式；软件不仅给应用者带来效率，还承载着管理规范化的重任。

2. 物流信息网络

物流信息网络是一个物流企业建立的有关用户需求信息、市场动态、企业内部业务处理情况等信息共享的网络，是依靠现代信息网络技术建立起的运输节点间的信息网络。物流信息网络是伴随物流基础设施网络而传递各类信息的通信网络。物流信息网络可分为企业内部网络和企业外部网络，两者还可以细分，具体见图 4. 2。

3. 物流信息网络的功能和构成

物流信息网络的功能主要包括：它是物流实体网络的重要支撑；可以有效地管理物流服务的各个环节；能够提供结算功能；能够提供实时的客户查询功能；提供各种接口模块。

物流信息网络由以下五个部分构成。

（1）综合信息网络。包括物流费用管理信息系统、综合信息系统、进销存综合信息系统等。

（2）运输信息系统。运输信息系统主要处理各种运输问题，应当支持多网点、多机构、多功能作业的立体网络运输。特别是对于网络机构庞大的运输体系，运输信息系统能够协助管理。

（3）库存信息系统。库存信息系统是物流信息系统中应用较为广泛的系统，可以说它是各类型物资及物流管理信息系统的基础系统。无论进行何种管理，库存信息都是首先要掌握和收集的。

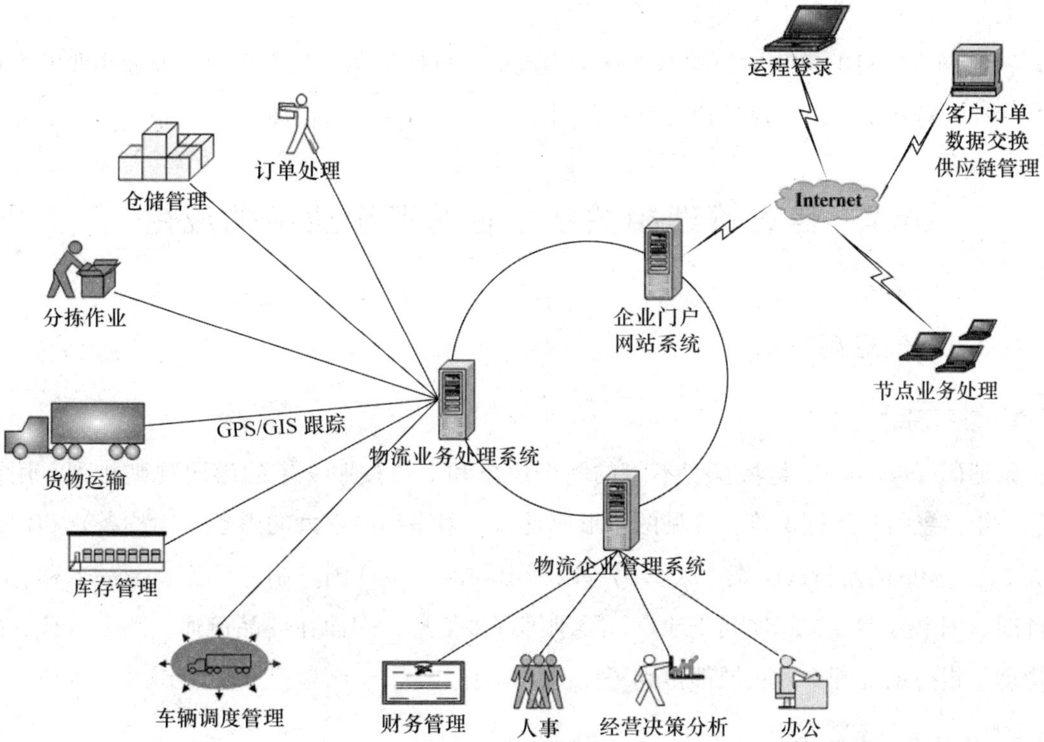

图 4.2　物流信息网络的构成

（4）配送信息系统。配送信息系统有一定的综合性，同时它也是物流信息系统的重要功能。配送的成败决定着企业和经营部门对市场的占有及控制。

（5）订单处理系统。一个企业从发出订单到收到货物的时间称为订货提前期，而对于供货方，这段时间称为订货周期。在订货周期内，企业要相继完成五项重要活动：订单准备、订单传输、订单录入、订单履行、订单状况报告，这也是订单处理的流程。

4. 物流信息网络的特点

（1）专业性强。与国家信息网络相比，物流信息网络主要应用于流通领域，属于专业性强的商用信息网，担负着对运输、储存、包装、装卸、流通、加工过程中生成信息的处理、传输、发布职能。

（2）信息来源的广泛性。与一般专业信息网络相比，物流信息网络传递的信息来源很广，有来自商品采购、生产、流通、供应、销售、消费等环节上的物流信息。

（3）地域的广袤性。与地区信息网络相比，物流信息网络跨部门、跨地区，甚至跨国界，覆盖面较大，适宜建设成区域网或广域网。

（4）网络信息的实时性、动态性强。物流信息直接影响着生产企业、商业企业的生产经营活动，对网上物流信息传递与交换的时效性、准确性要求很高。

4.2 信息管理相关技术在医药企业中的应用

4.2.1 条形码技术

1. 条形码的定义

条形码（barcode）是将宽度不等的多个黑条和空白按照一定的编码规则排列，用以表达一组信息的图形标识符。常见的条形码是由反射率相差很大的黑条（简称条）和白条（简称空）排成的平行线图案。条形码可以标出物品的生产国、制造厂家、商品名称、生产日期、图书分类号、邮件起止地点、类别等许多信息，因而在商品流通、图书管理、邮政管理、银行系统等许多领域都得到了广泛的应用。

2. 条形码技术的优点

条形码是迄今为止最经济、实用的一种自动识别技术。它具有以下几个方面的优点。

（1）输入速度快。与键盘输入相比，条形码输入的速度是键盘输入的5倍，并且能实现“即时数据输入”。

（2）可靠性高。键盘输入数据出错率为三百分之一，利用光学字符识别技术出错率为万分之一，而条形码技术误码率低于百万分之一。

（3）采集信息量大。传统的一维条形码一次可采集几十位字符的信息，二维条形码更可以携带数千个字符的信息，并有一定的自动纠错功能。

（4）灵活、实用。条形码标识既可以作为一种识别手段单独使用，也可以和有关识别设备组成一个系统实现自动化识别，还可以和其他控制设备连接起来实现自动化管理。

（5）条形码标签易于制作，对设备和材料没有特殊要求，识别设备操作容易，不需要特殊培训，且设备也相对便宜。

3. 条形码技术的种类

条形码按码制分类，具体见表4－1。

表 4－1　　　　**条形码的种类及说明**

名称	条形码样式	说　　明
EAN 码	9780198297796	1977 年，欧洲经济共同体各国按照 UPC 码的标准制定了欧洲物品编码 EAN 码，与 UPC 码兼容，而且两者具有相同的符号体系。EAN 码的字符编号结构与 UPC 码相同，也是长度固定的、连续型的数字式码制，其字符集是数字0～9。它采用四种元素宽度，每个条或空是 1、2、3 或 4 倍单位元素宽度
39 码	*C-9*	39 码是第一个字母数字式码制，1974 年由 Intermec 公司推出。它是长度可变的离散型自校验字母数字式码制。其字符集为数字0～9，26 个大写字母和 7 个特殊字符（－、。、Space、＋、／、%、￥），共 43 个字符。每个字符由 9 个元素组成，其中有 5 个条（2 个宽条，3 个窄条）和 4 个空（1 个宽空，3 个窄空），是一种离散码
库德巴码	0404987167026147	库德巴码（Code Bar）出现于 1972 年，是一种长度可变的连续型自校验数字式码制。其字符集为数字 0～9 和 6 个特殊字符（－、:、／、。、＋、￥），共 16 个字符。常用于仓库、血库和航空快递包裹中
128 码	COMPUTER	128 码出现于 1981 年，是一种长度可变的连续型自校验数字式码制。它采用 4 种元素宽度，每个字符由 3 个条和 3 个空，共 11 个单元元素宽度，又称（11，3）码。它有 106 个不同条形码字符，每个条形码字符有 3 种含义不同的字符集，分别为 A、B、C。它使用这 3 个交替的字符集可将 128 个 ASCII 码编码。在物流中常用
93 码	CODE93	93 码是一种长度可变的连续型字母数字式码制。其字符集为数字0～9，26 个大写字母和 7 个特殊字符（－、。、Space、／、＋、%、￥）以及 4 个控制字符。每个字符有 3 个条和 3 个空，共 9 个元素宽度

【基本知识】　　条码技术

条码技术在商品流通管理中应用的好处是显而易见的。一般来说，从国外进口的商品上的条码都比较符合规范，可以直接使用。国内商品上的条码由于种种原因，不符合规范条码、重码等现象时有发生，加上印刷的原因或条码颜色搭配不当使条码阅读器无法阅读的现象也经常出现。因此，在使用条码扫描销售商品前，必须对一种商品的条码进行仔细检查。最简便的方法就是用条码阅读器对每一种商品进行扫描，剔除重码或无法读出的条码，并对该类商品重新贴上由用户自己制作的“店内码”。

在使用条码管理的商场中，有两种做法：一种做法是无论商品上原来有无条码，一律使用用户自己制作的“店内码”；另一种做法是充分利用商品上原有的条码，对没有条码的商品标上用户自己制作的“店内码”。全部使用“店内码”的好处是，可以根据用户自己对商品的管理要求来编制“店内码”，从而达到用户自己的管理要求；还可以采用流水作业自动生成“店内码”，提高了条码制作效率。

【开拓视野】 QR 条形码

QR 条形码，是 1994 年由日本 Denso 公司的研发部门开发的，是矩阵型二元条形码。用白和黑的格子书的图形表示信息。QR 是英文 Quick Response 的缩写，意为高速读出，在日本广泛使用。

QR 条形码开发之初是在汽车零部件生产现场使用的，后来广泛用于管理各种各样的商品。在日本销售的手机上都装配了 QR 条形码的读码器，并在手机上显示 QR 条形码的信息，方便使用者快速地了解商品的具体信息。

4. 条码技术在医药行业的应用

国家药监局规定，凡在中国境内销售和使用的药品，包装、标签所用文字必须以中文为主并使用国家语言文字工作委员会公布的现行规范文字。民族药可增加其民族文字。企业根据需要，在其药品包装上可使用条形码和外文对照。药品生产企业在生产某种药品时，一般要从监管部门取得药品条码，以便缩减整理商品和销售商品的工作量。药品条码由 13 位阿拉伯数字（以 69 开头）组成，同一生产厂家生产的同一规格、通用名称一样的药品，条形码是一样的。除了药品专用条码，还必须有中国药品电子监管码。电子监管码由 20 位阿拉伯数字（以 8 开头）组成，一盒一码。一般而言，药品专用条码和电子监管码分处于包装盒的不同侧面。

药品由销售商原样提供给医院和医疗诊所。医院虽然购入的药品印有条码，但条码并没有发挥作用，医院对药品包装再加工的过程中，均由人工阅读来获取药品信息。为适合病区和病人的使用，医院会按照新的数量和尺寸重新包装。

下面以利群集团股份有限公司（以下简称利群集团）为例，来看看条码技术在医药连锁企业中的推广应用。

利群集团是一家有着 80 多年历史的中华老字号企业，经营范围涉及商业零售、物流配送、药品批发、药品物流、药品连锁、房地产、酒店、电子商务等，是青岛市第一家股份制试点企业，也是山东省首批入选中国企业 500 强的商贸流通企业。利群药品经营有限公司隶属于利群集团，并作为利群集团重点扶持的五大支柱业态之一。利群药品经营有限公司成立于 2005 年，经过多年的探索、积累，已走上规模化、正规化发展道路，并顺利通过国家 GSP 认证。

利群药品经营有限公司的药品管理系统流程如图 4.3 所示。

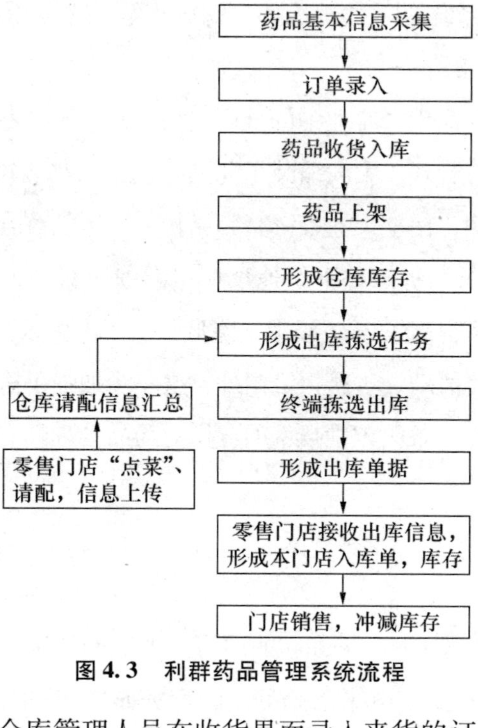

图 4.3　利群药品管理系统流程

当药品仓库来货后，仓库管理人员在收货界面录入来货的订单号，然后扫描周转箱上的周转箱条码，扫描药品条码，系统自动显示相应药品信息（如药品名称、包装、规格等)，输入药品批号、生产日期、到期日，系统自动对药品条码、批号、到期日与订单信息进行核对，确保药品的来源，使来货的品质有保证，防止不良药品的流入。

仓库管理人员收完货后，系统根据优化原则，自动为药品分配相应的库位，形成待上架信息。库管员用无线手持终端扫描周转箱条码，自动领取待上架任务，然后扫描药品条码，系统自动显示商品名称、单位、规格、生产厂家等信息。库管员录入药品批号及到期日，系统自动与先前的收货信息进行核对，确保上架信息的正确性，同时检查收货信息是否正确，起到了校对的作用。输入上架数量，扫描库位编码，如果库位信息等准确无误，完成上架操作，形成仓库库存。

零售门店将订单信息上传到总部后，系统自动汇总，生成拣选出库任务。仓库库管员接收任务后，扫描周转箱条码，系统自动显示拣选库位。库管员找到相应的库位，扫描库位条码，核对库位是否正确，确认无误后，根据系统提示的要拣选药品的名称、规格、包装、单位、厂家等信息，找到相应的药品，扫描条码，输入批号、到期日。如果与系统任务信息一致，则继续根据系统提示数量拣选，完成该笔拣选，继续下一笔任务，直到该任务组完成，提交该组拣选任务。

条码自动识别技术在药品生产企业中的推广应用，实现了药品生产企业对医药产品在配送、零售各环节的全程高效管理，大大缩减了药品采购、药品运输、药品销售、药品信息反馈以及药品价格调整的时间，使整个业务链紧紧相扣。这样既整合了企业资源，提高了企业的竞争力，又使企业在市场经济条件下快速反应，准确应对。另外，它减少了人工抄写输入，使相关人员的工作效率提高了30%以上，降低了由于人为因素造成的差错率。而且，条码在药品系统中的使用，将假药、劣药拒之门外，进一步加强了医药产品的质量安全以及在流通领域的可追溯性。因此，条码识别技术的应用对药品管理具有很强的现实意义。

4.2.2 RFID 技术

1. RFID 的定义

RFID 是 Radio Frequency Identification 的缩写，即射频识别，常称为感应式电子晶片或感应卡、非接触卡、电子标签、电子条码等。一套完整的 RFID 系统由阅读器、电子标签（Tag）与发射机应答器（Transponder）三部分组成。其工作原理为由 Reader 发射某特定频率之无线电波能量给 Transponder，用以驱动 Transponder 电路将内部的 ID Code 送出，此时 Reader 便接收此 ID Code。Transponder 的特殊在于免用电池、免接触、免刷卡，故不怕脏污，且晶片密码为世界唯一无法复制，安全性高，寿命长。目前 RFID 的应用非常广泛。RFID 的基本组成部分见表 4－2。

表 4－2　RFID 的基本组成部分

组成部分	含　义
标签（Tag）	由耦合元件及芯片组成，每个标签具有唯一的电子编码，附着在物体上标识目标对象
阅读器（Reader）	读取（有时还可以写入）标签信息的设备，可设计为手持式或固定式
天线（Antenna）	在标签和阅读器间传递射频信号

2. RFID 技术的基本工作原理

电子标签又称为射频标签、应答器、数据载体；阅读器又称为读出装置、扫描器、通讯器、读写器（取决于电子标签是否可以无线改写数据）。电子标签与阅读器之间通过耦合元件实现射频信号的空间（无接触）耦合，在耦合通道内，根据时序关系，实现能量的传递和数据的交换，见图 4.4。

图 4.4　RFID 系统的工作原理示意

3. RFID 技术与条形码技术的区别

从概念上来说，两者很相似，目的都是快速准确地确认追踪目标物体。但它们是两种不同的技术，有不同的适用范围，主要区别如下。

（1）有无写入信息或更新内存的能力。条形码的内存不能更改。射频标签不像条形码，它特有的辨识器不能被复制。

（2）射频标签的作用不仅仅局限于视野之内，因为信息是由无线电波传输；而条形码必须在视野之内。

（3）由于条形码成本较低，有完善的标准体系，已在全球广为应用；而射频技术只局限在有限的市场份额之内。

（4）条形码是“可视技术”，扫描仪在人的操控下工作，只能接收它视野范围内的条形码。相比之下，射频识别不要求看见目标，只要在接收器的作用范围内就可以被读取。

（5）条形码如果标签被划破、污染或是脱落，扫描仪就无法辨认目标。且条形码只能识别生产者和产品，并不能辨认具体的商品，贴在所有同一种产品包装上的条形码都一样，无法辨认哪些产品先过期。而射频标签的芯片内存有该产品的详细信息——产品的名称、产地、材料、批次、生产日期，以及产品有效期等。

RFID 与条形码相比优势非常明显，具体见表 4 – 3。

表 4 – 3　　RFID 和条形码的比较

比较项目	RFID	条形码
非接触认证	√	√
多数同时认证	√	×
抗污染性	√	×
改写性	√	×
信息量	8Kbyte	2Kbyte
导入价格	比较高	低

注：“√”表示可以，“×”表示不可以。

4. RFID 技术在药品管理中的应用

RFID 技术在药物防伪、追踪及供应链管理等方面具有很大的应用潜力。采用 RFID 技术后，由于药品在销售的每个环节都能被跟踪，并把数据实时记录在电子数据库中，因此极大地保障了药品在流通环节的安全性。

制药企业作为药品的生产商，负责将药品的 RFID 电子标签贴在包装上。药品 RFID 电子标签分为两种：一种为贴在每个销售单位的药品小包装盒上的 HF 标签，另一种为贴于包装纸箱上的 UHF 标签。

药品批发企业、药品零售企业、医疗机构等需配置专用的 RFID 可鉴别读写机具。药品经营企业在药品出入库环节进行药品真伪鉴别和流通信息写入操作。

药品监管部门可以使用手持机，对药品流通相关单位的在库和在售药品进行现场检查和鉴别，对药品生产企业、药品流通企业、药品零售企业、医疗机构的身份注册和数字证书的颁发进行管理。各企业和机构使用的机具，可通过适当的机制进行认证和管理。消费者在医院或者药店购买药品时，通过医院或者药店的可鉴别读写机具或自助鉴别终端对药品进行真伪鉴别。

应用这一技术的好处是：可以有效提升监管水平，最大限度地防止制假售假；提升事故处理能力；对医药供应过程进行追踪。

【开拓视野】　　生活中的 RFID 技术

RFID 射频识别技术应用非常广泛，主要应用于动物晶片、门禁控制、航空包裹识别、文档追踪管理、包裹追踪识别、畜牧业、后勤管理、移动商务、产品防伪、运动计时、票证管理、汽车晶片防盗器、停车场管理、生产线自动化、物料管理等。

在药品销售中，条形码技术的运用使得数以万计药品的种类、价格、产地、批次、货架、库存、销售等环节被管理得井然有序。采用车辆自动射频识别技术，使得路桥、停车场等收费场所避免了车辆排队通关现象，减少了时间浪费，从而极大地提高了交通运输效率及交通运输设施的通行能力。在自动化的生产流水线上，整个产品生产流程的各个环节均被置于严密的监控和管理之下。在粉尘、污染、寒冷、炎热等恶劣环境中，远距离射频识别技术的运用消除了卡车司机必须下车办理手续的不便。在公交车的运行管理中，自动识别系统准确地记录着车辆在沿线各站点的到发站时刻，为车辆调度及全程运行管理提供实时可靠的信息。

4.2.3　POS 系统

1. POS 系统的概念

POS 是 Point of Sale（即销售时点信息管理系统）的简称，是指能自动读取商品销售时刻发生的当前数据的收款系统。广义上说，POS 系统是除了读取销售时刻数据以外，还可以商品为单位对其采购和库存等数据进行一元管理的信息系统。

POS系统是由一个POS服务器对多个POS终端收款机进行一元管理的。在连锁店铺销售新商品时，首先要读取新商品上标注的条形码信息，以商品为单位管理。这些数据通过互联网发送到POS服务器端，以单一商品为单位对其进货量、销售额、库存量、各店铺商品的销售额等数据进行收集，有利于各店铺的管理和运营。

2. POS系统的组成

POS系统的组成见图4.5。

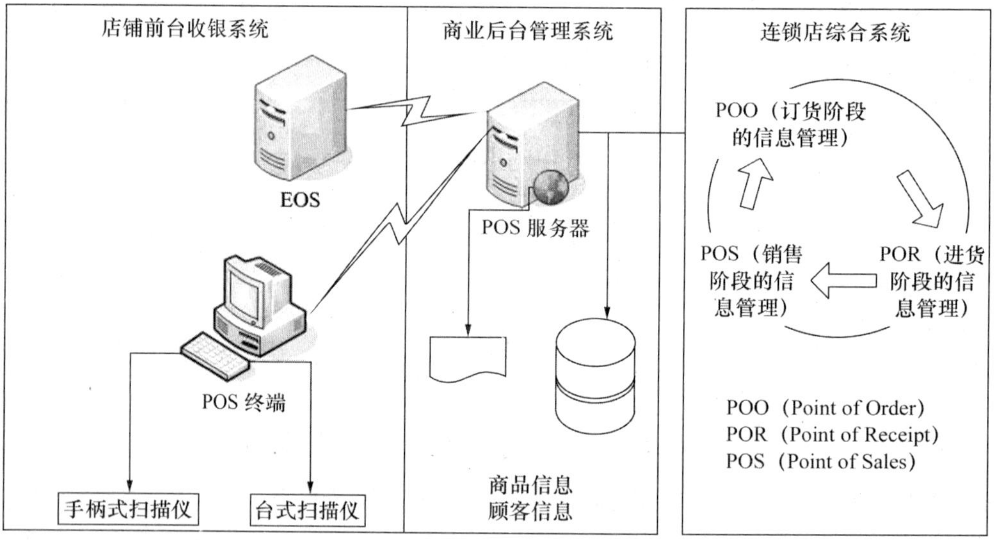

图4.5 POS系统工作原理示意

（1）店铺前台收银系统。前台收银系统是商场商品零售过程中不可缺少的一部分，因为后台的销售数据统计、销售数据分析、商场销售利润的实现等都依赖于前台系统的正常运行。前台收银系统也是商场后台管理功能的基础和商场管理人员进行调度、决策的依据。

（2）商业后台管理系统。商业后台管理系统可有效地对商品流通的各个环节及与之相关的各个部门进行全面、系统的管理，商场运作中产生的各种动态数据均可在后台管理系统中得到实时的反映，从而使商场管理人员能够随时掌握商场的实际运作情况，为正确决策提供各种量化依据。

3. POS系统的作用

以POS系统为基础的经营信息系统在连锁店中得到了广泛使用，并且不仅仅提高了收款的效率。例如，在店铺业务的管理上，它促进了基于以时间段销售额决定的新商品加工指令和操作时间表的制作、人员的工作时间管理、顾客信息的储存和加工，以及通过销售单的广告宣传等；在商品的管理上，通过它了解商品销售额数据，可以对滞销商品的在库量进行一定的削减，并对热销商品适当加大采购量；在连锁店本部，通过它可以对各店铺的各商品的进货量、销售额和库存信息进行一元化管理，提高连锁店操作中心的效率，并为各店铺不同顾客提供不同的服务；采购人员利用 POS 系统查询和报表，更直接、有效地获得商品情况，了解到商品是否畅销或滞销；销售人员根据 POS 系统分析商品的销售情况，以进行下一次的销售计划；财务人员能更加清楚地了解库存情况、货款余额、毛利贡献等财务数据，通过更好地控制成本和费用，提高资金周转率；等等。因此，POS 系统成为连锁店经营不可或缺的经营工具。

4. POS 系统的网络功能——ECR

ECR（Efficient Consumer Response）即“快速客户反应”，它是在商业、物流管理系统中，经销商和供应商为降低甚至消除系统中不必要的成本和费用，给客户带来更大效益，而利用信息传输系统或互联网进行密切合作的一种战略。

实施“快速客户反应”这一战略，需要我们将条码自动识别技术、POS 系统和 EDI 集成起来，在供应链（由生产线直至付款柜台）之间建立一个无纸化的信息传输系统，以确保产品不间断地由供应商流向最终客户。同时，信息流能够在开放的供应链中循环流动，既满足客户对产品和信息的需求，即给客户提供最优质的产品和适时准确的信息，又满足生产者和经销者对消费者消费倾向等市场信息了解的需求，从而更有效地将生产者、经销者和消费者紧密联系起来，降低成本，提高效益，造福社会。

目前，只有中高档次的机型（即二类收款机）具备联网功能。由于 ECR 的硬件环境不具备开放性，而且软件数据量比较小，因此 ECR 一般采用专用网络形式，即通过收款机本身的 RS232/RS422/RS485 接口、多用户卡实现收款机之间或者与上位机的连接，完成收款机与收款机之间、收款机与上位机之间的数据传输。

5. POS 数据的活用

在连锁店形式的零售业数据分析中，顾客的购物分析是一种最为有效的方法。购物分析的目的就是在顾客的购买交易中分析出能够同时购买一类产品或一组产品的可能性。

POS 系统记录的顾客购物信息，经营者经过分析可以更准确地抓住商机，减少损失。通过销售管理、畅销商品计划、店面陈列管理、促销管理和订单采购管理五个方面，达到提高店铺销售额、提高商品在库回转率和确保销售收益的目的，见图 4.6。

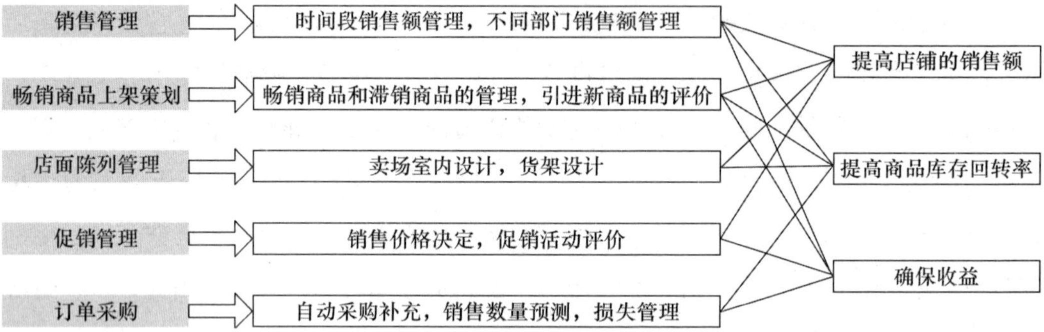

图 4.6　POS 数据的活用

6. 医药专用 POS 系统

POS 医药管理系统根据零售店及零售连锁店的特点设计，包括进货管理模块、销售管理模块、调拨管理模块、往来账管理模块和商品库存管理模块，见图 4.7。

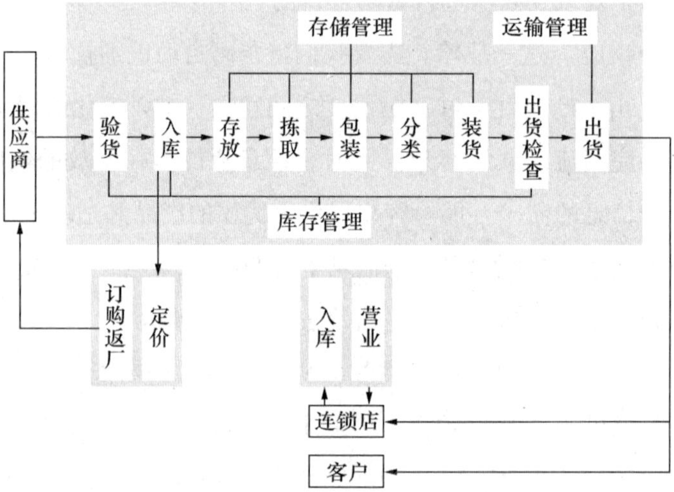

图 4.7　医药专用 POS 系统结构

进货管理模块中的进货记录主要保存供应商信息、进货日期、所购品种详细信息等。每个品种都有三种识别方式：代码、编码和条码。代码由品种的拼音字头组成。编码可以是品种的分类码，一般药品都有自己的条码，采用条码管理方便迅速。对进货记录，可以每天或定期进行查询、汇总、分析。对每个品种可以设置库存上限与下限，以免造成库存积压或库存不足。

销售管理模块中药品销售时也采用三种识别方式：代码、编码和条码。若用代码和编码的方式，销售人员可以自己掌握销售数量；若采用条码的方式，应配备扫描枪，数量默认为 1 个，只要扫一下药品的条码，销售立即完成，力保最高的工作效率。在收款之前可以删除或修改所销售的数据，一旦收款，销售数据将不可更改。客户退货应该限制在一定期限内，先通知销售负责人，得到首肯或批示后再退货。退货采用代码和编码方式，数量输入负数，按回车键完成。销售应该每天结账，也可以每天进行多次结算，只要钱款和微机提供的当日销售额一致就行。打印销售票使用的是微型打印机，不但速度快、打印清晰，而且打印用纸量极少。

调拨管理模块用于内部库房之间的调货，主要是库房向零售店面的调货，操作非常简单。

往来账管理模块主要用于供货商的未付货款管理。只要进货结账前将欠款登账即可。

商品库存管理模块主要查询进货、销售、调拨、库存的详细情况和汇总情况。对于所经营过的品种和自己的供应商与客户，它都能打印报表。

以上每项内容都有相应的权限，进货就是做好入库的工作，销售就是做好出库的工作，相互之间不会越权。而查询一般为需要查询的人享有，拥有用户身份校验、用户操作及对象处理权限管理保密机制。系统同时需要具有完善的备份和恢复机制。

4.2.4　EDI 技术

1. EDI 的概念

EDI 是英文 Electronic Data Interchange 的缩写，意为“电子数据互换”，是一种在公司之间传输订单、发票等作业文件的电子化手段。它通过计算机通信网络将贸易、运输、保险、银行和海关等行业信息，用一种国际公认的标准格式，实现各有关部门或公司之间的数据交换与处理，并完成以贸易为中心的全部过程。它是 20 世纪 80 年代发展起来的一种新颖的电子化贸易工具，是计算机、通信和现代管理技术相结合的产物。国际标准化组织（ISO）将 EDI 描述成“将贸易（商业）或行政事务处理按照一个公认的标准变成结构化的事务处理或信息数据格式，实现从计算机到计算机的电子传输”。又由于使用 EDI 可以减少甚至消除贸易过程中的纸面文件，因此 EDI 又被人们俗称为“无纸化文件传递”。

2. EDI 的发展过程

在计算机技术进入企业之前，企业之间是通过手写“票据”以邮递和 Fax 的方式交换文件。各企业导入计算机技术之后，开始进行各自的信息化，订货单由计算机打印出来后，送到客户公司以手动方式输入其计算机中。不久，由于软盘等外部存储设备的出现，订货单被保存到外部存储设备之后再交换，最后又通过外部存储设备把信息保存到计算机中，这实现了计算机离线连接的信息传递。今天，为了使数据的交换更加便利，各企业利用互联网，直接进行数据的交换。EDI 的发展过程见图 4. 8。

3. EDI 系统的特点

（1）EDI 用电子方法传递信息和处理数据。

（2）EDI 用统一标准编制数据信息。

（3）EDI 是计算机应用程序之间的连接。

（4）EDI 系统采用加密防伪手段。

4. EDI 系统的构成要素和标准体系

EDI 系统的构成要素有三个，分别是 EDI 软件和硬件、通信网络、数据标准化。企业要实现 EDI，首先必须有一套计算机数据处理系统；其次，为使本企业内部数据比较容易地转换为 EDI 标准格式，需采用 EDI 标准；再次，通信环境的优劣也是关系到 EDI 成败的重要因素之一。EDI 标准是整个 EDI 最关键的部分，由于 EDI 是以实现商定的报文格式进行数据传输和信息交换，制定统一的 EDI 标准至关重要。EDI 标准主要分为以下几个方面：基础标准、代码标准、报文标准、单证标准、管理标准、应用标准、通信标准、安全保密标准等。

EDI 是目前最为成熟和使用范围最广的电子商务应用系统。其根本特征在于标准的国际化。标准化是实现 EDI 的关键环节。早期的 EDI 标准，由贸易双方自行约定，后来随着使用范围的扩大，出现了行业标准和国家标准，最后形成了统一的国际标准。国际标准的出现大大促进了 EDI 的发展。随着 EDI 各项国际标准的推出，开放式 EDI 概念模型趋于成熟。可见，EDI 的各项标准是使 EDI 技术得以广泛应用的重要技术支撑，EDI 的标准化工作是 EDI 发展进程中不可或缺的一项基础性工作。

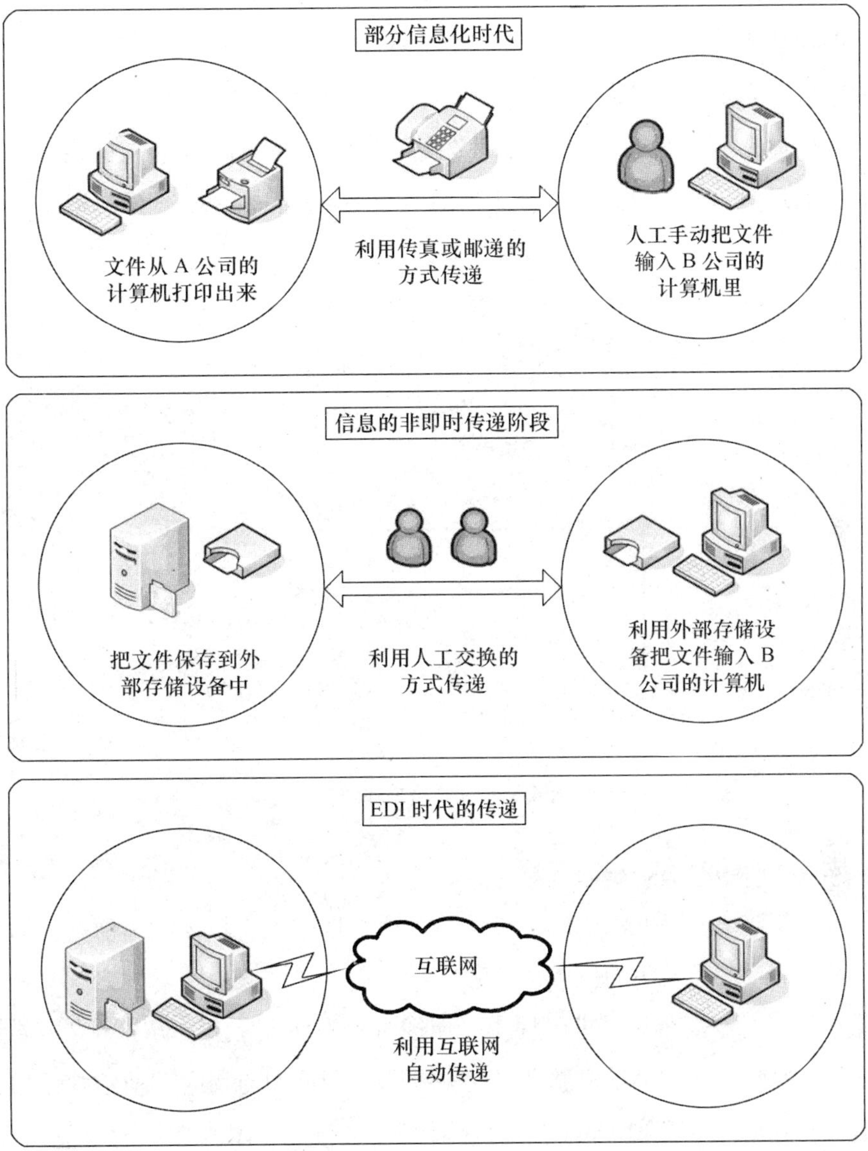

图 4.8　EDI 的发展过程

EDI 标准体系是由在 EDI 应用领域范围内、具有内在联系的标准组成的科学有机整体。它由若干个分体系构成，各分体系之间又存在着相互制约、相互作用、相互依赖和相互补充的联系。我国根据 EDI 国际标准体系、我国 EDI 应用的实际以及未来一段时期 EDI 的发展情况，制定了 EDI 标准体系。

5. EDI 的作业流程

各企业的信息系统都有其固有的形式，这种形式的数据通过编译器（translator）被转换成标准格式的数据后进行转换。同时，数据的接收方收到的数据文件是标准格式的文件，同样需要通过编译器，转换成接收方固有格式的文件后再阅读。EDI 的流程图见图 4. 9。

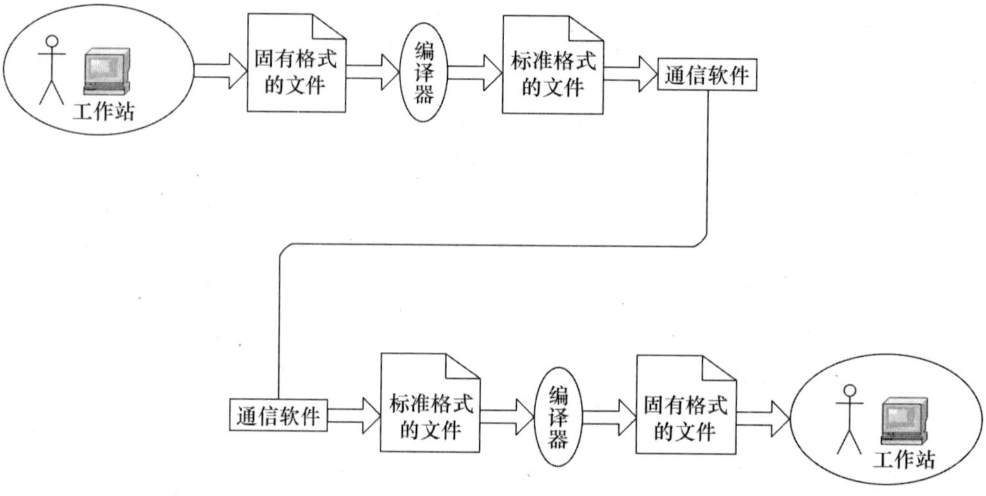

图 4. 9　EDI 的工作流程

6. EDI 技术在医药流通领域的应用

提升医药行业效率、降低流程成本是药品流通管理的主要目标。当前医药行业供应链流程正发生着以下一些可避免的成本。

（1）需求管理。医药市场需求弹性小，流通过程中品种繁多、分类复杂、数量大，医药零售企业和医疗服务机构很难对患者何时来就诊、所需的药物或其他治疗手段做出合理的判断和预测。但是，使用 EDI 可以实时获取和交换信息，增强数据的可靠性和准确性，能够更加正确地制订生产计划。尽管真正实践起来难度不小，但是有效的需求管理可以帮助分销商更加合理地分配库存空间、提高利用率，也为生产商带来更高效的生产运作，最终降低整个供应链上流动的物品数量。

（2）订单管理。通常，医药批发商的订单处理程序非常涣散而且繁杂，需要将采购和应收账款流程结合起来，通过 EDI 技术，实现“无纸化”订购，采用集中负责制，以更小的工作量和更少的努力缩短订单履行的时间，降低固定成本，简化对订单和账款支付的确认与追踪，加速有关单证的周转，提升现金流，最终建成一套标准化的订单管理流程。

（3）供应商管理。现代供应链管理理论通过大量的实践证明，EDI 作为供应商管理的一种工具，在交易伙伴间传递有效信息，可以实现提升供应商的可靠性、拉近与供应商的关系，减少与配送质量、数量或组合相关的问题。有效的供应商管理首先要从削减为医药系统提供产品的供应商数量着手。药品集中招标采购有助于淘汰那些不符合要求的制药商，同时大大增加了获得折扣的机会。

（4）物流管理。一体化、集中化的物流管理是供应链高效率运作的又一个关键因素，而运输是其主要内容。医药批发和零售企业应该采用先进实用的管理方法和工具，建立统一的服务中心和运输网络，借助 EDI 随时获取并集中管理最新物流信息，协调货物装运，充分利用运输能力和路径规划方案，以最小化运输成本和最短运输时间收集并分析有关数据，用于评估供应链效率、服务质量，支持有效的需求管理。

4.3　药品营销网络平台

4.3.1　药品营销网络平台的分类

目前，药品营销网络平台比较常用的分类方法有两种，一种是按参与主体来分，另一种是按网站的功能性来分。

按不同的参与主体，药品营销网络平台可以分成三种模式。第一种是 B2B 模式，即企业和企业间通过互联网进行相关产品交易，提供服务和信息。现在很多企业通过网络进行药品批发，主导企业将药品批发价格以及药品的相关介绍发布在自己开设的网站上供下游企业浏览，并接受下游企业的在线下单。第二种是 B2C 模式，就是由企业或者第三方企业建立的从事药品零售或提供药品相关信息和咨询的网站直接面向消费者。目前出现比较多的就是网上药店，以出售 O2C 药品以及保健药品为主。第三种是 G2B 模式，即政府对企业进行业务管理的商品交易模式。政府设立网上交易平台，撮合医疗机构与企业实现交易，从而起到降本增效并便于管理的作用。该模式从一开始就受到社会各界的广泛关注，至今已经进行了多次调整与改进。

按网站的功能性来分，可分为六种模式：以药品集中招标采购为切入点的医药电子商务网站；以药品供求关系为主的医药电子商务网站；发布药品技术转让以及研发信息的电子商务网站；发布医疗器械、医药耗材等信息的电子商务网站；发布制药机械、科研小设备等信息的医药电子商务网站；提供我国民族医药信息的电子商务网站。

4.3.2 药品营销网络平台的发展

1. 药品营销网络平台的发展历程

我国医药电子商务发展至今已有20多年。早在1996年，医药企业就开始通过互联网对药品进行广告宣传，之后大型医药信息网纷纷出现，B2B和B2C信息服务模式开始形成，主要通过网络进行医药信息的收集、产品广告的发布以及药品的服用指导等基本服务，属于医药电子商务的初级阶段。

到1998年，随着信息管理软件的升级，医药信息服务被提高到业务管理的高度，医药电子商务得到了进一步的发展，赋予了B2B模式新的功能。很多医药网已不满足于单纯的信息收集与发布，而是利用信息管理软件提供相关的信息检索和分析、深层数据挖掘、市场研究和预测、战略制定等一系列专业化信息服务，帮助医药企业优化流程、规范管理、提高管理能力。

到1999年，随着政府的介入，医药电子商务又进入了一个新的发展阶段。政府创建集中采购招标网，还制定了相应的制度。此后又出现了对企业进行网上药品业务管理的G2B商品交易模式。该模式由政府建立网上交易平台，专门给医疗机构与企业进行网上业务交易，从而起到降本增效并利于政府监管的作用。该模式出现后受到社会各界关注，并在原基础上不断发展和创新，比如四川“挂网限价”模式、广东“阳光采购”模式均是比较有成效的。再后来，非政府机构也开始代理招标服务，它们以第三方的身份建立集中招标采购平台，撮合医药上下游企业进行在线交易。非政府机构大量介入后，为了加强此类电子商务的管理，国家出台《互联网药品交易服务审批暂行规定》，对申请建立网上平台的企业进行严格的审核。截至2007年7月31日，仅有5家医药电子商务平台获得了国家批准，分别为北京先锋环宇电子商务有限公司、海虹医药电子交易中心有限公司、海南卫虹医药电子商务有限公司、合肥徽之堂医药信息有限公司、深圳市天驰医药信息技术开发有限公司。

到2005年，随着我国对网上药品交易的逐步放开，企业通过互联网开办的直接向消费者出售 O2C 药的网上药店开始不断涌现。从 2005 年第一家正式获得“互联网药品交易服务资格证书”的京卫大药房开始，截至 2018 年，我国主要的网络药品销售平台有天猫医药馆、京东医药馆、360 好药、药房网商城、八百方。其中，天猫医药馆、京东医药馆依托两大电商平台，受消费者关注较高；360 好药网络流量来自 360 搜索引擎的搜索结果推荐。这三个平台以获得“互联网药品交易服务资格证”的连锁药店经营的大药房旗舰店为主。药房网商城的网上药店数量最多，超过 1000 家，但药房网商城和八百方中的大部分网上药店并未获得“互联网药品交易服务资格证”。

从我国医药电子商务 20 多年的发展历程来看，G2B 业务管理模式、B2B 信息服务模式、B2B 和 B2C 商品交易模式的发展较为快速和成熟，分别形成了基于 G2B 的药品网上集中招标采购模式、基于 B2B 的第三方医药电子商务平台模式、基于 B2B 的非平台型综合医药商务模式和基于 B2C 的网上药店，并且功能性也从原先的单一性向综合性发展。虽然我国医药电子商务整体的发展轨迹也追求健康、稳定、快速的发展，但快速的发展也带来了很多的问题，比如技术的不成熟、参与方的观念陈旧、相关政策无法适应新模式的发展等，都需要不断地改进与完善。

2. 我国医药电子商务分析

1998 年正式投入运营的“中国医药卫生电子商务网”是我国医药行业电子商务的示范工程，它对我国医药电子商务的发展进行了有益的探索。近几年，我国电子商务在医药行业全面展开。开展 B2B 电子商务的主要有“中国金药网”“中国上海医贸网”“中国医药信息网”“西南经贸网”和“中国医药市场网”等，开展 B2C 电子商务的网站有“网药网”等。医药电子商务的应用改善了医药行业“多、小、散、乱”的现状，扭转了医药企业投入多而效益差的局面，增强了医药企业的市场竞争力。

虽然我国医药电子商务在近几年得到了快速发展，但还存在着一些问题。

（1）我国医药行业流通体制不健全。在传统医药经济中，药品从生产到使用，需经过制药企业、批发企业、零售企业、患者（最终顾客）等环节。而在我国的医药经济体系中，流通体制和流通秩序不够健全。这就带来交易次数增多、交易费用增加，最终售价提高。我国传统的医药流通，年均周转次数为 4 次，流通费用率为 12.6%，最高可达 30%。而依靠互联网来完成流通的美国医药行业，年均周转次数为 15 次，费用率为 2.6%。

（2）我国医药企业信息化水平还处于初级阶段。由于我国医药行业信息化建设时间较短，医药企业内部难以实现计算机化统一管理。目前，我国大部分医药企业还处于替换手工操作、业务自动化的初级阶段，只有少数有实力的企业开始进入优化流程、改善管理的阶段。而美国的医药企业已经完全摆脱手工操作，全面使用计算机管理，并已进入利用数据挖掘、实现辅助决策的阶段。尽管我国一些大型医药企业如同仁堂等实现了企业资源计划管理（Enterprise Resource Planning，ERP），但绝大多数医药企业计算机化程度很低。在此基础上，如果医药企业全面引进电子商务，对企业产生的影响恐怕不如设想的那么美好。

（3）医药批发企业和零售企业持不同态度。对于我国的传统医药批发企业来说，电子商务的推行是一个巨大的威胁。电子商务的最大优点在于减少交易次数，缩减交易费用。成功的电子商务表明，企业与最终客户之间也许只“雇用”一个网络系统就可以完成全部的交易过程。这将使医药批发企业的生存空间被极大地压缩，其对电子商务的推行阻力是巨大的。对于我国医药零售企业而言，在现实状况下引入电子商务，会减少中间批发商的利润，增加自身的收入，它们对电子商务是持欢迎态度的。同时，由于连锁化程度的不断加深，医药企业内部的计算机管理水平逐渐提高，电子商务引入的基础将得到加强。

4.3.3 “互联网+”背景下的药品营销模式变化趋势

1. 采购联盟的发展

新医改实施后，部分医药企业试图利用大规模的集体采购，批量作价，争取享受厂家提供的最优惠价格和对分销商的优惠政策。因此，医药行业中各种采购联盟应运而生，例如各种省级采购联盟、区域采购联盟、单体药店采购联盟等。

（1）采购联盟发展现状。一是没有专业人员进行运作；二是规模小、采购价格并非最低；三是提供低价产品的做法非常容易被别人模仿；四是联盟无法形成规模，不能得到大品牌的重视；五是没有独家品种，快配型医药公司将是中小型采购联盟最大的竞争对手；六是一般的采购联盟无法提供其他服务，而仅凭价格竞争，高毛利很快会随着国家药品定价政策的变化而消失。

（2）采购联盟发展趋势。一是品类需求多且具有差异化才有市场机会；二是能及时地快速配送才有竞争优势。

在互联网上，有许多网站为企业发布供求信息提供平台，有些还可以免费发布信息。这是企业间的电子商务平台，医药企业可充分利用其发布自己企业的信息。除了在网上发布信息，医药企业也可以利用互联网上的信息寻找潜在客户，然后有针对性地向潜在客户发送信息，达到宣传自己的目的。医药企业可经常到一些贸易信息网和电子公告板去查看供求信息，根据信息中的联系方法，主动向潜在客户介绍自己或订购对方的产品和服务。此外，还可利用搜索引擎查询潜在客户。如药品的胶囊外衣，目标是医药行业的生产厂家，可以利用搜索引擎或分类目录查询药品公司，根据各公司网站的简述将搜索结果进行简单筛选，然后逐个访问潜在客户的网站，利用网站上的信息了解潜在客户的企业规模、地理区域、产品结构、联系方式等相关资料，再根据具体情况采取相应方式与潜在客户取得联系。这种方式较适用于生产资料、半成品、集团购买的产品等，对于一般消费品来说效果可能并不理想。注意，不要向潜在客户滥发邮件和不可靠的链接，它们会导致网络客户的流失，这和传统营销中客户的流失一样危险。

2. 第三终端市场有待新模式产生

第三终端是指除了医院药房、药店（包括商超中的药品专柜）之外的，直接面向消费者开展医药保健品销售的所有零售终端。第三终端的主要阵地是广大农村和一些城镇的居民小区，如社区和农村的个体诊所、企业和学校的医疗保健室、乡村医生的小药箱、农村供销合作社及个体商店中的常用药品销售小柜等。而第三终端市场通常指的是基层乡镇卫生院、社区卫生服务中心和诊所市场等。

企业进军第三终端市场将面临三个问题。首先是渠道问题。第三终端市场比较分散，消费水平低、用药相对少，但药价水平较高，渠道都靠高利润维持。企业进军第三终端市场，在渠道建设和维护方面需要大量成本投入——要让经销商有利可赚，还要防止渠道的货物反冲到城市。这是个难题。其次，在第三终端市场假药普遍存在。农民常常只买便宜的药，但是便宜的药难以保证质量。再次，企业宣传问题和品牌问题。在第三终端市场，企业缺乏品牌认知度。

针对第三终端市场，企业需要创新的市场策略有两个：一是企业要选择合适的产品群并制定合适的价格进入第三终端市场；二是企业整合渠道，创建二级营销新模式。

通过整合并维护县乡级商业批发资源，药企直接将适合第三终端市场的药品，例如普药产品，输送到县一级的批发企业，借此直接向农村地区终端配送。医改背景下，新的市场环境决定着医药企业应具有的竞争力，品牌化、规模化、特色化是医药企业发展之路。品牌是医药生产企业的生存之本，渠道是命脉。对于医药企业来说，品牌和渠道的开拓能力和管理能力决定着其核心竞争力的强弱。

3. 医药行业信息平台的建立

对于中小型医药企业来说，医药行业的专业信息网站可以提供更多服务。如可以提供固定的网址（一般不提供独立域名）并制作简单的网页，这样可省去制作企业专门网站的高额费用。经过专业分类的信息网为客户查询供应商信息提供了方便，加入这类信息网有助于网站访问者发现企业的信息，不过在大部分情况下需要支付一定的费用。而行业信息网是一个行业的门户网站，由于汇集了整个行业的资源，为供应商和客户了解行业信息提供了巨大的方便，因此形成了一个网上虚拟的专业市场。

4. 药品网络营销与广告发布

作为网络营销的重要环节之一，互联网重新定义了广告的含义，它使得广告主能了解顾客，并与他们直接交流。在这种交互式营销中，消费者可以点击广告以获得更多信息，或通过电子邮件来提问。互联网为广告主提供了双向交流和使用电子邮件的能力，还允许其针对特定的人群做广告，使真正的一对一广告成为可能。

网络广告可以同时传递品牌的多种特性。传统媒体广告中，潜在消费者或客户只能间接接触产品，而他们在浏览网络广告时，只要看到感兴趣的内容便可直接用鼠标点击，进入该产品的宣传页面，了解到该产品的具体内容。这一点对于医药产品来说尤为重要。医药产品的价值主要体现在实际使用当中，因而消费者的决策周期较一般产品要长。鉴于医药产品的特殊性，选择恰当的网站发布广告是网络广告成功的关键。作为医药企业，首先应细分市场和客户，分析医药产品的潜在消费者或客户经常访问哪些网站，然后在这些网站中选择访问量排名最高的网站，并在其醒目位置购买广告，只有这样的广告才能发挥功效。网络广告网站的性质以及点击率排名，可通过第三方网站的统计分类排名来确定。目前此类网站在国内外都有不少，如国内的互联网络信息中心、网易等都可查询到此方面的资料。虽然电视媒体或报刊等平面媒体广告可以有效传递品牌形象，特别是杂志的夹页广告用于推广企业的一些免费试用品非常有效，但是费用高昂。网络广告的其中一个优势就是价位要比杂志广告低很多。

5. 基于搜索引擎的药品网络营销

中国互联网络信息中心（CNNIC）发布的报告表明，搜索引擎已成为互联网上仅次于新闻浏览的第二大常用服务。因此，企业从事互联网推广和网络营销的最重要途径之一是搜索引擎。医药企业可以通过提高在搜索引擎列表上的排名来得到更多的关注。90% 以上的网民通常只点击分类搜索结果的第一页，而即使是在同一页，排在前面的网站的被点击数也远高于排在后面的，所以搜索引擎加注的意义在于如何取得良好的排名。百度等搜索引擎即可提供此类列表排名的付费服务。搜索引擎排名会影响网站的访问量，但对于企业来说，很难在较短时间内搜索一定数量的有影响力的搜索引擎站点，而且逐个网站进行信息发布也需要耗费一定的人力和物力。关于此方面的信息，可以参考第三方如互联网市场调研公司的统计数据。

6. 网络促销

大多数网络营销活动把目光放在长期的网络交流上，但在发布新产品或服务时，也可以用互联网来进行一次性的宣传。一般情况下，人们都会在家中备有常用药，所以，深入的网络促销活动可以让顾客了解医药企业及其新产品的情况，包括企业的历史、发展、未来预测和新产品的优越性及价位等，还可以征求顾客对企业及产品的意见。典型的网上促销活动有网上有奖问答抽奖活动、申请优惠卡或贵宾卡、建立网上销售俱乐部等。由于其公开性和认知度，因此能收集到一定的客户信息。一般知名商业网站均能提供此类活动。

【开拓视野】　《互联网食品药品经营监督管理办法（征求意见稿）》

第二十六条　第三方交易平台经营者应当建立巡查制度，设置专门的管理机构或者指定专职管理人员，对发布的信息以及经营的食品药品进行检查，对发布虚假信息、夸大宣传、超范围经营等违法行为以及发现食品药品质量问题或者其他安全隐患，应当及时采取措施制止，并向食品药品监督管理部门报告，必要时可以停止提供第三方交易平台服务。

第二十七条　从事互联网药品交易服务的第三方交易平台经营者，应当由执业药师开展网上咨询服务；销售处方药应当建立执业药师在线药事服务制度，由执业药师负责处方的审核及监督调配，指导合理用药。

课后思考

1. 简述药品营销管理信息化的概念及分类。
2. 谈谈对医药营销信息化的理解。
3. 药品信息管理的相关技术有哪些?
4. 基于电子商务的药品营销模式有哪些变化?

案例分析

北京天坛医院药品物流现代化管理新模式①

从落实国家医改方案、提高医院管理水平需要考虑，从医院药学服务的安全性、合理性、经济性着眼，从对患者安全用药角度出发，北京天坛医院与北京医药股份有限公司合作，引入现代医药物流理念和技术，通过采用电子拣选设施设备，优化再造管理流程，实现入库、拣选、出库、药房收货、盘点的全程信息化操作，达到提高药品流转效率、提高药库存储能力、保证人民用药安全、合理控制成本的目的。

1. 引入电子拣选设施设备

电子标签辅助拣选系统（DPS）是一种电脑辅助的无纸化拣货系统，其原理是在拣货操作区的所有货架上，为每一种货物安装一个电子标签，控制电脑可根据货物位置和订单清单数据，发出出货指示并使货架上的电子标签亮灯，操作员根据电子标签所显示的数量及时、准确、轻松地完成以“件”或“箱”为单位的商品拣货作业。电子标签辅助拣选系统能提高拣货速度及效率，降低误拣错误率，提升出货配送物流效率，降低作业成本。

北京天坛医院与北京医药股份有限公司合作，引入电子拣选设施设备，包括流力式货架、高层托盘货架配合拣选叉车、隔板货架、带条码的周转箱、RF 机、条码打印机、电子标签等，以实现药库管理信息标准化和数据库管理、信息传递、信息收集、业务流程电子化，使物流系统反应敏捷、效率提高。

① 资料来源：史卫忠、张英、赵志刚：“北京天坛医院药品物流现代化管理新模式”，《药品评价》2010 年第 7 卷第 12 期。

2. 优化再造流程

借助网络信息共享和条码技术，对操作流程进行优化重组，减少流转环节。原始的药库入库流程，首先需要人工核对采购计划，在纸张上记录到货数量、批号、效期等，然后将数据人工输机，根据经验确定（或寻找）存放位置，最后将药品放入货位。这不仅使操作流程过多，工作量大，且容易出错。优化操作流程后，只需用 RF 扫描到货药品的条码，其数量、批号、效期等数据将自动导入系统，根据 RF 显示的建议货位（如需要调整也可直接在 RF 上更改）将药品放到指定的货位，扫描货位条码确认上账。

3. 药品管理全程实现信息化操作

药库管理现代化的核心是信息系统的提升和自动化技术的引入。新开发的药库管理系统（HWMS）在不修改 HIS 架构的前提下与医院的 HIS 建立安全数据接口，在医院中增强了药品流通管理的功能，并实现了医院与药品供应商之间、药库与药房之间的信息连通。同时，药库管理中全程使用了条码，引进了多项自动化设备。药品在供应商、医院药库和药房之间的流转，都是通过信息网络和条码扫描自动完成，不仅显著提升了效率、降低了药库人员的工作量，同时实现了药品在医院流转中的批号管理、质量监控。

新药库管理系统可实现药品入库、请领单、出库和药房收货等方面的信息化操作。

（1）药品入库。到货时扫描药品上的条码，RF 上显示出药品的品名、规格、批号、效期等入库信息，信息核对无误后，按照 RF 指示将药品放入指定货位，即完成入库操作，实现与供应商的信息共享，提升入库速度和准确性。

（2）请领单拣选。可以使用 RF 进行需求订单拣选或使用电子标签拣选出库。出库时使用 RF 进行需求请领单拣选，RF 上自动指示存储的货位和药品信息，按指示信息拣取药品后，扫描货位条码，系统减账。这使拣选药品的同时，完成信息处理工作，保证信息及时准确。

使用电子标签拣选设备释放请领单的出库任务后，所有需要出库的电子标签货位自动亮灯，并显示应拣取的批号、数量，拣取完成后系统确认并自动减账，实现快速、批量拣选。

（3）药房收验药品。各药房使用 RF 进行收验药品，扫描请领单条码即可在系统中确认收货、上账，包括药品的品名、规格、批号、效期等信息，药房扫描出库清单上的条码，一步完成入库操作并实现批号跟踪、效期报警。

（4）药库动态盘点。用 RF 扫描货位条码，显示货位存放的品种、数量、批号等信息，核对、订正实物与 RF 上的信息，完成动态盘点，以随时掌握库存状态，保证账、货相符。

采用条码技术能有效连接医院药品供需信息，实现请领、采购、入库等信息共享，减少重复录入和差错；请领信息直接指导采购订单，提升采购行为的科学性，同时提升药品流转过程中的需求响应速度。利用 RF 和电子标签进行出库拣选时，实物拣选和信息记录同步完成，做到药品流转过程中批号、效期等信息对称，实现信息流和实物流紧密结合。

思考题

1. 概述北京天坛医院药品在物流现代化管理模式方面的创新之处。
2. 试述天坛医院在医院管理中是如何融入信息化管理的，你能从中得到什么启发。

第 5 章 应急药品管理与物流配送

学习重点及要点

1. 应急物流系统的结构与职能
2. 应急物流的运作流程
3. 医药品的储备原则
4. 药品应急储备与调度

案例导读

武汉疫情视角下的应急物流全景图

从 2019 年 12 月底武汉出现疫情，到 2020 年 1 月 23 日武汉实行封城，再到湖北全省 13 地全部封城，有关新型冠状病毒肺炎（以下简称新冠肺炎）重大突发疫情的每一步进展都牵动着全国人民的心。在新冠肺炎重大突发疫情面前，中国物流业如何在救援物资的收派、运输、仓储等各环节迅速响应？应急物流有哪些要求？

1. 统一管理，统一调配

对于新冠肺炎疫情这种扩散极快的灾害，应急物流响应机制采用协调、调集多个政府管理部门与社会力量，对应急物资实行统一管理、统一调配，确保物流各个环节畅通无阻，物资快速到达疫区。

由国家卫生健康委员会牵头，成员单位共 32 个部门，在第一时间建立起疫情联防联控工作机制，对医疗物资的生产、调度、进口、运输进行统一指挥。交通运输部要求各地切实贯彻“一断三不断”；国家邮政局采取定点收寄、定点投递的模式，减少人员间的接触；工信部、财务部、海关总署等其他多部门在联防联控工作机制指导下，协同确保物资、人员、资金高效调度。

2. 供应端开足马力，社会捐赠不断

面对灾区特定物资需求猛增的问题，实施了临时生产、采购以及依靠社会捐赠等多方动员政策。

天津泰达、奥美医疗、振德医疗等医药耗材龙头企业春节无休，开足马力生产口罩、防护服等医疗物资，保障产品供应量。同时社会上涌现出一大批爱心机构、企业、个人向疫区机构捐赠善款或物资。如中国邮政累计执行运输防疫医疗物资专机12架次，运输防疫医疗物资140.8吨；阿里巴巴设立10亿元医疗物资供给专项基金，将从海内外直接采购医疗物资，定点送往武汉及湖北其他地市的医院；无数其他社会团体以及个人也以他们自己的方式为保障疫区物品供应贡献力量。

3. 应急仓统一分拨，“心脏仓”表现抢眼

应急物资仓储与分拨直接影响应急物流系统的反应速度和最终成效。来自不同地方、不同途径的救灾药品和医疗设备都要在医疗物资仓库完成初步的分拣、再包装等工作，方便运输和满足不同需求。

为满足海量救援物资仓储作业需求，武汉国际博览中心被临时征用为应急仓库。考虑到物资在入库后分配流程过于烦琐，武汉市防控指挥部引入九州通医药物流公司进行物资入库、出库流程再造。捐赠物资分为医药、器械、非医药、个人捐赠和定向捐赠5个大类。收货后，物资由武汉市市场监督管理局、交通局和九州通三方签字后进行入库操作。随后九州通将统计的物资数量上报到市防控指挥部，每两小时更新一次。在出库环节，武汉市防控指挥部决定物资分配，将物资调令下达到九州通，物资进行分拣出库，最后由湖北省邮政分公司完成装车配送，形成一套完整的物流体系。

为突破口罩供应的地域障碍，天猫超市联合菜鸟、顺丰在浙江嘉兴设立全国口罩应急“心脏仓”。所有天猫超市补货的口罩，将通过嘉兴这个“心脏仓”实现一仓发往全国，更快到达消费者手中。除了建立口罩应急“心脏仓”，菜鸟在全国范围内响应口罩商家的发货需求，积极协调中通、韵达、申通、圆通、百世等快递公司紧急补充运力去商家仓上门接货，尽全力保障全国消费者网购口罩的需求。

4. 集中“收派”是主流，“无接触配送”横空出世

作为整个物流链路的“第一公里”和“最后一公里”，应急物资“收派”虽然只占整个载具行驶里程的很小一部分，但耗费相当大一部分的时间成本和金钱成本。应急医疗用品、生活用品能否按时送到疫区人民的手上，“收派”环节的流畅性起到决定性作用。

由于机构较个人捐赠物资数量多，且“收派”集中，方便调度，所以主要物流公司为集中资源进行最大效率物资运输，提升救援效率，主要接收地方政府、公益组织、企事业单位和医疗器械生产企业等机构组织对武汉地区的援助物资。机构对机构的“收派”是本次应急物流事件的主流。

为防止末端配送可能引发的疫情，多家外卖、生鲜、及时配送企业集中宣布开始提供“无接触配送”服务，通过智能包裹柜、驿站、代收点或客户指定地点实现寄递物品投放，避免与收件人直接接触。

5. 绿色通道开启，干线运输畅通

应急物资能否及时抵达，关系着每一位一线医务人员、患者的安危，也直接影响百姓的正常生活和疫情的有效控制。开辟绿色通道，简化相关检验手续，实行优先运输，有力保证了物资调度的畅通。

1 月 25 日起中国邮政紧急开通医疗物资运输绿色通道；圆通、顺丰、京东、德邦、安能等物流企业也在第一时间宣布开启绿色通道，集中力量向疫区各地政府、慈善组织免费运送应急物资。交通运输部发布通知，一是应急运输车辆持证免费通行。应急运输始发地和目的地收费站开通防疫物资运输绿色通道，免收全程车辆通行费；应急运输车辆返程空载的，免收全程车辆通行费。二是保障应急运输车辆优先通行。各地交通运输主管部门加强高速公路路网保障工作，积极协调保障应急运输车辆的优先通行。

资料来源：王志彬：“武汉疫情视角下的应急物流全景图”，《中国邮政报》2020 年 2 月 12 日。

5.1 应急物流系统概述

5.1.1 应急物流的含义、分类及特点

1. 应急物流的含义

所谓“应急物流”，就是指以提供突发性自然灾害、突发性公共卫生事件等突发性事件所需应急物资为目的，以追求时间效益最大化和灾害损失最小化为目标的特殊物流活动。

2. 应急物流的分类

应急物流可以简单地分为军事应急物流和非军事应急物流两种。非军事应急物流还可以细分为灾害应急物流和疫情应急物流。灾害（含险情）应急物流又可分为自然灾害应急物流和人为灾害应急物流。自然灾害如台风、海啸、地震、洪水等，人为灾害如人为因素造成的交通事故、矿难、火灾等。疫情应急物流可分为人群疫情物流和动物疫情物流，人群疫情如SARS、流行脑炎、急性甲型肝炎、霍乱等，动物疫情如禽流感、疯牛病、口蹄疫等。

3. 应急物流的特点

应急物流是在各类突发事件中对物资、人员、资金的需求进行紧急保障的一种特殊物流活动。它具有以下特点。

（1）突发性。由突发事件所引起的应急物流，其最明显的特征就是突然性和不可预知性，这也是应急物流区别于一般物流的一个最明显的特征。应急物流对时效性的要求非常高——必须在最短的时间内以最快捷的流程和最安全的方式来进行应急物流保障。

（2）不确定性。由于突发事件的不确定性，人们无法准确地估计突发事件的持续时间、影响范围、强度大小等各种不可预期的因素，因此应急物流的内容随之变得具有不确定性。许多意料之外的变数可能会导致额外的物流需求，甚至会使应急物流的主要任务和目标发生重大变化。如在抗洪应急物流行动中，可能会爆发大范围的疫情，使应急物流的内容发生根本性变化，由最初对麻袋、救生器材、衣物、食物等物资的需求，变成对医疗

药品等物资的需求。

（3）弱经济性。应急物流的最大特点就是一个“急”字，如果运用平时的物流理念，按部就班地进行工作，就会无法满足应对紧急情况的需求。在一些重大险情或事故中，平时物流的经济效益原则将不再作为一个物流活动的核心目标被加以考虑，因此应急物流目标具有明显的弱经济性。

（4）非常规性。应急物流本着特事特办的原则，将许多平时物流过程的中间环节省略，使整个流程显得更加紧凑，物流机构更加精干，物流行为表现出很浓的非常规色彩。如新冠肺炎疫情期间，自 2020 年 1 月 25 日起，中国邮政紧急开通医疗物资运输绿色通道，对全国寄往武汉市政府指定接收机构的捐赠物资，提供全程免费运输和配送服务。2020 年 1 月 27 日，中国邮政首班防疫物资寄递专机从广州飞抵武汉，及时为疫区一线人员送去药品、口罩、体温枪和疫苗研发物料等防疫医疗救援物资，总重 9300 余公斤。截至 2020 年 2 月 10 日，共计运送口罩、药品、防护服、护目镜等防疫物资 22.8 万箱、2887 吨，这就对运送应急物资的各个节点的物流处理能力提出了很高的要求。

（5）应急物流需求的事后选择性。应急物流的突发性和随机性，决定了其供给不可能像一般的企业内部物流或供应链物流一样根据客户的订单或需求提供产品或服务。应急物流供给是在物流需求产生后，在极短的时间内在全社会调集所需的应急物资。

（6）流量的不均衡性。应急物流的突发性决定了应急物流系统必须将大量的应急物资在极短的时间内进行快速的运送，这就可能造成应急物流系统在短时间内形成很大的流量。

（7）时间约束的紧迫性。应急物资多为抢险救灾之用，时关生命，时关全局。应急物流速度的快慢直接决定了突发事件所造成的危害程度。

（8）应急物流的社会公益性。在应急物流中，社会公共事业物流多于企业物流，因此经济效益的重要性位于社会效益之后。

5.1.2　应急物流系统的结构和职能

1. 应急物流系统的建立

应急物流的实施是一个系统工程，除了完善应急物流的基础保障外，还涉及应急物资的筹措与采购、储备与调度、运输与配送等，而这些工作需要一个机构来组织协调才能顺利完成。因此，有必要根据我国的政府结构和物流的运作流程，建立一个常设的、专业的应急物流指挥中心，专门用于救灾指挥工作，保障应急物流高效、顺利实施。所谓“应急物流指挥中心”，是指国家或地区在应对各种天灾人祸、重大险情或突发事故中，为做好救援物资的筹集、运输、调度、配送等工作而建立的一个特殊的物流指挥中心。

（1）应急物流指挥中心的特点。

①机构性质——政府工作机构。为了保证应急物流的顺利实施，应急物流指挥中心的运作必须依靠强有力的政府职权，因此在机构性质上应该是政府工作机构。它是政府救灾工作的一个执行机构，根据现代物流运作流程，依靠政策法规行使职能和开展工作，专门负责政府救灾物资的储存和运送。

②构成形式——信息网络中心和管理中心。由于自然灾害及公共突发事件的不确定性，应急物流指挥中心应该是一个适应性强、功能强大、反应灵敏的信息网络中心和管理中心。它根据国家的政策法规，组织众多普通商业物流中心、企业加盟，并通过覆盖于各加盟物流中心、企业的网络系统将其连接起来，依托政府公共信息平台，组成一个网络应急物流体系，实施信息发布和管理工作。

③工作职能——管理指导中心。在平时，应急物流指挥中心的工作主要是做好救灾物资的预测、预算，进行网络维护，全面了解各加盟物流中心、企业的情况，并建立供应商档案，了解可能用到的应急物资的生产、分布情况。在应急时，应急物流指挥中心根据有关政策和应急预案，紧急调用各加盟物流中心、企业的部分或全部设备、人员组建成一个现实的应急物流指挥中心投入应急救援工作。应急物流指挥中心总揽全局，各加盟的物流中心企业在其指挥下具体负责应急物资的筹措和运送工作。

（2）应急物流指挥中心的组织结构和职能。

应急物流指挥中心分为两部分：一是中心本部，二是各加盟的应急物流中心和企业。中心本部是应急物流指挥中心的核心，是灾害发生时组织各加盟物流中心进行生产运作的指挥机构。中心本部本身并不进行物资采购、储存、运输等具体业务，它主要负责根据收集来的信息，对各加盟物流中心的物资采购、储备、运输等方面进行指导工作，使整个应急体系高效有序运作。如图 5. 1 所示。

2. 应急物流系统的主要组成和职能

（1）应急物流系统领导机构。该领导机构负责应急物流系统平时和救灾时期的组织领

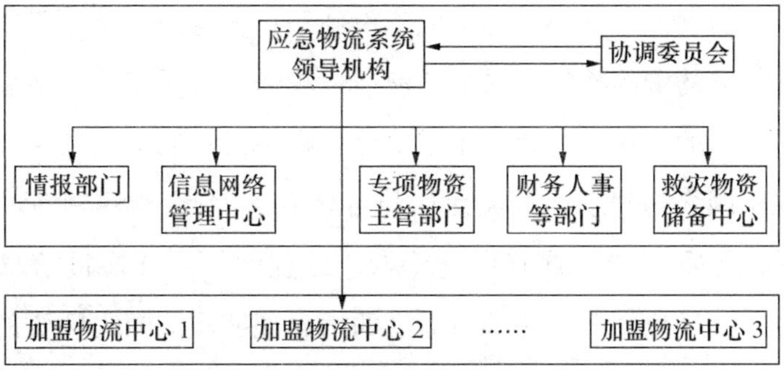

图 5.1　应急物流指挥中心组织结构

导工作；对上向主管其工作的政府部门和该地区政府领导负责并汇报工作，对下负责整个应急物流系统的组织管理工作，保证系统在平时及灾时的正常运转。

（2）协调委员会。协调委员会是应急物流系统平时、灾时工作的协调机构，也可起智囊团的作用，协助系统领导机构保持系统的高效运转。协调委员会成员由两部分组成：一是政府相关部门的领导成员。其职责是给系统提供各种有用信息，对系统工作进行协调，在必要时利用行政职权支持系统工作，保证系统平时和灾时的各项工作能顺利进行。二是各加盟物流中心、物流企业的领导人员。这些人对物流行业非常了解，是物流行业中的权威和专家。其职责是协助系统领导层进行决策，对各种应急方案进行审议，协助系统设计合理的运作流程，在救灾时期协助物资应急保障的协调工作。为了保证各加盟商业物流中心对系统工作的绝对支持和救灾时期物资应急保障的可靠性，各加盟物流中心、物流企业的领导必须是协调委员会的主要成员。

（3）情报部门。情报部门主要负责灾前、灾中、灾后的情报收集处理工作，长期与地震、气象、卫生防疫、环保等部门保持密切、广泛的联系，及时掌握各种自然灾害、公共卫生、生产事故、环境污染等方面的信息，并做出准确的分析判断，将信息提供给系统的信息管理中心和专项物资主管部门，以便提前做好相关物资的保障准备。

（4）信息网络管理中心。其负责信息管理、网络系统的构建维护工作。信息网络系统是应急物流系统的基础设施，是系统工作的基本平台，是系统运作高效、灵活、可靠的保证。应急物流系统通过该套网络系统与系统的各个部门、各个加盟的物流中心网络信息系统进行连接，以便专项物资主管部门了解各个物流公司的设备情况、人员情况、运营情况、运输能力、库房容量、主要业务等。在平时，信息网络管理中心与各物流公司建立密切的联系，掌握各公司动向，指导其完善应急设施等；在应急情况下，根据各物流公司的特点，合理安排好救灾物资的筹集、采购、流通、配送等各项工作。应急物流系统的网络管理系统的建设是工作的重点，应急物流系统能否在突发性的自然灾害和公共事件中发挥应有的作用，全在于网络管理系统的灵活性与可靠性。因此，网络管理系统除了有软件、硬件或网络的建设，更重要的是具有信息获取、处理的能力和通过信息调控业务的能力等。例如，根据地震、气象、卫生等部门提供的信息能够预测救灾物资的种类和数量情况的能力，掌握自身资源的信息以及形成优化解决方案的能力，监控流程的动态信息以进行实时调整的控制能力等。网络信息系统的优劣应该以上述能力为标准，以解决实际问题为标准。

（5）专项物资主管部门。其主要负责单项物资的预算、预测和筹备工作，可分为医药类、食品类、被装类等主管部门。在收到信息部门或者其他可靠来源的灾情信息之后，该部门指导相应的医药、食品、被装等物流中心预先做好应急物资的筹备、采购工作，以保证在灾情爆发或进入扩大阶段以前，便已有了充足的应急物资准备，可以在最短的时间内将应急物资送到灾区、灾民手中。

（6）各加盟物流中心、物流企业。加盟的物流中心是应急物流系统得以成功运作的基础，是应急物流系统各项保障业务的具体执行机构。平时，它们自主经营，进行正常的商业活动，并在应急物流中心的指导下，完善应急设施，制定应急方案，根据相应情况做好救灾物资的在库管理；灾害发生后，它们则在应急物流系统的领导指挥下做好应急物资保障工作。

（7）救灾物资储备中心。为了加强对自然灾害和重大事故的救助能力，许多省区市都建有救灾物资储备中心，专门用于储备救灾物资。救灾物资储备中心的建立，对于提高为重特大自然灾害和事故提供救灾物资紧急援助的能力，提高抗灾救灾水平，保障灾民的基本生活，维护社会的稳定，意义重大。作为一个综合性的应急物流系统，建立这样一个直属的物资储备中心是很重要的，也是很必要的。救灾物资储备中心的主要职能包括三方面：一是负责本地区（或上级代储）救灾物资采购、储存、调拨、使用、回收、维修、报废等环节管理工作；二是保障本地区紧急救灾物资按质按量供应；三是围绕救灾物资的储备功能，开展综合经营业务。根据这些职能，物资的储备具体包括三个层次：一是救灾物资的储存管理；二是协同应急物流中心做好救灾物资的调拨；三是救灾物资的使用和回收。

3. 应急物流的运作流程与管理

如图 5.2 所示，应急物流协调指挥中心下设采购、运输保障和物流中心管理等部门，并通过应急物流信息平台进行协调指挥，控制和管理各部门的作业。中心向各部门发送指令信息，同时各部门实时回馈信息，并且各部门间实现信息的双向传递。物资采购业务主要由采购部门负责，物资在途运输由运输保障部门负责，物资在物流中心的分拣、加工和包装由物流中心管理部门负责，物资配送由物流中心管理部门和运输保障部门共同负责。

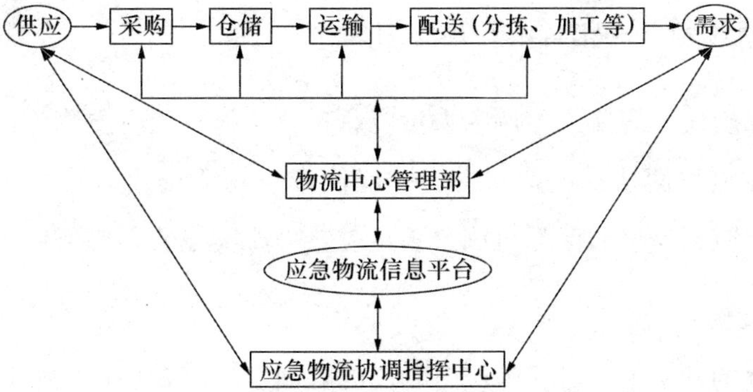

图 5.2　应急物流的运作流程

资料来源：郭海玲、李松："我国应急物流运作流程存在的问题与对策"，《综合运输》，2009 年第 6 期，第 41 ~ 44页。

4. 应急物流配送系统的构建

在应急物流体系中，应急物流的配送系统十分重要。历年来，我国的应急物资多是通过政府工作人员、救灾部队分发给群众的，不仅效率低，分发面窄，而且效果不尽如人意。因此，政府有必要通过以下几点来建立高效、发达的应急物流配送系统。

（1）政府可通过应急物流指挥中心，结合实际情况，整合现在的社会资源，联合配送行业内信誉好、价格合理的物流企业进行协同式配送；也可以通过大型物流企业已建立起来的供应链、连锁网络组织应急物资投放市场。

（2）在紧急情况下，政府可与军方联络救灾抢险事宜，以动用军用运输装备、军用运输专用路及相关设施，从而实现应急物资的快速配送。

（3）政府应大力扶持民营物流企业的发展，灾害发生时将民营物流企业纳入整个应急物流体系中，充分发挥社会物流的力量，提高应急物流配送的快速反应能力。

（4）在应对危机时，政府可根据应急工作的需要，通过行政力量和舆论召唤，动员人民群众参与应急工作，通过组织地方干部、民兵、部队、公安、志愿者、防疫人员、医务人员等多方面力量，以最快的速度将应急物资发放到受灾地区，以保证应急物流配送的速度和广度。

总之，“应急物流”在我国尚属新兴概念，我国的应急物流体系还很不完善，需要加强对建立应急物流体系的理论与实践的研究，不断完善应急物流理论，还需要积极学习先进国家的经验，以尽早建立高效、快速的应急物流体系与现代应急物流机制。

5.1.3 应急物流系统的保障机制构建

应急物流的实施往往需要紧急调动大量应急物资，只有使应急物流的流体充裕、载体畅通、流向正确、流程简洁、流速快捷，才能使应急物资快速、及时、准确地到达事发地。这就要求建立应急物流的保障机制，满足应急物流实施的必要条件。

1. 基础设施保障

物流基础设施的发展水平对保障应急物流的顺利实施起着关键的作用。物流基础设施包括通信系统、交通运输网络、物资储备设施和物流信息网络等。发达的通信系统可以在灾害发生前及时预警，使人们提前做好准备。坚固和发达的物资储备设施和交通运输网络可以保障物流网络通畅，使灾害发生后的救援物资迅速抵达灾区。建立高效的物流信息网络，对于应急物流的实施也是必要的。应急物流信息网络可以依托政府公共信息平台建立，使应急物资及时、准确地到达受灾地区，从而提高应急物流效率，及时、准确地发布灾害情况、运输及仓储的最新信息。一个反应快速和覆盖广泛的物流体系可以大幅度地提高应急物流的实施效率，尽量减少灾害造成的损失。

2. 政府协调机制

紧急状态下政府成功处理突发性自然灾害和公共事件的关键在于以下几点：政府对各种国际资源、国家资源、地区资源、地区周边资源的有效协调、动员和调用；及时提出解决应急事件的处理意见、措施或指示；组织筹措，调拨应急物资、应急救灾款项；根据需要，紧急动员相关生产单位生产应急抢险救灾物资；采取一切措施和办法协调、疏导或消除不利于灾害处理的人为因素和非人为障碍。政府协调机制可通过“突发性自然灾害和公共事件协调处理机构”来建立，国家可以通过法律、法规形式赋予这些机构特定的权力和资源，并建立从中央政府到地方政府的相应的专门机构、人员和运作系统。

3. 全民动员机制

动员是一项民众广泛参与，依靠民众的力量，实现特定社会发展目标的群众性运动。它以民众的需求为基础，以社会参与为原则，以自我完善为手段。应急物流中的全民动员机制，可通过传媒通信等技术手段，告知民众受灾的时间、地点，受灾的种类、范围，赈灾的困难与进展，民众参与赈灾的方式、途径等。这样，可以促使民众参与、关心赈灾事宜，调动民众的主观能动性，为赈灾献计献策；根据需要以有偿或无偿方式筹集应急物资或用于采购应急物资的应急款项；为实现快速应急物流提供各种方便；为赈灾提供必要的人力资源。

4. 法律保障机制

从世界范围来看，在应对突发性灾害的时候，国家相关法律法规起着重要的作用。一方面，相关法律法规可以保障特殊时期、特殊地点、特殊人群的秩序和公正；另一方面，可以规范普通民众和特殊人群在非常时期的权利与义务、可为与不可为。应急物流中的法律保障机制实际上是一种强制性动员机制，也是一种强制性保障机制。如在发生突发性自然灾害或公共卫生事件时，政府有权有偿或无偿征用民用建筑、工厂、交通运输线、车辆、物资等，以解救灾和赈灾一时之需。许多国家都制定了上述功能的法律法规，如美国的《国家紧急状态法》、俄罗斯的《联邦公民卫生流行病防疫法》、韩国的《传染病预防法》等。

5. “绿色通道”机制

在重大灾害发生及救灾赈灾时期，建立地区间、国际“绿色通道”机制，即建立并开通一条或者多条应急保障专用通道或程序，可有效简化作业周期并提高速度，以方便快捷的方式通过海关、机场、边防检查站、地区间检查站等，让应急物资、抢险救灾人员及时、准确地到达受灾地区，从而提高应急物流效率，缩短应急物流时间，最大限度地减少生命财产损失。“绿色通道”机制可通过国际组织（如国际红十字会）或相关国家政府、地区政府协议实现，也可通过与此相关的国际法、国家或地区制定的法律法规，对“绿色通道”的实施办法、实施步骤、实施时间、实施范围进行法律约束。

【开拓视野】 应急法律法规介绍

《国家紧急状态法》是美国联邦政府于 1976 年颁布的。该法对紧急状态的颁布程序、颁布方式、终止方式、紧急状态的期限以及紧急状态期间的权力做了规定。该法规定，当出现联邦法规规定的可宣布紧急状态的情况，联邦政府有权宣布全国进入紧急状态。在紧急状态期间，总统可以为行使其特别权力颁布一些法规。一旦紧急状态终止，这些法规将随之失效。

《中华人民共和国突发事件应对法》由中华人民共和国第十届全国人民代表大会常务委员会第二十九次会议于 2007 年 8 月 30 日通过，自 2007 年 11 月 1 日起施行。该法律共七章 70 条。

5.2 医药品的储备及应急药品体系

5.2.1 医药品的储备原则

通过对医药品的某些物理与化学特性以及时效性、运作便捷性等方面的研究，医药品的储备应该遵循以下原则。

1. 化学特性原则

例如，从化学角度容易产生化学反应的、名称容易被混淆的医药品种应分开存放。对用于特殊情况下的特殊药品或者对正常人体无益处的带有轻微毒性的药物，应该单独管理。

2. 物理特性原则

例如，对于危险品，应该严格按照《危险化学品安全管理条例》相关规定执行，并按照各种药品的危险程度等级来分级管理，以最大限度地保证此类药品的安全储存。对于会受压力影响的相关药品，在堆垛储存的情况下，应该定期对其进行调整，避免其因长时间受压造成损坏、失效。

3. 时效性原则

各种消费物品都有应用有效期，药品也不例外。对于具有不同有效期限的药品，在进行储存时应按照药品有效期长短，按批号依次专码堆放。

4. 科学管理原则

对于退货产品，应该根据退货产品的特殊性对其进行个别管理，查清退货原因，并及时纠正；在退货产品再次返回仓库时应该通过相关质检部门的认可，并且要将该药品的退货记录保存下来，以保证在以后对它的使用中能够把该因素考虑在内，从而让医师根据具体情况决定是否应用该药物。

药物的搬运、装卸、堆垛、流通过程应该按照各类药品的要求，按规定进行科学合理运作，减少因操作手段的不恰当造成的资源浪费。

【开拓视野】　药品储存条件的标准

1. 色标管理

为了有效控制药品储存质量，应对药品按其质量状态分区管理，必须对在库药品实行色标管理。

药品质量状态的色标区分标准为：合格药品——绿色；不合格药品——红色；质量状态不明确药品——黄色。

按照库房管理的实际需要，库房管理区域色标划分的统一标准是：待验药品库（或区）、退货药品库（或区）为黄色；合格药品库（或区）、中药饮片零货称取库（或区）、待发药品库（或区）为绿色；不合格药品库（或区）为红色。三色标牌以底色为准，防止出现色标混乱。

2. 搬运和堆垛要求

应严格遵守药品外包装图示标志的要求，规范操作。怕压药品应控制堆放高度，防止造成包装箱挤压变形。药品应按品种、批号相对集中堆放，并分开堆码，不同品种或同品种不同批号的药品不得混垛，防止发生错发、混发事故。

3. 药品堆垛距离

药品垛堆的距离要求为药品与墙、药品与屋顶（房梁）的间距不小于30厘米，与库房散热器或供暖管道的间距不小于30厘米，与地面的间距不小于10厘米。另外，仓间主通道宽度应不少于200厘米，辅通道宽度应不少于100厘米。

4. 分类储存管理

应有适宜药品分类管理的仓库，并按照药品的管理要求、用途、性状等进行分类储存。可储存于同一仓间，但应分开不同货位的药品有药品与食品及保健品类的非药品、内用药与外用药。应专库存放、不得与其他药品混存于同一仓间的药品有易串味的药品、中药材、中药饮片、特殊管理药品以及危险品等。

5. 温湿度条件

对每种药品，应根据药品标示的贮藏条件要求，分别储存于冷库（2℃～10℃）、阴凉库（20℃以下）或常温库（0℃～30℃）内，各库房的相对湿度均应保持在45%～75%。

所设的冷库、阴凉库及常温库所要求的温度范围，应以保证药品质量、符合药品规定的储存条件为原则。如经营标示为15℃～25℃储存的药品，就应当设置15℃～25℃恒温库。

6. 中药材、中药饮片储存

应根据中药材、中药饮片的性质设置相应的储存仓库，合理控制温湿度条件。对于易虫蛀、霉变、泛油、变色的品种，应设置密封、干燥、凉爽、洁净的库房；对于经营量较小且易变色、挥发及融化的品种，应配备避光、避热的储存设备，如冰箱、冷柜。

对于毒麻中药，应做到专人、专账、专库（或柜）、双锁保管。

5.2.2 我国的应急药品体系

我国于20世纪70年代制定了药品储备制度，并拨出专款，在国内修建了13个药品储备库用以防备突发事件的发生。随着药品的推广应用，药品的储备逐渐由原来单纯满足战备的需要扩大到了满足救灾、外援、流行性疾病救治等非常规突发事件的需要。在以往的各种突发事件中，药品储备发挥的关键作用使我国对这一领域更加重视，并着力促进其发展。例如在2003年SARS流行、2008年汶川地震、2010年玉树地震、2013年雅安地震、2020年新冠肺炎疫情等重大事件中，药品储备为之提供了充足的医药保障，为社会的和谐发展、国家的稳定、人民的幸福做出了巨大的贡献。我国要继续致力于该领域的理论、技术研究，以适应新型“战备”需要。

1. 我国的药品储备制度及相关规定

为维护人民的生命安全和身体健康，我国在 20 世纪 70 年代就建立了中央一级的国家药品储备制度，以保证在重大灾情、疫情及突发事件发生后对药品的紧急需求。20 世纪末，在中央统一政策、统一规划、统一组织实施的原则下，我国对原有的药品储备体制进行改革，建立了中央与地方两级药品储备制度，即动态储备有偿调用制度。随后，我国出台了《突发事件应对法》，制定了《国家突发公共事件总体应急预案》，并对国务院及各地方部门制定专项预案。应急药品的主要储备部门由原国家医药管理局管理变为国家发展和改革委员会管理。

中央与地方药品储备的方案和工作规则分别由各自对应的管理执行机构制定和实施。如中央的由国务院负责，而省、自治区、直辖市政府的由药品生产经营行业主管部门负责。各自对应的药品供给企业则是由相关主管部门指定的大型医药公司。中央和地方储备药品的品种和数量，则需要相关部门结合实际情况来确定。承担药品储备的企业，应根据药品的实际情况，实行品种控制、总量平衡、动态管理等科学的管理机制。

2. 我国应急药品体系的储备形式

（1）国家发展改革委指定国有医药企业储备。我国应急药品储备主管部门是国家发展改革委，它的主要工作是对全国药品储备工作进行指挥、协调。国家发展改革委和地方药品储备管理部门根据国有或国有控股的大型药品企业的 GSP 是否达标、企业规模、硬件设施等条件进行择优选择。

（2）医疗单位储备。医疗单位作为药品供应组织，与国有医药储备企业有着共同的目的，都是为发生灾情、疫情及突发事件时向灾区、疫区及突发事件现场所派出的医疗救助队提供紧急救助药品。相比宏观战略的医药储备而言，医疗单位有着独特的优势，比如在受灾本地或附近的医疗单位可以第一时间提供药物，从而为大批药品物资的到来做好铺垫。

3. 我国应急药品战略体系的供应体制

当发生一般的或者局部范围内的突发事件时，则由该突发事件所发生地点所属的行政地区或者临近的地区进行第一时间的应急物资供应。当突发事件影响范围在多省份时，可以通过以下程序来进行应对：先由本省份的药品储备机构进行供应；如果不能满足救灾需求，则按有偿调用原则，通过调用别的省份的医疗资源进行救助；如果此时还是不能满足救灾需求，则可向中央申请应急药品储备。如2003年SARS事件和2008年“5·12”汶川地震等一系列突发事件发生时，可直接申请调用中央药品储备。图5.3为中央和地方两级药品储备制度示意。

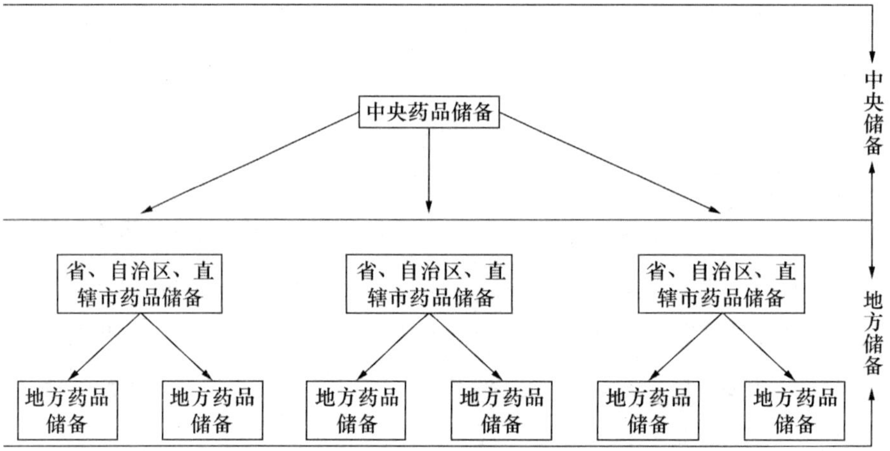

图5.3　中央和地方两级储备制度示意

中央药品储备是由政府相关部门进行统一调度指挥的，相关部门根据实际情况，对各地方药品储备企业发出药品调用通知，再根据各药品储备企业所处地理位置选择合适的运输方式将药品运送至受灾地区当地政府的救灾物资储备处。这里有专门的入库登记及拆分人员，以保证药品的分类摆放，方便药品的进一步配送。

4. 大规模药品短缺现象的解决对策

（1）调用市场流通药品。药品监管部门需随时了解本辖区内与药品流通相关的企业，对目前合法药品的各方面情况进行统计，并建立相应的科学合理的、系统的应急保障网络，以保证在发生大规模药物短缺的情况下，能够及时地进行药品供应，尽量降低因药品短缺所带来的损失。

（2）社会捐助。在突发事件影响下，药品监督部门应该与社会各医疗机构保持沟通，鼓励其为灾难事件贡献自己的力量。并由监管部门组织开辟绿色安全监测通道，确保捐赠的药物质量合格、安全可靠。对于捐赠的药品，应该统一实行一系列的检测、监督与管理，确保来自社会的每一剂药都能够用到实处。

（3）医院制剂的紧急调配。一般情况下，医院制剂的生产应用仅限于医院内部，很少用于各式各样的社会救助。然而在灾难突发时期，为了最大限度地缓解受灾者身体的痛苦，药品监督管理部门允许部分医院制剂的临时大量生产与应用。如肾上腺素、多巴胺等抗休克药品就在救灾治疗中发挥着重要作用，这也从侧面反映了突发事件情况下药品管理的特殊性。

（4）简化药品审批程序。针对国内短缺的特殊应急药品，国家药品监管部门应组织人员进行研发和生产，加快该种药品在我国医疗体系中的成熟应用。对突发事件所需的紧急药品，海关应特殊对待，优先处理。对特殊应急药品的研发和生产，国家药品监督管理局应该对其进行快速审批，尽可能简化不必要的形式化程序，以使该药品最大限度地投入实际应用。

5.2.3 应急药品物流的选址

在突发事件管理中，应急的物流选址具有十分重要的地位。应急物流的选址不仅与费用相关，还直接影响灾害发生时应急救援工作的进行，合理选址利于应急救援的快速响应。因此，为了合理地进行应急物流布局，对应急物流选址的相关因素进行考虑是十分必要的。

在国家药品战略储备体系中，药品储备库的建设数量和建设地点直接影响着整个储备体系的保障能力和运营成本。药品储备库一般设在大型的医药公司或其流通企业，而医药企业的性质要求储备库的建设位置要靠近市场以降低日常流通成本，并且某些药品的易腐性也要求储备库采用合理的库存策略进行轮换更新，以保证库存质量并降低运营成本。与一般物流中心等设施的选址不同，应急物资储备设施的选址不仅需要考虑设施的建设位置，而且要考虑设施的库存控制问题，因此必须把选址和库存这两个关键问题进行集成优化。

随着应急物流越来越受到人们的重视，应急物流的选址问题也逐渐受到人们关注。应急物流的选址应考虑以下几个因素。

1. 人口因素

应急物流的选址与一般选址考虑的对象是不同的，应急物流的选址考虑的是受灾区域的人民，而人口特性，包括人口密度、人口组成、经济发展水平等，会成为应急物流选址所要考虑的因素。不同的区域，人口因素不同，应急物流的选址要考虑的因素也一定不同。

2. 灾害因素

不同类型的灾害对于物资的需求是不同的，同时同类型灾害的危害程度不同对物资的需求也不同，因此应急物流的选址要考虑的因素也会不同。因此，了解各地区的历史灾害情况是必不可少的，可以通过对历史数据的分析得出各地区灾害的特点，从而做出合适的选址决策。

3. 交通因素

运输工具及应急设施所在地区的交通状况也会影响应急物资的运行情况，它对应急物资的配送时间产生一定影响。因此，交通因素也是应急物流的选址应当考虑到的。

4. 时间因素

应急物流体现在一个“急”字上，时间是应急物流最重要的因素，应急救援只有快速展开才能在一定时间内将损失降到最低。

5. 容量因素

容量因素既包括应急设施中存储物资的数量，也包括运输网络中可以承受的流量。应急物资数量过多则会造成浪费，过少则会对救援工作造成影响，需要在两者之间找到平衡。

6. 成本因素

虽然在应急物流中成本因素不是考虑的主要对象，但由于应急物资是在突发事件未发生时就存储在应急设施中，这需要一定的费用。同时，其日常的维护也是需要费用的，这些费用还可能会比较大，并且如果灾害发生的概率比较小，就可能使得应急物资一直处于未被使用的状态，使用率太低。虽然万一灾害发生，这些应急物资能用于救援，一切花费是值得的，但是这些物资若不合理利用，也是对社会资源的浪费。因此，应将成本因素考虑进去。

5.3　应急药品储备和调度

5.3.1　应急药品储备物流体系的主体

1. 药品储备物流的销售商

销售商的存在决定了药品储备网络是否能够真实有效地开展，所以，这个因素在药品储备环节中是非常重要的。药品的销售多数情况下是网络销售，销售商与供应商、消费者之间存在着密切的联系，还起到承上启下的作用。首先，销售商与生产商之间有密切的联系，销售商通过生产商获得相应的药品，并且保证自身的药品储备充足；其次，销售商与消费者也有密切的联系，销售商将储备的药品销售给消费者，使消费者及时获得需要的药品。销售商将生产商与消费者联系在一起，从而构成了一条完整的销售链，所以，销售商在药品储备环节中是非常重要的一个因素。

2. 药品储备物流的消费者

消费者也对药品的销售起到重要的作用，有了消费者，才能使生产形成一条完整的产业链。消费者是这条产业链的一端，他们对药品的需求决定了生产商的药品生产总量，也促进了销售商对药品的销售。我国在完善药品网络销售体系的过程中，需要考虑众多的因素，尤其需要优先考虑的是药品的需求者情况以及对各（不同）类型药品需求量的比重。了解这两个因素的具体情况，可以使供应商按照需求去生产、销售商按照需求去提供，从而促进产业链更好地协调发展。消费者既是应急药品的需求者，又是应急药品物流体系的组成部分，还是应急药品物流网络实现的最终目标。

3. 应急药品物流提供中心

应急药品物流提供中心的作用不容小视，在整个应急物流网络体系中发挥着不可替代的作用。应急药品物流提供中心提供的药品种类、数量等都是按照需求量来计算的，该中心是应急物流的主要提供者，具有强大的协调能力和运作能力。在应急过程中，如果能够充分发挥应急药品物流提供中心的作用，则可以减少物流的总成本，为国家减少不必要的经济开支，同时也使应急药品网络达到最优的状态，并减少药品的运作风险。目前我国的经济水平和医疗发展水平，已经具备成立多个应急药品物流提供中心的能力，但是就目前而言，我国还没有采取相关的行动，所以需要逐步去完善各方面的工作，成立多个应急药品物流提供中心，以确保灾难来临之时对灾区药品的供给充足、及时。

5.3.2 运用现代物流对应急药品储备管理优化

汶川地震后，各省、区、市吸取汶川地震中应急物资储备短缺的教训，都在积极筹建物资储备库或物资储备中心。但是物资储备库的建设必须避免盲目兴建，应将应急物资储备库的建设作为提高应急物流响应速度的重要组成部分，运用先进的物流管理经验对应急药品物资储备库进行设计和规划。在物资储备库的运营中，也必须进行科学的组织和管理。

1. 物资储备网络开放化

首先，除以省级储备物资作为主体外，各市（县、区）也应结合本区域的灾种、气候、生活习惯等特点，分级储备适合本地需要的应急药品物资，以对省级应急物资储备进行补充，最大限度地满足灾民的需要。省级储备库应建立适合本省份特点的紧急救援物资储备机制，储备物资的数量、品种依据各省份的特点而定；储备物资的来源主要是集中采购，也可以从社会捐赠品中预留，始终需保持一定的储量，但同时需要明确资金来源，以确保对储备物资随调随补，不能空档。其次，建立储备物资的社会动员机制。对不易存储的一般药品，可采取与生产厂家签订协议协同储存的方式。再次，可以参照日本、德国等国的做法，政府、社会机构（如协会、企业联盟等）和企业共同承担国家储备任务。除政府建立储备库外，对部分药品采取立法强制或通过向企业提供低息甚至贴息贷款等方式，促使和鼓励企业进行储备。

2. 管理制度精细化

必须改变以往应急药品物资管理粗放的状态，在管理中借鉴现代商业物流发展的先进成果，对应急药品物资储备管理制度进行改革。首先，可以对各类应急药品的储备进行科学的分类，实现分类管理。例如，日本的应急物资管理已经充分利用了现代商业的物流发展成果，根据应急物资的性质分送不同的仓库：对社会捐赠灾区的必需物资，经过交叉台（crossdocking）分类后直送灾民点；对社会捐赠的非必需物资或超过灾区需要的物资，则送到储存仓库，留待日后使用。其次，对于入库的应急物资，必须事先定期盘点，根据灾情预测及时对物资的存量进行调整。再次，建立应急物资储备数据库，实现仓储标准化，以及应急物资库存、调运的计算机管理。最后，对于应急物资的来源和流向要进行记录，回收的应急物资除了要进行正常的清洗、消毒外，还要联系厂商或技术人员对物资进行修复，发挥应急物资的最大效用。

3. 物资供应协同化

在各级应急药品物资储备系统中，应用现代的供应链管理技术降低应急物资的储备成本，发挥最大的救灾效益也是一个亟待解决的问题。尽管应急物资供应链与一般商业供应链有很大不同，如物资储备库的管理不以经济效益而以社会效益为最大目标，不以节约成本而以最快反应为评价标准，但是这并不影响在应急物资储备库的管理上采用商业供应链的一些先进成果。

4. 物资管理信息化

由于储备物资的检测计量手段对技术要求较高，投入经费巨大，储备部门落实储备计划、实施储备管理时，往往只注重物资的日常收发及质量管理，缺乏对储备物资的随时监控，致使储备物资的数量、质量及适用性无法及时得到反映，制约了库存物资的信息采集和部门之间的信息共享。解决物资储备管理在信息流方面的问题，要积极开发研制信息系统，形成一个储备数据网上传递、储备现状动态反映、储备信息网上查询、保障能力准确评估、上下联动的储备物资管理信息系统。

5. 物资流通高效化

在突发事件尤其是大型突发事件发生后，应急管理部门要在物资储备库之外设立捐赠物资的处理网点以及应急物资配送网点，网点的设计要充分考虑物流的便捷性，提高物资流通的效率。以美国为例，美国根据物资流通量的大小，将这种网点分为三类，并在立法中明确了各种临时物资储备站点和接收站点所需要的基本设施。以法律形式对物资储备站点的设施加以规定，一方面可以使建立临时物资储备站点有据可循，另一方面保证了物资储备库的物流资源充足，加快应急物资的流转。

6. 仓储设施现代化

未来应急物资储备库建设需要走由平面库到高层库再到立体库发展的道路，由水平存储物资发展为立体存储物资。当前，应急物资储备库建设的一般是平面库房，存在库容空间小、器材存放方式原始、作业手段和管理方式落后、效率低等缺点。自动化立体库房则采用先进的堆垛、出入库输送和货架等设备，运用现代库存控制技术，建立信息管理系统，通过计算机的控制实现整个作业活动的自动化，既充分利用了库容空间，又适应了作业机械化、自动化的需要，提高了工作效率。

7. 物资保管科学化

首先，争取财政部门的支持，增加资金投入。采取政府招标采购的办法，充实储备物资，丰富物资种类，将急需的应急物资储备到位，进一步发挥其救灾功能。其次，提高快速接收和处置社会捐赠物资的能力。在一定行政区域内，以应急物资储备库为中心，以救灾捐赠物资接收站为基点，形成快速的救灾捐赠物资接收网络，搭建经常性社会捐赠物资接收的平台，提高物资的接收、分类、清洗、消毒、包装等能力。

5.3.3 应急药品调度

在国家药品战略储备体系建成后，一旦发生大规模自然灾害或公共突发事件，需要调配应急药品，国家药品储备体系应在规定的时限内将所需药品足量运抵受灾地区，以保证灾后救援的顺利进行。根据药品储备库的建设位置和数量，以及受灾地区实际需求点的数量、距离储备库的远近、交通设施条件以及药品需求的紧急程度，药品调配应在满足时间要求的前提下尽量降低成本，以保证调配的时效性和经济性。若灾区处在较偏远地区，药品在调配过程中很可能无法实现储备库对灾区需求点的点对点的直配运输，而是需要进行中途中转。在现有的应急保障体系下，一般应急物资需要在受灾地区所在省份的省会城市或周边较大的城市进行中转集散，这种方式相对点对点直配耗时较长。

课后思考

1. 简述应急物流的概念、分类及特点。
2. 简述药品的储备原则及供应模式。

3. 简述应急物流选址考虑的因素。

4. 简述应急药品储备优化管理的措施。

案例分析

药品储备应急物流体系中的主体作用①

频现的大规模的自然灾害使我国经济遭受巨大损失，人民的生命在自然灾害面前变得非常脆弱，所以建立并完善药品储备和药品应急物流体系是十分有必要的。药品储备应急物流体系的主体主要包括三大部分。

一是药品储备物流的销售商。销售商的存在决定了药品储备物流是否能够真实有效地开展，在药品储备环节中具有重要作用。药品的销售商与供应商、消费者之间存在着密切的联系，还起到承上启下的作用。首先，销售商与生产商之间有联系，它通过生产商获得相应的药品，并且保证自身的药品储备充足。生产商为销售商提供了药品源。其次，销售商与消费者也有密切的联系，它将储备的药品销售给消费者，使消费者及时获得需要的药品。可见，销售商将生产商与消费者迅速地联系在一起，构成了一个完整的销售链。

二是药品储备物流的消费者。消费者对药品的销售起到重要的作用，有了消费者，才能使生产形成一个完整的产业链。消费者是这条产业链的一端，伴随灾难等程度的不同，他们对药品的需求程度也有所差异，他们的存在决定了生产商生产药品的总量，也促进销售商销售药品。我国在完善药品网络销售体系的过程中，需要考虑众多的因素，尤其需要优先考虑药品需求者的情况以及对类型药品需求量的比重，通过了解这两个因素的具体情况，使供应商按照需求去生产、销售商按照需求去提供，从而促进产业链的更好协调。消费者既是应急药品的需求者，又是药品应急物流体系的组成部分，还是药品应急物流网络实现的最终目标。

三是药品的应急物流中心。药品应急物流中心在整个应急物流网络体系中发挥着不可替代的作用。作为药品应急物流中心，提供的药品种类、数量等都是按照需求量来计算

① 资料来源：孙雪阁："药品储备应急物流研究"，《商场现代化》2014 年第 23 期。

的，它是应急物流的主要提供者，具有强大的协调能力和运作能力。在应急过程中，如果能够充分发挥药品物流中心的作用，则可以减少物流的总成本，为国家减少不必要的经济开支，同时使药品应急网络达到最优的状态，还可以减少药品的运作风险。所以，我国需要逐步建立并完善多个药品提供中心，确保灾难来临之时对灾区的药品供给充足、及时。

思考题

1. 简述我国药品储备应急物流体系中三大主体的作用及相互关系。
2. 如何完善我国药品储备应急物流体系建设？

第6章 药品零售企业选址

学习重点及要点

1. 药品零售企业的概念
2. 药品零售企业选址的意义与策略
3. 市场调查的主要内容和方法
4. 药品零售企业开发区域选择的方法
5. 商圈调查的内容
6. 药品零售企业店址选择的策略

案例导读

健之佳与一心堂选址的博弈

云南健之佳健康连锁店股份有限公司（以下简称健之佳）与云南鸿翔一心堂药业股份有限公司（以下简称一心堂）是云南省连锁经营的两大药品零售企业。健之佳成立于1998年，截至2009年1月公司旗下拥有574家零售连锁分店，2009年全年实现销售6.2亿元。一心堂始创于1981年，截至2010年6月，一心堂旗下直营连锁药店仅在云南省就有1252家，公司总资产达7.5亿元。在云南省的各个大中城市的大街小巷，健之佳与一心堂的连锁店经常集中在一起，不是隔街相望就是紧挨为邻。

基于博弈论的视角，将两家公司设为甲方与乙方，此时甲方是不会偏离中点的，因为偏离的话，己方收益减少，而对方收益增加。同样，乙方也不会偏离中点，它们都会选址在线性城市的中点。也就是说，甲、乙双方博弈的结果是它们会把位置选择在同一地点，并且是线性城市的中点，任何一方都不会偏离这个位置。

但是，健之佳与一心堂两大零售药店在对社会有贡献的同时，其经营点的选择对于社会整体来说并不是最优的。基于帕累托最优的地址选择分析结果是，两家药店最应该选择分别位于线性城市的1/4与3/4的位置，这样，消费者的交通成本最低，而且甲、乙争取到的消费者相等，即各为城市居民的一半。

资料来源：张利军、王瑞新："健之佳与一心堂选址博弈分析"，《红河学院学报》2012年第8期。

6.1 药品零售企业概述

6.1.1 药品零售企业的概念与形式

1. 药品零售企业的概念

《中华人民共和国药品管理法实施条例》中对"药品零售企业"的定义是"指将购进的商品直接销售给消费者的药品经营企业"。也就是说，药品零售企业是指从事药品零售活动，将药品和服务出售给最终消费者的一种商业企业。日常生活中，人们习惯把药品零售企业称为"单体药店"，把药品零售连锁企业称为"连锁药店"。

2. 中国药品零售企业的形式

（1）国有药店。国有药店多数是由原国有大型医药公司转换而来。在计划经济时代，各级医药管理部门兼有管理市场和经营的双重职能。后来随着国家鼓励开办零售连锁药店政策的出台，许多公司将原有的零售业务进行新的整合，转换为连锁药店，成为我国医药零售业的主体。北京的金象大药房就是国有药店转换为连锁药店的代表之一。

（2）民营企业。看到医药市场的未来发展，民营制药企业或其他民营资本投资加入药品零售业，特别是药品零售连锁服务业中。海王生物、复兴实业等均为其中的代表者。

（3）中药制药企业。包括同仁堂、九芝堂、桐君阁等老字号中药企业，其传统经营方式本是前店后厂形式，但随着市场的变化，目前多数已转为零售连锁药店经营方式。

规模过小是我国医药零售企业的主要特征。这个规模包括企业的销售额，也包括企业的资本规模。而且，由于医药商业企业融资渠道单一，主要资金依靠的是银行贷款，还贷负担重，使得企业缺乏发展动力，难以参与国际市场竞争。

【开拓视野】 我国医药零售连锁行业持续整合，头部企业优势有望更加集中

近年来，我国医药零售连锁行业持续进行整合，逐步强化内部结构性调整，零售药店门店数量增长速度连年下降。2018 年，全国药品零售市场规模达到 4002 亿元，同比增长 7.5%，增速同比略有下降。值得关注的是，百强连锁企业平均拥有门店数量仍保持高速上升趋势，同比增速达 26.9%，2018 年已达 913 家之多，接近行业平均数的 23 倍。连锁龙头公司的强者恒强效应近几年已经持续显现，行业头尾效应更加严重，进一步促进医药零售资源的整合。截至 2018 年 11 月底，全国共有零售连锁企业门店 25.5 万家，零售药店 23.4 万家。随着结构性调整的不断深入，头部企业优势有望更加集中。

1. 药店连锁化率不断提升

我国零售药店门店数量增长速度持续下降。据《中国药店》和中信证券研究部数据（下同），2018 年，我国零售药店门店数量小幅增长至 46.3 万家左右，同比增长仅 2.03%，整体门店数量增长速度已经连续 4 年下降，这也预示着该行业已经连续多年进行门店的结构性调整。同时，我国零售药店店均服务人口逐渐趋于平稳，近 5 年维持在平均约 3100 人。

2. 龙头连锁公司仍有很大增长空间

数据显示，我国连锁药店百强企业近 5 年销售额复合增长率达到 14.67%，远高于近 5 年行业平均约 9.54% 的复合增速，体现出零售药店行业头部公司的优势效应。但截至 2018 年底，百强连锁企业的销售额占比达到约 45.33%，十强企业占比达到 21.58%，头部效应仍然没有呈现出绝对的份额优势，这意味着龙头连锁企业仍有很大增长空间。

2018 年，药店行业平均同店销售增长率为 12.13%，相比 2014 年的 15.34% 下降明显，主要是由于随着连锁化率提升，新开单体药店尤其是小规模门店数量大幅减少，再结合电商在计生用品和器械领域的分流，同店增长速度出现放缓。但从近 4 年数据来看，同店销售增长率逐渐稳定在 12% 左右，预计大型连锁龙头公司同店增长速度始终大幅优于行业平均增长速度。

资料来源：田加强、陈竹："我国医药零售连锁行业持续整合"，《中国医药报》2019 年 11 月 5 日。有删改。

6.1.2 药品零售企业的活动

药品零售企业的活动是指药品零售企业的商业性活动，即将药品和服务出售给消费者进而使药品和服务的价值得到实现的商业活动。这一活动内容丰富，主要包括以下几个方面。

（1）筛选和组合药品。为适应消费者药品需求多样、交易规模小和交易频率高的特点，药品零售企业必须为消费者筛选出种类众多的药品，并对货位布局、品牌、规格和价格等进行组合，以方便消费者购买，使消费者在一个营业场所内有充分的选购余地。

（2）分装和整理药品。医药生产企业和批发商在向药品零售企业发运其所采购的药品时，为了降低运输成本，总是将整箱、整盒或整包的大包装药品运输给药品零售企业。但消费者每次购买的数量较少，所以为适应消费者需求及购买特点，药品零售企业必须将整箱、整盒或整包的药品拆开、整理，才能零售出去。

（3）仓储和养护药品。药品零售企业从医药生产企业批量购进药品，但药品只能零散销售，因为消费者大多时候是需要用药时才购买，并且习惯零星购买，对于不常用的药品，消费者不愿意多买，以免失效。为了保证消费者在需要时能够买到药品，药品零售企业一般要存储一定数量的药品。药品的储存量要保证其既不会脱销，又不至于积压造成损耗，其具体储存量要视市场的状况来定。

（4）提供零售服务。提供零售服务是药品零售企业在药品销售过程中不可或缺的活动。由于药品的同质化，药品的品种和价格优势在市场竞争中日益弱化，药品零售企业之间的业务竞争优势大多反映在提供零售服务上。因此，药品零售企业在药品销售过程中要特别重视向消费者提供优质的零售服务，为消费者购买和使用药品提供方便，如营造良好的购物环境、完善设施货位指示图、无理由退换、向消费者提供药品信息等服务。提供优质零售服务已成为药品零售企业竞争的有力武器，谁在医药零售服务活动中被消费者认可，并成为一种品牌优势，谁就能赢得消费者。

（5）销售药品。药品零售企业的一切活动都是围绕着销售药品这个中心进行的，药品零售企业不是药品的制造者，它所购进的药品不是为自己使用，而是为了再卖出。显然，销售药品是药品零售企业所有活动中最为关键的一环。前面列出的药品零售企业为消费者提供药品组合、仓储保管药品和提供零售服务都是销售药品的基础性活动，药品销售不出去，上述活动即毫无意义。因此，药品零售企业从采购药品开始就必须考虑到该药品是否能快速地销售出去，是否盈利。药品零售企业只有通过向消费者提供药品组合、仓储保管、提供零售服务和促销等活动，才能被市场认可，才能得到顾客的认同和接受。同时，药品零售企业为卖而买，顺利实现“买是为了卖”的良性循环，使其药品和服务也顺利实现价值和使用价值。

6.2　药品零售企业选址的意义与策略

6.2.1　药品零售企业选址的意义

药品零售企业的成败很大程度上取决于店址的选择，因而专家们通常将药品零售业称为“选址的产业”。药品零售企业的正确选址不仅是其成功的先决条件，而且是实现药品零售企业经营标准化（Standardization）、专业化（Specialization）、简单化（Simplification）（“3S”原则）的前提条件和基础。

在西方国家，零售店的开设地点被视为开业前所需要的三大主要资源之一。因为特定的开设地点决定了零售店可以吸引有限距离或地区的潜在顾客的多少，这也决定了零售店可以获得销售收入的高低，从而反映出开设地点作为一种资源的价值大小。一旦错误地选择了店址，短期内几乎无法更正。它不像其他方面的缺陷，如商品种类、商品定价、服务策略、营销行为等，都较容易得到弥补和更正。国际上成功的药品零售企业无不将选址策略视为企业的核心竞争力之一。因此，店址的选择在企业的发展过程中成为一个重要的环节，选得好，能给企业带来持久的竞争优势；选得不好，则会给企业带来沉重的包袱。

1. 店址的选择是一项很大的、长期性的投资

店址的选择关系到企业的发展前途，药品零售企业的店址不管是租借的还是购买的，一旦确定，就需要大量的资金投入来营建。当外部环境发生改变时，它不能像人、财、物等经营要素那样做相应的调整，它具有长期性、固定性等特点。因此，企业选址时要深入调查，周密思考，妥善规划。

2. 店址是药品零售企业确定经营目标和制定经营策略的重要依据

不同的地区有不同的社会环境、地理环境、人口状况、交通条件、市政规划等特点，它们分别制约其所在地区的零售店顾客的来源以及零售店对经营商品的品类、价格、促销活动的选择。所以，企业经营者在确定经营目标和制定经营策略时，必须考虑店址所在地区的特点，以确保经营策略的可行性和经营目标的可实现性。

3. 店址选择是否得当，是药品销售企业获得经济效益的重要因素

药品零售企业的店址选择得当，就意味着其享有优越的“地利”优势。尤其在同行业商店之间，如果在规模、商品构成、经营服务水平基本相同的情况下，有“地利”优势的商店更有利于获得较好的经济效益。所以，药品零售企业在分析经济效益时，必须注意店址的影响效果。

6.2.2 药品零售企业选址的策略

1. 紧临医院选址

紧临医院应该是药品零售企业选址所考虑的因素中最重要的一个，紧临医院的药店在目标顾客流量方面、在争取医生处方药方面都有较大的竞争优势。例如北京同仁堂医院，其两公里辐射范围内就聚集着同仁堂药店、国大药房连锁有限公司、金象大药店、京隆堂大药房、北京民康平堂大药房等众多药店。

2. 大型商场选址

大型商场选址一般有两种情况，一种是紧临商场，另一种是租用商场铺面。由于既可以借用大型商场的大客流量，又可以与大型商场相辅相成，满足消费者的多元需求，因此许多看到商机的连锁药店积极进驻商场。例如，桐君阁在重庆市渝中区开设的门店中，有20%就开设在新世纪大型超市内。

3. 繁华商圈选址

例如，在车站或商业街等地开设店铺，这些地段人流量与客流量大，消费集中度高，购买力强，有助于提高店铺的经营业绩。但是由于这些地段的房租也都很高，会增加经营成本，因此要认真核算后再决定。

4. 社区选址

社区已成为商业社会的重要单元，其顾客相对稳定、集中，有利于通过提供针对性、亲和力强的服务培养长期顾客群。

5. 空白地点选址

在空白地点选址，实质就是在既没有竞争对手，又有医疗保健市场需求的地点选址，在这种地点选址的关键在于对当地人群真实需求的把握。比如，在一些城乡结合部、乡镇选址等。

6.2.3　药品零售企业选址的步骤

药品零售企业特别是作为零售主体形式的连锁经营门店在选址时一般有以下三个步骤。

首先是区域的选择。许多药品零售企业会开设地域集中型的分店，以提高知名度，降低运营、管理、配送成本，增强竞争优势等。

其次是商圈的选择。是选择繁华商圈，还是选择有发展潜力的乡镇或城乡结合部，需要在把握当地人群真实需求的基础上进行分析判断。

再次是地点的选择。地点的选择有以下标准：一是识别度高，顾客要很容易找到。二是便利度高，精确计算顾客要步行多长时间能够到达。在老龄化社会到来的今天，更要考虑老年人就近购买的需求。三是经营效益问题等。

6.3　市场调查与药品零售企业开发区域的选择

6.3.1　市场调查

对于零售企业来说，门店的开发是极其重要的，尤其是医药类企业的零售店，它在很大程度上决定着企业是否能获取经济效益。在门店开发之前，首先需要评估和确定拟进入的市场区域。选择正确的市场区域的前提是进行市场调查，在分析总结大量调查资料的基础上，结合门店本身的开发计划综合判断后，才能最终确定要进入的市场区域。

零售企业在开发门店之前要进行充分的市场调查，其必要性主要体现在以下三个方面。

其一，零售企业要通过市场调查分析门店开发的可能性。其内容包括零售企业本身的资本扩张确认，零售企业所处的业态是否具有扩张的潜力等。

其二，零售企业的开发规划要在多方位市场调查的基础上制订。

其三，零售企业要对所开发区域的城市类型、居民消费结构、市场饱和状态等做详尽的调查评估，然后结合自身的开发计划确定开发市场的区域。

1. 市场调查的目的

（1）设定门店开发范围。了解拟开发区域的环境，包括区域内同业分布情况、周围居住人口以及本门店能吸引多大范围内的居民、居民购药的频率等。

（2）估算新门店开张后的营业额，尤其是新开张第一年的营业额。

（3）调查区域内可能消费对象的情况。通过对区域内顾客的年龄、收入、职业以及人流、车流等的调查，评估其消费的特点，以此为依据设计新开门店的模式。

（4）对竞争行业的调查。根据对同行竞争门店实力的调查，决定本店的经营特点。

（5）预测投资回收的可能性。依据资料分析与实地考察的结果，来预测新开门店投资回收的时间等。

2. 市场调查的方法

市场调查的方法多种多样，按照搜集市场情报的形式，可分为资料分析法和实地调查法。药品零售企业根据这些方法将获得的信息进行分析、判断，决定自己的门店选址以及新门店开发的方针与构建模式。

（1）资料分析法。它是指将市场调查的资料加以分析、处理和评估的方法。

资料可分为内部资料和外部资料两种。内部资料主要指本企业以往收集到的资料，通过分析内部资料可以获得多种情报，比如哪些商品是最受消费者欢迎的，以此作为未来开发产品的参考。所以，内部资料是最有效的资料。外部资料包括政府机关发布的统计资料、业界和团体资料以及新闻媒介报道等。由于外部资料相当繁杂，因此必须仔细整理、分类，才可以提取出有效的信息。外部资料配合内部资料与实际调查的结果，才可提高情报的准确度。

（2）实地调查法。它是一种直接调查法，即深入现场调查市场现状的方法。它能收集到直观、具体、真实的一手资料。

表6－1、表6－2分别为安盛管理顾问AMC数据库中的顾客调查与竞争店调查的形势分析表。通过对比，我们可以发现它们各自具有独特的优势。

表 6－1　　顾客调查形势分析

调查项目	调查对象	调查目的	调查方法	调查内容	调查优缺点
顾客购物倾向调查	学校或家庭	了解各居住地住户的年龄、职业、收入水平、所购商品类别、购买倾向，目的是调查可能的商圈范围	采用邮寄问卷或直接访问的方式，也可以根据居住地点进行家庭抽样调查	居住地名、家庭构成、户主、年龄、职业、所购商品类别、购物倾向	容易比较各居住地住户的购物倾向和对设店预定地的评估，但调查费用较高
顾客购物动向调查	设店预定地的通行人流或连锁店主力顾客	了解设店预定地的实际消费动向	在设店预定地采取面谈方式，按一定时间间隔对通行行人进行抽样调查，时间以 10 分钟为佳	居住地、年龄、职业、上街目的、使用的交通工具、上街频率、对各类商品的购买动向	调查费用较低，但难以把握居住地和设店预定地之间的购物关联性
顾客流量调查	在不同的时间段通过设店预定地的行人总数	在设店预定地分日期、分时间段对人流量进行调查，作为确立营业体制的参考	实地调查	通过调查地点的男性、女性（包括儿童、青年、中年、老年）的人数	调查费用较低，所需时间较长，要分不同时间段进行调查

表 6－2　　竞争店调查形势分析

调查项目	调查对象	调查目的	调查方法
竞争店营业场所构成调查	设店预定地所在商圈内的竞争店，调查其主力销售场所及特定销售场所	调查竞争店的楼层构成，作为新店楼层构成的参考	销售人员与销售促进人员共同进行，针对竞争店的营业面积、营业场所、销售体制进行调查，以便共同研讨
竞争店商品构成调查	设店预定地所在商圈内的竞争店，调查其主力销售场所及特定销售场所，着重对主力商品进行更深入的调查	在调查竞争店营业场所构成的基础上，对商品构成细目进行调查，作为新店商品类别构成的参考	在主力商品的调查方面，由销售人员、采购人员和销售促进人员共同进行，着重对商品进行调查

续表

调查项目	调查对象	调查目的	调查方法
竞争店价格线调查	设店预定地所在商圈内的竞争店，调查其主力销售场所及特定销售场所，对其常备商品及营业额或毛利额在一定水平以上的商品进行调查	对常备商品的价格线与价值进行调查，作为新店的参考	采购人员和销售人员共同进行，对陈列商品的价格、数量进行调查，尤其是对逢年过节繁忙期间的种种调查更为必要
竞争店出入顾客人数调查	出入竞争店且年龄在16岁以上的顾客	调查出入竞争店的顾客人数，作为确立新店营业体制的参考	与顾客流量调查同时进行，以了解各时间段、各日期出入竞争店的顾客人数，尤其主要调查特殊日期或各楼层的客流量

3. 市场调查的内容

零售企业开发市场调查的内容主要包括企业自身状况的确认、设店预定城市的环境调查、竞争店情况调查和消费市场状况调查四个方面。

（1）零售企业开发前的自我调查。

零售企业开发前企业自身实力的调查主要从企业本身的经营资源确认与企业扩张业态的确认两方面进行。

①经营资源的确认。经营资源主要包括企业的人、财、物三个方面。门店开发要合理分配企业的经营资源，特别是扩张资金的来源，因为它是门店扩张的第一步。零售企业扩张的资金来源主要有两种：一是股票集资，即面向社会或者本企业员工发行股票，筹集资金进行新门店的开发；二是举借外债，这可以向企业员工借款，还可以发行债券或者向银行借款。

②企业扩张业态的确认。零售企业在扩张之前要确认扩张的业态，即新开门店是保持创业业态，还是向其他方向发展。一般而言，新开门店业态就是创业业态，但如果创业业态市场已经饱和、已无发展潜力的话，则要实施业态的转移式扩张。

选择新的业态作为新店扩张对象时，企业一定要对业态的生命周期进行调查评估。一般情况下，小规模的零售连锁业选择处于成长期的业态，而较大规模的零售连锁业选择处于开发期的业态。随着企业的成长及行业竞争的加剧，企业要选择多业态连锁的经营模式。

（2）城市环境调查。

城市环境调查应该从掌握拟开店城市的整体商业状况入手，主要包括以下几点。

①城市的类型。调查城市的自然条件（地形、气候等）和社会条件（政治、经济、历史、文化等），由此判断该城市属于商业城市还是工业城市，是历史城市还是新兴城市等。通过调查把握门店类型，决定门店形象。

②城市设施。学校、医院、公园以及政府机关等公共设施能起到吸引顾客的作用。因此，此类公共设施的数量、规模以及分布状况等都对新店的选址起到很大的作用。

③城市的交通条件。城市的交通直接影响到新店的选址。交通状况包括城市区域内交通条件和城市区域外交通条件。

④城市规划。城市的建设规划会影响到城市的未来发展，也决定了城市商业发展的模式，因此要通过调查及时捕捉诸如城市街道开发建设、铁路建设以及区域开发规划等方面的政策法令，准确把握其发展动态。

⑤城市的经济情况。其包括城市区域内的商店数量、地价水平、金融机构等。通过调查城市的经济情况，来预测设店成本，并发掘市场潜力。

（3）竞争店调查。具体包括以下两个方面。

①对设店区域竞争店的调查。有些门店即使设在居住或者消费人口较多的区域，经营业绩也得不到提高，究其原因很有可能是区域内经营状态相近的商家云集，市场过度竞争造成的。所以，掌握竞争店铺尤其是相同区域内竞争店铺的经营特点和状况就显得尤为重要。

②零售企业特点的设定。所谓零售企业特点，是指其与其他竞争店铺的差异在哪里，以及自己的竞争点在哪里。决定门店竞争力的因素包括店铺的选址、业态、规模、商品数量、价格、商品质量、服务、广告宣传八个方面，见图6.1。

一般情况下，店铺规模、业态以及经营特征相似的店铺会形成强烈的竞争状态，比如相同规模的药店若距离较近，彼此之间会产生较大的业绩影响。但是，如果在一家诊所旁边开设一家药店，彼此之间则会产生相辅相成的作用，对经营业绩不会产生不良影响。所以，应当具体分析药店的特点，争取选址于能够发挥自身优势的区域。

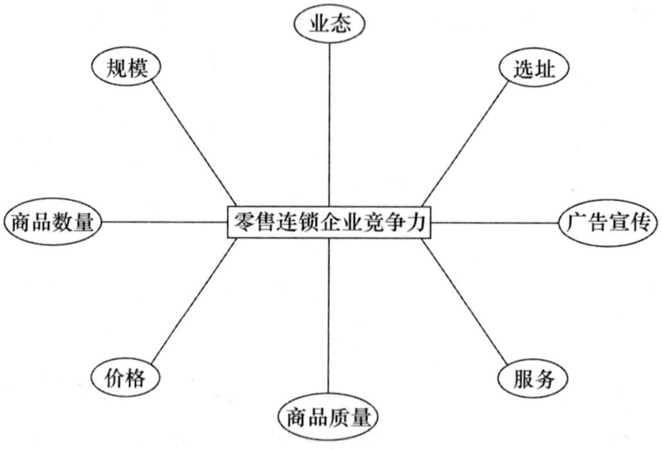

图 6.1　决定零售企业竞争力的八要素

（4）消费市场调查。

只有消费者消费了，门店才能提高经营业绩，所以对设店区域内的居民消费结构状况、居民年龄构成以及发展动态的调查分析直接关系到零售企业的发展前景。调查的内容包括设店区域的人口结构、居民的收入水平、消费水平、消费习惯等。调查完成，即据此内容进行整体性与数量性的分析。见图 6.2。

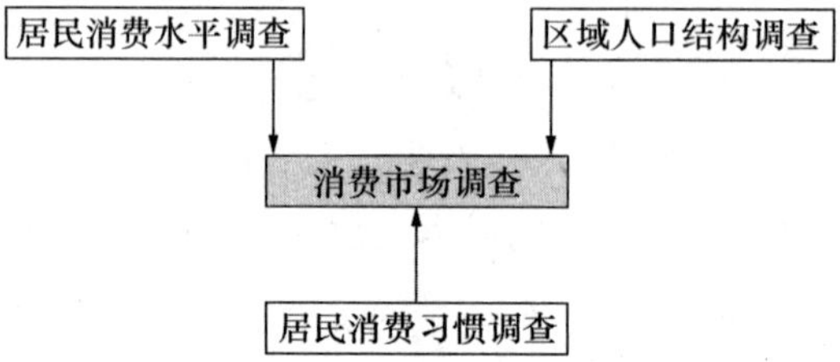

图 6.2　消费市场调查

①区域内人口数的推算。将区域内人口的结构按行业、教育程度、主消费年龄等进行分类统计。此外，要对家庭户数及其成员的状况加以了解，甚至把握区域内白天人口与夜晚人口的数量等。这是因为以前居民大多是在白天购物，所以调查的对象主要是白天的人口数量。但是随着时代的发展和人们夜生活的日渐丰富，工薪阶层特别是白领阶层选择下班后购药或者晚上购药的越来越多，所以现代门店开发调查中统计夜间人口数量也成为一个重要环节。

②居民消费水平。居民消费水平是某市场区域购药活动的直接指标。鉴于此，零售企业可以调查了解每一个家庭购药支出的总额，并针对消费药品类别分别了解各类药品的支

出额，以此作为评估显性需求的重要参考。

注意，分析区域内居民住户的人均可支配收入，包括银行的总储蓄金额，由此可以了解消费水平的高低。

③居民消费习惯。不同区域的居民由于文化、风俗的不同，其生活习惯、购物习惯等也有较大的差异。对于零售企业来说，掌握门店所在地的特点，认真分析、制定“本土化”的经营方针是非常有必要而且必须要细致完成的工作。

6.3.2　药品零售企业开发规划

药品零售企业的开发规划主要包括连锁企业新店开发的布局策略、扩张密度、扩张速度以及配送中心的扩张。

1. 新店布局策略

零售企业并非开得越多越好，要考虑企业整体的发展方向与长远利益，所以新店开发要注意处理好零售企业整体的布点、布线与布网的关系。布点是在开拓线路上并行发展零售分店，目的是快速构建市场面。布点是实施布网与布线的关键与基础。布线是在该区域内明确发展的方向和线路，目的也是快速构建市场面。布网是寻找一个或几个市场区域，在其中大量发展分店，在达到一定规模后再开发下一个区域，其目的是提高零售企业在某一区域的市场占有率。

零售企业常见的布局策略主要有以下几种。

（1）区域集中的布局策略。一般来讲，在零售企业进行市场开拓的初期，为了保持在本区域内的竞争优势，分店与总店之间以及各分店之间的距离不宜太远。可以总店为中心，各分店以同心圆模式布局，向四周扩大。

（2）依托有效物流配送的布局策略。在有效的物流线内部布局设店，最好是以当地主要的交通方式可在一个工作日内往返的距离。这样，既可以充分利用资源，又可以提高工作效率。照此策略，连锁门店可以考虑依托总店、配送中心和现有分店之间的交通网络进行扩张，在主要交通干线交界处扩张新门店；或者依托总店与配送中心连接的主要交通干道，在其两侧进行带状扩张。

（3）弱竞争市场的布局策略。选择在商业网点相对不足或竞争力较弱的区域开设新店，既可以满足当地居民的消费诉求，又避免与同行业的过度竞争。

（4）抢先排他型布局策略。对有较大发展前景的区域，要争取先入为主，抢先开店。

2. 扩张密度

如果在同一区域开设的门店过于密集，则会出现零售企业的不同分店之间竞争的局面，这既影响各分店的经营业绩，又会使企业投资得不到好的回报；而如果在同一区域开设的门店过少，虽然在短时间内可以达到经营业绩较佳的效果，但从长远来看很有可能给竞争企业以可乘之机，一旦竞争者进入此区域，激烈的竞争往往使分店受到一定的影响。

一般而言，零售企业最适宜的分店开设密度是两家店之间的距离边缘商业圈相交到次级商业圈相切的水平上。如果边缘商业圈相距过远，竞争对手进入的机会就会增大。如果各店之间使次级商业圈相交，则会出现自家店铺争夺业务的局面。

3. 扩张速度

零售企业对扩张速度要谨慎规划，急于求成会适得其反，但过于犹豫也会影响到企业的健康发展。

零售企业的扩张速度不宜过快，即使是在企业整体经营相当成功的时候。因为扩张首先牵扯到的是资金问题，新门店的开设需要相当数目的资金，而投入资金的回收是需要一个相当长的过程的，所以过快的扩张会使整个企业资金紧张，债务负担加重。其次，扩张还牵扯到配送问题、分店服务质量保证问题等。

快速的扩张会使企业开发部门负担过重，容易造成在门店选址上草率行事，对分店管理人员培训不足，后援管理跟不上去等“变异”。这些使得新店在服务质量方面出现明显下降，最终造成门店对市场状况的变化难以进行适应性调整，从而使扩张走向失败。

但是，零售企业若扩张太慢，也会因延误时机影响企业的长远发展。如果企业扩张速度过慢，首先，经营效益的增长不会太明显。企业获得规模优势的时间越晚，其陷入经营不善、在竞争中被排挤掉的可能性就越大。其次，企业扩张慢意味着进攻和扩展市场的速度较慢，竞争者就会有抢先占领黄金地段开店的机会。

因此，一般而言，零售企业从创业到达规模经济宜在 2 ~ 3 年内实现。企业在初期扩张速度较慢，在市场地位巩固后可以加快扩张速度。企业可以根据市场的竞争情况、企业本身的管理实力、企业的资金与企业的人员配置状况实施扩张，分别制定 1 年的短期扩张规划、2~3 年的中期扩张规划、3~5 年的长期扩张规划。

4. 配送中心的扩张

配送中心的扩张要在区域覆盖、建设速度上与新门店的扩张相配合。随着新门店的增多，配送业务由初始的配送中心承担渐渐转化为组建多个配送中心承担。连锁企业配送中心的分布要合理，各点要保持适当的距离，过近容易造成配送能力的浪费，过远又会造成配送时间过长、配送成本过高。

6.3.3　药品零售企业开发市场区域的选择

药品零售企业开发市场区域的评估和选择要从市场的需求与供给两个角度考虑。需求包括该区域的市场总量、结构、变化及其影响因素；供给则包括该区域市场的供给现状、竞争态势及其影响等。

1. 从市场的需求角度分析

从需求角度分析，市场的总量和变化趋势是判断该区域是否有进入价值的两个重要指数，它直接影响到药品零售企业的经营业绩和发展潜力。

市场总量可以通过购买力指数来衡量，主要分析的是整体市场容量的成长情况。根据年均增长率，可以将市场成长划分为导入期、成长期、成熟期和衰退期。导入期蕴含的风险较大，投入多，周期长，在此期间药品零售企业不宜做过多的投入。成长期蕴含机遇，药品零售企业应迅速抢占市场，积极扩展分销渠道。进入成熟期后，药品零售企业在没有找到本企业竞争的明显优势时需谨慎进入。衰退期蕴含的威胁较大，药品零售企业切勿盲目进入。

影响市场总量的因素主要有区域经济因素、政策和法律因素、人口因素、社会文化因素和基础设施因素等。

一是区域经济。区域经济指标主要有区域内 GDP、就业率、一般经济情况。GDP 的增长会反映零售总额和储蓄总额的增长，就业率会影响区域内居民的总体收入，一般经济状况会影响居民的购买能力。

二是政策和法律。不同区域在零售管理或投资政策的规定、执行程度、区域规划等方面都会有或多或少的差别，它们都会对区域的市场总量和药品零售企业的选址产生一定的影响。

三是人口。人口密集度大、老年人口比例高、人口总体收入水平高、人口的购买力强等都会对市场总量产生积极影响。人口因素具体包括人口规模、人口增长变化趋势、家庭生命周期、收入水平和购买能力等。

四是社会文化。区域内居民的价值观念、语言、历史、风俗、宗教等社会文化背景也直接影响到居民的购买方式。对社会文化背景进行分析，会使零售企业在进入市场前能够明确如何适应，进而考虑如何实施文化渗透。比如在少数民族聚集的区域开设门店时，所经营的产品一定要尊重当地的宗教信仰及生活习惯，这样才有销路。

五是公共基础设施。区域内良好的、齐备的公共基础设施对零售企业选址能产生重大影响。比如，良好的交通设施有助于门店的物流配送通畅，良好的通信设施有利于药品企业对门店统一管理。

2. 从市场的供给角度分析

（1）根据饱和系数分析。

从供给角度分析，主要是分析市场区域内某种产品的供给情况、竞争态势及其影响因素，这应从市场饱和度方面进行分析。尚未饱和的市场是药品企业进入的最佳区域，如果市场已经处于饱和状态，此时进入会面临极大的竞争压力，而且由于新门店在规模与经验上均不占优势，失败的风险较大。

市场的饱和程度是通过计算此类商业市场饱和系数（*IRS*），来测定特定商圈内某类商品销售的饱和程度的。市场饱和系数的计算公式为：

$$IRS = H \times RE/RF$$

其中，*IRS* 为某地区某类商品零售饱和系数；*H* 为某地区购买某类商品的潜在顾客人数；*RE* 为某地区每一顾客用于购买每类商品的费用支出；*RF* 为某地区经营同类商品的商店营业总面积。

IRS 的测算数字越高，表明该市场的饱和度越低，那么进入该市场经营成功的概率就越大。

测算的市场饱和系数可帮助新设商店经营者了解某个地区内同行业是过多还是不足。一般来说，位于饱和程度低的地区的商店，其成功的概率必然高于饱和程度高的地区。运用市场饱和系数，还可以帮助经营者用行业已知的毛利与业务经营费用的比率，对商店利润进行预测，做出经营效益评估。

不过，从上面的公式也可以看出饱和系数分析的不足：第一，用来计算 *IRS* 的准确资料不容易获得；第二，饱和系数忽略了原有商店对比经营同类商品的新设商店所具有的优势和劣势。所以，新设商店要做出正确的选择，既要进行定量分析，也要做定性分析。

（2）根据零售企业市场份额分析。

零售企业自身在不同地区的市场份额也是新门店开设前要考虑的一个因素。以市场容量和市场份额两个维度，可以将市场分为重点改进区域、维持区域、谨慎开发区域三个板块。

市场容量是指在一段时间内的特定区域中，消费者有购买力支撑的，对某种商品现实的和潜在的市场总需求量。

市场份额是一个企业的销售量（或销售额）在市场同类产品中所占的比重。

市场份额能直接反映企业所提供的商品与劳务对消费者和用户的满足程度，也能表明企业的商品在市场上所处的地位。市场份额越高，表明企业经营能力、竞争能力越强。

高市场容量、低市场份额区域是零售企业重点开发的区域；低市场容量、低市场份额区域为零售企业的谨慎开发区域；而高市场容量和高市场份额、低市场容量和高市场份额区域均为维持区域，零售企业可以维持现状。

3. 市场进入优先考虑顺序

通过市场需求、供给两方面的调查、评估，零售企业会找出一些可以发展新门店的市场区域。在进入区域市场时，其优先考虑的入场顺序应为：市场潜力大，人口分布较为集中，小城镇发达；供应链发达程度高，配送成本较低；政策环境好，地方政府对零售业的支持力度大，有一定的优惠政策；基础设施完善，发展潜力较大。

6.4　药品零售企业开发的商圈调查

6.4.1　商圈概述

1. 商圈的含义

商圈，又称为商业圈或商势圈，是指以店铺坐落点为核心，沿着一定的方向和距离扩散而成的吸引顾客的辐射范围，也即店铺吸引顾客的地理区域或来店购买药品的顾客居住地的地理范围。通常，在店铺附近居住或工作的人群来店购物的可能性比较大，距离店铺越远的人群来店铺的可能性就越小。

商圈按照距离店铺的远近分为核心商圈、次级商圈和边缘商圈三部分，见图 6.3。

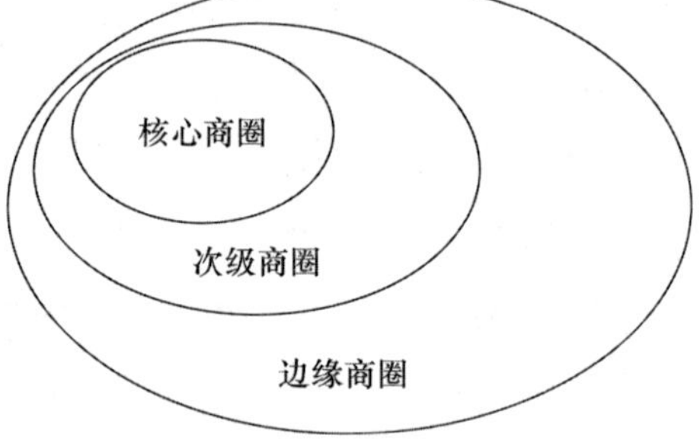

图 6.3　商圈分类

核心商圈又称为主要商圈，是离商店最近并拥有高密度顾客群的区域，顾客占其总数的 55% ~70%。

次级商圈又称为次要商圈，是紧挨着核心商圈、位于核心商圈以外、顾客密度较小的区域，店铺在此区域内的顾客数为总数的 15% ~25%。此区域的消费者的购买能力与紧临的商圈往往会有重叠，因此该区域的消费者往往是店铺重点争取的顾客。

边缘商圈是位于次级商圈以外的区域。此区域内顾客过于分散，顾客比例有限，为顾客总数的 5% ~10%。店铺的营销手段不易在此产生有效作用，所以营销工作一般不会把这部分顾客纳入竞争范围。

为了方便分析，可以店铺为圆心，以周围一定距离为半径划定范围作为商圈设定考虑的因素。一般来说，以店铺为中心，500 米的半径范围内被认定为核心商圈；1 ~2 千米的半径范围内被认定为次级商圈。但在大型购物中心，其商圈范围要大很多，因此要准确界定一个购物中心的商圈，需要进行具体的商圈调查分析。

2. 商圈的分类

（1）按照商圈的商业活动形态划分。

①商业区。商业集中的地区。其特点为商圈大，流动人口多，商铺林立，繁华热闹。其消费习性具有快速、流行、娱乐、冲动购买以及消费金额比较高等特点。

②住宅区。住户数量在 1000 户以上的地区。其消费习性为消费群稳定，讲究便利性、

亲切感，家庭用品的购买率比较高。

③文教区。该区域附近一般有一所或者多所学校，其中以私立和补习班集中区较为理想。该区域消费习性表现为以学生居多，消费金额普遍不高，但是对于药品的需求是刚性的，所以有很大的潜在价值。

④办公区。该区域的办公场所集中。其消费习性为时间稳定、集中、讲究便利性、在外就餐人口多、消费水平较高。

⑤工业区。工业区的消费一般为工厂管理者及打工族，虽然消费水平低，但消费总量大。

⑥混合区。分为住商混合区、住教混合区、工商混合区等。混合区不只具备单一商圈形态的消费特色，区域内往往有多个商圈，因此具有多元化的消费习性。

（2）按商圈中商家的关系划分。

①互补性。此商圈商家经营的商品存在互补性，其建立在消费连锁反应的心理之上。消费者进入商圈内的任何一家专业商店，均有可能去别的专业店，这是一种品位错位现象。

②专业性。在此类商圈里的商家处于一种竞争型商业环境中，大多是经营同一类型产品，在价格、品牌、服务等方面展开竞争。

③综合性。商圈内商家皆为根据日常所需而设的各种类型的商店，他们各行其道，相安无事。

（3）按商圈形成的原因划分。

①社区邻里型商圈。面向的顾客大部分为店铺周围的社区居民。

②地区中心型商圈。该商圈为城市地区中心，如北京的国贸商圈、西直门商圈就是此类型。

③地域中心型商圈。典型的城市板块商圈类型，如北京中关村商圈。

④广域中心型商圈。这往往意味着该商圈为整个地域经济活动的中心。

⑤据点型商圈。此商圈具有核心发展的元素，由点成面形成。如由北京同仁堂医院为中心辐射形成的商圈。

⑥特化型商圈。一般是人为特别形塑而成的。

3. 影响商圈的因素

店铺的内部因素和外部因素都会影响商圈的规模。其中，内部因素主要包括店铺的商品经营种类、经营规模、经营特征等；外部因素主要包括竞争店铺的位置、顾客的流动性、交通地理状况等。

（1）影响商圈的内部因素。

①店铺经营商品的种类。一般而言，经营传统商品、日常用品的店铺吸引顾客的能力弱，商圈范围小；经营非日常用品，如技术性强的商品、特殊性商品的商店则相反，吸引顾客的能力强，商圈范围广。医药型企业属于后者，针对性强，顾客数目较多。

②店铺的经营规模。随着店铺经营规模的扩大，它所提供的商品和服务的种类越来越多，因此可以吸引更广泛区域的消费者前来购物。也就是说，其商圈也在随之扩大。然而商圈经营范围虽因经营规模而增大，但并非成正比增加。当店铺增加到一定规模时，即使再继续扩大其规模，商圈范围也不会继续扩大。

③店铺的经营特征。经营同类商品的两个店铺即便在同一条街道，其对顾客的吸引力也有所不同，相应的商圈规模也不一样。经营灵活、商品齐全、服务周到，在顾客中留有良好形象的店铺，竞争力强，自然商圈规模也会较同行业其他店铺大。

④店铺的主体设计。主要包括店铺所在楼层的构成及配置，吸引顾客的设施状况如停车场车位的多少以及所处位置等。

（2）影响商圈的外部因素。

①店铺的促销手段。店铺可以通过广告宣传，开展公关活动；或利用人员推销与营业推广活动等扩大知名度和影响力，吸引更多次级以及边缘商圈的顾客慕名光临，以扩大本店铺商圈的范围。

②竞争店铺的位置。相互竞争的两店距离过近，会使得两店之间存在较大部分潜在顾客，造成顾客的分散。因此，一般而言，两店距离越大，各自的商圈也越大。但也有相互竞争的店铺相邻而设，顾客因为有了较多的机会进行比较、选择而被吸引过来，商圈反而出现由此扩大的现象。

③人口流动性。人口流动是指在交通要道、繁华商业区、公共场所过往的人口。流动人口是此地区店铺的主要顾客来源，是构成边缘商圈内顾客流的基础。一个地区的流动人口越多，在这一地区经营的店铺可以“捕获”的潜在顾客就越多。

④交通地理状况。交通地理条件与商圈规模密切相关。店铺设在商业繁华地带，交通条件发达，人口流动性强，有大量的潜在顾客，因而商圈范围也就越大。反之，店铺设在交通不便地区，顾客主要是分布在店铺附近的居住人口，其商圈范围一般较小。在这种情况下，店铺只能根据自己的实力创造出独有的经营特色，以此来吸引远方顾客，从而扩大自己的商圈。

6.4.2　商圈调查

商圈调查是一项非常重要的工作，不同类型的商圈、不同层次的商圈，适合于不同的业态和不同的经营方式。因此，商圈调查是一项需要科学态度和科学方法的工作。

1. 商圈调查的重要性

（1）商圈调查可以预估店铺坐落地点可能交易范围内的消费人群、流动人口等人口资料，并通过其消费水准预估营业额等。对商圈的分析和调查，可以帮助经营者明确哪些是本店的基本客户群，哪些是潜在客户群，力求在保持基本客户群的同时，着力吸引潜在客户群。

（2）商圈调查可以帮助开店者了解预定门店坐落地点所在商圈的优缺点，从而确定其是否为最适合开店的商圈。

（3）全面的商圈调查，可以使经营者了解店铺位置的优劣及顾客的需求与偏好，作为调整商品组合的依据；可以让经营者依照调查资料制定明确的业绩目标。

2. 商圈调查的内容

在确定商圈的基本位置后，还应对预选的商圈进行详细的调查，其内容主要包括商圈的总体要素和竞争店的情况。需要调查的要点具体如下。

（1）固定人口数。指居住在商圈内的住户数量。

（2）人口密度。指用区域内居住人口数除以土地的面积所得出的每平方公里居住人口数。人口的密度越高，越适合开设店铺。

（3）人口增长率。指随着城市的发展而增加的人口数，例如新建城区等会有很多外流人口的进入。

（4）日夜人口数。由于店铺经营时间长短不一，有的甚至长达 24 小时，因此调查白天与夜间的人口数量非常重要。通常，在办公区或工业区，白天人口数是店铺业绩的主要来源，但是晚上上班族回家之后，商圈内的人口就会明显减少，反之，居住区的人口则会明显增多。

（5）职业、年龄、教育程度、收入。不同职业、年龄、教育程度的人对于药品的需求偏好有所不同。而商圈内人口的收入则直接影响人们的支出额度及店铺的客单价。

（6）交通。交通因素也非常重要，因为交通便利可以带来大量的流动人口，提高商圈内的消费能力。

（7）消费习性、生活习惯。不同的消费习性和生活习惯对产品的种类、组合及需求有所不同。

（8）医疗机构种类。不同医疗机构服务的患者各有不同，一般而言，大型的综合医院代表着稳定的客户人群。

商圈调查各因素情况具体见表6－3。

表6－3　　　　商圈调查各因素分析

<table>
<tr><td rowspan="11">商圈总体要素</td><td rowspan="5">数量要素</td><td>人口数</td></tr>
<tr><td>客流量、客流规律</td></tr>
<tr><td>本体系所在行业的销售额、营业面积</td></tr>
<tr><td>本体系所在行业的主要卖场情况</td></tr>
<tr><td>交通量及交通设施</td></tr>
<tr><td rowspan="6">质量要素</td><td>人口的年龄、职业、家庭人口构成</td></tr>
<tr><td>收入水平、消费水平、消费特征</td></tr>
<tr><td>就业状况、产业结构</td></tr>
<tr><td>竞争店、互补店的分布</td></tr>
<tr><td>市政设施</td></tr>
<tr><td>城市规划</td></tr>
<tr><td rowspan="5">竞争店的因素</td><td rowspan="4">主体方面</td><td>竞争店规模、业态</td></tr>
<tr><td>竞争店的产品结构、楼层构成</td></tr>
<tr><td>竞争店的营销及组织活动状况</td></tr>
<tr><td>竞争店吸引顾客的设施状况，如停车场</td></tr>
<tr><td>附加因素</td><td>文化、公共设施状况</td></tr>
</table>

3. 商圈调查的步骤

我们把商圈调查的程序大致分为划分商圈、绘制商圈简图、选择抽样点及抽样时间、收集资料以及商圈分析和确定五个步骤。

（1）划分商圈。又称为商圈范围的设定，它涉及商圈布局技术方法。商圈范围的划分因行业类别而定，如果是便利店，其核心商圈多为 50 米，次级商圈为 50～150 米，边缘商圈为 150～250 米。

商圈基本上是无形的，为了方便计划，一般事前可以用圆形或者梯形来推算商圈。但如果有以下情况的限制时，可作为商圈范围的划分点。

- 商圈半径以 500 米为限。
- 马路的分界。因有超过 40 米宽的四车道以上道路或者中间有隔栏分离的主要干道而造成分界。
- 铁路、平交道的隔离。因为铁路、平交道的隔离，使人们的交通行动受阻而划分成两个不同的商圈。
- 高架桥、地下通道的隔离。因高架桥、地下通道的隔离，使人潮流动不易而划分成不同的商圈。
- 大水沟的阻隔。
- 安全岛的阻隔。
- 单行道的阻隔。
- 人潮走向。人潮走向的购物习惯与人潮流动的方法，使该区域形成一个独立的商圈。

（2）绘制商圈简图。其目的在于能从整体上了解所调查商圈的范围与面貌。通常，在绘制简图时需要展示一下地貌。

- 标出 500 米简图。
- 重要建筑物及楼别，如综合性医疗机构、专业型门诊、社区医院等。
- 著名商店以及影响生活形态的地段特征，如戏院、百货大楼。
- 竞争店或者同性质店的位置。
- 人潮汇聚地段的商店群以及大型聚客场所，如超市、娱乐区等。

- 与本零售企业有互补作用的门店。
- 政府重要的行政机构。
- 车站、加油站、学校、停车场、市场、公园等特定族群汇集的场所。
- 街道之行进方向，如单行道方向等。

（3）选择抽样地点和抽样时间。

抽样地点的选择方向如下。

- 办公人口或上班族汇集的地点，这也是未来适合设店的地点。
- 人潮走向所汇聚的地点。
- 固定人口较集中流动的地点。
- 可能形成未来商店群的地段。
- 预定 3 ~4 个抽样点，其中尽量有一个抽样点为同性质的门店。

选择抽样时间的注意事项如下。

- 将一周分为两段，即周一至周五为一段，周六、周日及法定节假日为一段。
- 从早晨 7 点至 24 点，每两小时细分为一个小段。
- 以每 15 分钟为一个计算单位，计算抽样点实际经过的行人、非机动车及机动车的数量；
- 将抽样计算的人数转变为以两小时为单位的人潮流动数（例如，以 15 分钟实际经过的人数为 Y，则两小时内经过的人数为 Y ×8 人），然后将其计入人潮流动抽样调查表。表 6 -4 是人潮流动抽样调查表的范例。

（4）收集信息资料。商圈探讨中需要收集的信息主要包括：固定人口数、人口密度、人口增长率、日夜人口数、年龄、教育程度、收入、交通状况、建筑种类等。

（5）商圈的分析与确定。在对商圈进行了详细的调查并收集到相关的资料之后，接下来就要对预选商圈做深入的分析。最后医药零售企业在该市场区域内选择一个最适合的商圈作为自己的目标商圈。

4. 商圈调查研究的主要方法

不同行业有不同的问题，同一行业也有不同的问题，所以需要设计不同的商圈研究方案。商圈研究没有一个定式，需要具体问题具体对待。本着“服务客户”的原则，企业应

表 6－4　　商圈人口流动抽样调查

抽样时间：　　年　月　日　星期　　　　　　单位：次

区域	甲			乙			丙		
时间分类	A	B	C	A	B	C	A	B	C
07:00～09:00									
09:00～11:00									
11:00～13:00									
13:00～15:00									
15:00～17:00									
17:00～19:00									
19:00～21:00									
21:00～24:00									

注：1. 甲、乙、丙分别代表三个不同的商圈。
2. A 表示行人，B 表示机动车，C 表示非机动车。
3. 只统计有购买能力的人。

及时与客户沟通，让客户参与到方案的设计中来，深入、准确、有效地进行商圈分析研究。

商圈调查数据的方法主要有以下五种。

（1）类推法。通过类推现存门店的商圈状况来确定拟开设分店的商圈范围。具体来讲，就是根据店铺特性、选址特性、购买习惯、各种统计分析以及商圈特性等项目，推定诸条件接近现有分店的地区。也就是说，从现有分店的商圈状况来预测、设定拟开分店的商圈。

此方法虽说是在各种数据的基础上推出的结果，但是由于数据中缺少了竞争店铺的相关资料，所以只能适用于开店经验丰富的经营者。

（2）地理信息系统法（GIS）。地理信息系统是一种以地理空间为基础，采用地理模型分析方法，提供多种空间和动态的地理信息，为地理研究和地理决策服务的计算机技术系统。其基本功能是将表格型数据（无论它来自数据库、电子表格文件或直接在程序中输入）转换为地理图形显示，然后对显示结果进行浏览、操作和分析。其显示范围可以从洲际地图到非常详细的街区地图，现实对象包括人口、销售情况、运输路线以及其他内容。

商圈的确定可以利用此系统将区域内的地理状况、人口结构、竞争店铺，以及附近的公园与学校等公共设施的位置、道路情况、最近车站位置等数据输入，系统分析新开设的店铺商圈位置。这样，即使没有丰富的开店经验的经营者也可以容易、迅速地对商圈进行判断。

（3）市场调查法。市场调查法不依赖现有的数据，而是通过对市场情况的调查确定商圈。市场调查法又分为抽样调查法与询问调查法两种形式。抽样调查法是指在该商圈内设置几个抽样点调查取样作为对当地商圈进行实地了解和评估的调查方法。抽样的主要目的是了解主要人流的走向、人口和住户数、交通状况等。

（4）询问调查法。这是一种由经营者以询问的方式向顾客了解情况、收集资料的调查方法。可以通过直接询问、电话询问、邮寄询问、留置问卷等方式进行。这是一种常用的方法，通过这种方法取得的数据比较准确。

（5）单纯划分法。这是最简单的一种方法，就是通过多种渠道，把搜集到的顾客地址标注出来，绘制成简图，然后把简图最外围的点连接成一条封闭的曲线，该曲线以内的范围就是商圈所在。简图需要标示出商圈东南西北四大方向的位置，以及本区域内竞争店、人员集中的地段、大型集会场所等，道路、街巷也应该被标示出来。此外，人流的走向、公共汽车站等也不能被忽视。

这种方法一般适用于原有店铺想获取本商圈资料时使用。它的最大缺陷是设定出来的商圈是有界限的。

6.4.3 商圈分析

1. 商圈分析的含义及作用

商圈分析是指经营者在实地调查的基础上对商圈的构成情况、特点、范围及影响规模变化的因素进行研究分析，为选择店址、制定和调整经营方针及策略提供依据。

商圈分析有如下四个方面的作用。

（1）新设门店进行合理选址的基础。新店经营者选址时要明确商圈范围，了解商圈的基本资料，在此基础上进行经营效益的预测，衡量门店地址的使用价值，再按照设计的基本原则，选定适宜的地点，使商圈、店址、经营条件协调融合，创造经营优势。

（2）有助于加快资金周转。多数情况下，企业在开发新门店时会出现一定的资金问题，这主要是因为新开门店时流动资金占用较多，所以这就要求资金周转速度加快。门店的经营规模受到商圈规模的制约，商圈规模又随着经营环境的变化而变化。当商圈规模收缩而门店经营规模维持原状时，就有可能出现店铺的一部分流动资金被占压，从而影响资金周转速度、降低资金利用率的情况。

（3）有助于制定竞争经营策略。在日趋激烈的市场竞争环境中，仅靠价格竞争手段明显不足。零售店为取得竞争优势，需广泛采取非价格竞争手段，诸如改善形象，完善售后服务等。经营者通过商圈分析，根据顾客需求，采取竞争性经营策略，从而吸引顾客，成为竞争中的优胜者。

（4）有助于制定市场开拓战略。企业经营方针、策略的制定或者调整，要立足于商圈内环境因素的现状以及发展趋势。通过商圈分析，可以帮助经营者制定适宜的市场开拓战略，不断延伸经营触角，扩大商圈范围，提高市场占有率。

2. 商圈分析的内容

商圈分析的内容包括选址研究、消费者研究、客流量分析、市场评估、竞争对手研究、自身分析六个方面，见图 6. 4。

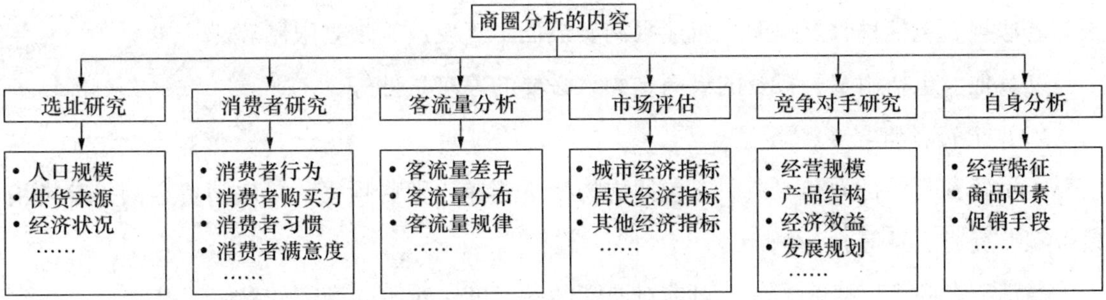

图 6. 4　商圈分析的内容示意

（1）选址研究。也称为商业调查，主要包括以下几点。

①人口特征及规模。包括人口总量和密度、年龄分布、平均教育水平、拥有住房的居民百分比、总的可支配收入、人均可支配收入、职业分布、人口变化趋势，以及到城市购买商品的邻近农村地区顾客的数量和收入水平。

②劳动力人力资本。管理层的学历和工资水平、管理培训人员的学历与工资水平、普通员工的学历和工资水平。

③供货来源。包括运输成本、运输与供货时间、制造商和批发商的数目、可获得性与可靠性。

④促销。包括媒体的可获得性和传达频率、促销成本及经费状况。

⑤经济情况。包括主导产业、多样化程度、经济增长预测、免受经济和季节性波动影响的可能性、获得信贷的可能性及金融结构情况。

如果商圈内经济状况良好，居民收入稳定增长，则零售市场也会增加；如果商圈内产业多元化，则零售市场一般不会因某产品市场需求的波动而产生较大的震荡；如果商圈内的居民多从事同一行业，则该行业的波动会对居民购买力产生较大的影响。因此，要尽量选择多元化商圈开业。

⑥竞争情况。具体包括现有竞争者的商业形式、位置、数量、规模、营业额、营业风格、经营方针、经营商品、服务对象等，现有竞争者的优势和弱点分析，竞争者的短期与长期变动，市场饱和程度等。

⑦门店区位的可获得性。包括区位的类型和数目，交通运输便利情况、交通连接情况、搬运情况、上下车旅客的数量和质量，自建与租借店铺的机会大小，城市规划，规定开店的主要区域以及避免开店的区域，成本等。

⑧法规。包括税收、执照、营业限制、最低工资发放、规划限制等。

⑨其他。包括租金、投资的最高金额、必要的停车条件等。

（2）消费者研究。

①消费者购买行为和习惯。这包括购物场所选择、采购频率、单次消费金额、分类消费金额、交通工具等。

②消费者满意度研究。包括目前对商圈的满意度，对不同商家的喜好度等。

③消费者购买力研究。

（3）客流量分析。通过在一定时期内的定点监控，统计出不同时段经过店址的人流总数、不同性别的人数、不同年龄的人数、进店人数等人流指标，然后分析客流量差异、客流量时间点分布、客流类型、客流规律等。

（4）市场评估。

①城市经济指标。包括人口、国内生产总值、社会消费品零售总额等。

②居民经济指标。包括人均可支配收入、人均消费支出、恩格尔系数等。

③其他经济指标。

（5）竞争对手分析。

①竞争者的经营情况。包括经营规模、产品结构等。

②竞争者 SWOT 分析。包括竞争者的经济效益和发展规划等。

（6）自身分析。主要包括商品因素、经营特征、经营规模、经营品种、广告及促销手段、经营业绩预测、物业管理、月租金、房产的适用性等。

3. 商圈研究的主要方法

（1）定性研究方法。商圈研究的定性调查方法包括小组座谈会、专家意见法、深度访谈法和现场观察法等。

（2）定量研究方法。商圈的定量研究方法包括入户访问、定点访问以及电话访问等。

（3）数据分析技术。商圈研究所采用的数据分析技术为相关分析、判别分析和对应分析等。

（4）机会分析技术。包括 SWOT 分析、竞争分析、业态成长模式分析等。

4. 商圈研究的主要模型

（1）辐射模型。主要考虑商店地点可辐射的范围，最大半径为 5 千米（零售业）。

（2）吸引力模型。在空间上描绘所有位置的分布，确定其相对吸引力，主要考虑自己的商店与竞争者吸引力的大小、顾客的距离。其中具有代表性的模型有哈里模型和哈夫模型两种。

（3）时间距离模型。主要考虑乘车到达商店的时间（考虑交通堵塞的时间）。

（4）趋势地图分析。使用独特的辐射筛选技术，以消费者数据为基础，精确地测量其空间分布，并分析商圈的特点。

【开动脑筋】

试述老年人口的发展情况对医药零售企业商圈分析的影响。

6.5 药品零售企业店址的确定

6.5.1 药品零售企业店址的选址原则

1. 便利原则

便利原则包括顾客购物便利与企业配送货物便利两方面的内容。具体来说，一方面要方便顾客购物，满足顾客就近购买的需求。另一方面要方便商品的配送。零售企业要达到规模效应，如何降低运输成本、保证各零售企业的商品供应极为关键。因此，零售企业选址要符合以下条件。

（1）交通方便。公交车站、地铁站附近人流量较多，是过往人流的集中地段；如果是交通枢纽，则该地段的商业价值更高。一般来说，顾客步行不到 20 分钟即可以到达的零售药店，其服务效果是最好的。

考虑到企业货物的配送，在门店位置的选择上应尽可能靠近运输线，这样既节约了成本，又有利于确保货物的及时采购与供应。

（2）注意城市规划对交通设施的影响。如街道开发计划、道路拓宽计划，地铁、轻轨、高速公路、高架公路建设计划，区域开发规划等，都对未来的交通条件产生影响。企业必须及时捕捉、把握其发展动态。

（3）有“聚集效应”。方便顾客随机购物的人群聚集场所，如商业街、影剧院、公园等，容易吸引休闲娱乐人员，是门店开设的较佳地点。但是，此地段往往地价高、投资大、竞争性强，所以一般只适合大型综合商场或有鲜明个性的专业店发展，并非适合所有门店。

2. 最大效益原则

衡量门店选址优劣的标准是门店的经营效益，因此，门店的选址一定要有利于经营。

（1）商业活动频率高的地区。一般商业中心、闹市区等所谓的“寸金之地”商业活动频繁，营业成绩容易提高。相反，在一些冷僻的街道开店，营业成绩很难提高。

（2）人口密度高的地区。在人口密集的地方，消费者光顾零售店的频率相对较高，生意自然好做。另外，由于此地段的人流量较大，需求较稳定，因此销售额也较有保证，并且容易培养忠实的消费者群。

（3）客流量多的街道。零售店处在客流量多的街道上，进入门店购物的顾客就相对较多。但是，在设店时要考虑街道哪边的客流量大，还要考虑一些地形或交通的影响。

3. 发展原则

选址还要考虑今后企业发展的需要，因此要注意以下两个方面。

（1）有利于特色经营。不同行业的商业网点设置，对地域的要求有所不同。门店在选址时，必须对消费心理、行业特点、消费者行为等因素进行综合考虑后才能确定门店的位置，以达到创立本企业的特色和优势、树立企业形象的目的。对于医药企业来说，靠近社区，才是生存和发展的关键。

（2）有利于新店开设，提高市场占有率。门店在选址时不仅要分析当前的市场形势，而且要从长远角度考虑是否有利于扩大企业规模，是否有利于开发新门店，是否有利于提高市场占有率等问题。

6.5.2　优良店址的三个条件

1. 未来 10 年以上的持续经营力

药品连锁企业的选址是一项长期投资，关系着企业经营发展的前途。当外部环境发生变化时，其经营因素都要随之进行相应调整，以适应外部环境的变化，而店址一经确定，就难以变动。因此，在选址时，必须具有发展的眼光，不仅要研究现状，还要预测未来。因为网点所在的区域时刻都在发展变化，如交通条件在改善，竞争越来越激烈等。

2. 存在规模性的目标顾客群

任何零售企业都应该把满足顾客需求作为其宗旨。每一个网点都应该有一定规模的目标客户，这是保证其经营达到一定规模的重要条件。但是，对于任何一个连锁企业来说，它的目标客户群是会发生变化的，市政规划、交通变革都会导致顾客群的增加或减少，而这也成为预测未来顾客群的一个重要依据。例如，市政规划在某地兴建一处居民区，在居民区建成之初，居民较少，但随着居民区生活设施及其他配套设施的不断完善和发展，居民也会日益增加。显然，在这样的地区设立连锁网点，消费者群的增加是必然的。像新建车站、码头、地铁出口、旅游景点、公共设施等，均能增加消费者群。无疑，在进行未来消费者群测定时，必须考虑到这些外部环境的变化。

3. 进出畅通的道路

优良店址的一个必备条件是进出道路通畅。道路的通畅不仅影响药品的安全性，而且影响药品的运达时间和运输费用。一般来说，一个优良的店址需要交通方便、道路宽阔、车辆进出自由，且附近最好有车站。因为店址设在几个车站的聚集点附近，往往能吸引大量的顾客前往购物。另外，店铺前拥有一个大停车场，往往可以吸引远距离的顾客，扩大自己的商圈范围。

6.5.3 选择药品零售企业店址的战略

这也称为“大选址”，指的是在大的框架下思考问题。企业应该将门店的选址作为一个长远的战略性课题来研究。目前，人人都讲决胜终端，终端竞争也就是零售企业的竞争。这已经成为零售连锁企业面临的一个核心问题，所以在选址的过程中一定要具备长远的眼光，讲究战略。

1. 成行成市战略

相关店铺的聚集有助于提高相同目标消费者群的关注，人们一想到购买某种商品就会自然而然地想起这条街，比如北京的西单、王府井等。因此，选择在同类药店中知名度比较高、品牌比较集中的区域设店，既能提升店铺的形象，也能提高店铺的人气。

根据城市的环境、商圈、街道要素的不同和客层定位的不同，在店铺选址时，要根据客层和品牌的定位确定店铺的地址。选址地点要和品牌定位相协调，要有不怕和对手一起走的魄力，甚至要和对手联合起来，共同合作，创造市场，这在当前“租金太贵”的条件下，不失为一剂变通的“良方”。

2. 小城市开大店，抢占“第一”战略

人们往往容易记得住世界上最高的山，却很少有人会对第二高的山记忆深刻。“第一原则”在营销中无处不在，如购买去屑洗发水会立刻想到海飞丝，这是因为海飞丝在进入中国市场时，第一个推出了“去屑”的概念。

中国加入 WTO 后引起国内竞争市场的变化，国外二、三线品牌纷纷进入国内，它们进入中国后首先占领的是大城市市场，而面对大城市品牌的日渐饱和，小城市会成为其未来争夺的重要市场。根据“第一原则”，在国外品牌进入小城市之前，如果能把握住机会，把店铺开设在小城市，就等于稳健迈出了决胜终端的第一步。同时，小城市具有租金优势，在投入额不变的情况下，在小城市开店，店铺面积大，能直观有效地集中顾客的注意力，吸引顾客光临，而且店铺的入口也相对较宽，使顾客容易进入店内，能够吸引较多的顾客，成交的机会比较大。当然，在小城市开大店，还要考虑与城市的规格相协调。

3. 大城市开旗舰店或多开店战略

小城市开大店，抢占“第一”战略为店铺运营提出了新的思路，而在大城市中选址和开店应该运用怎样的战术呢？那就是在大城市开旗舰店或者多开店。

大城市多开店战略迎合了大城市的特点和消费者的购物心理：大城市店多，信息丰富，消费者喜欢比较同类商品后再进行购买。同一品牌在一条街上开几家店，就形成了品牌的“大造势”，强化了品牌在消费者心目中的形象，增加了成功的概率。常见的多开店方式以位置错落、相互呼应为宜。

总之，终端店铺选址是一项系统而缜密的工程，在宏观上，区域经济、收入水平、居住区规划、导入人口质量等发展趋势都是要考虑的因素。此外，店铺所在道路的特性、店铺的类型都是“旺”铺的构成条件，应综合考量。

6.5.4　选择药品零售企业店址的技巧和程序

1. 根据经验选址的技巧

（1）黄金地段选址。例如，在市区或在繁华地段选址开设店铺，不要因高房租而退却，要认真分析投入资金所能带来的收益。一般而言，只要开店选址正确，高投入是会带来高回报的。当然，高租金增加了经营成本，势必会增加门店的经营压力和风险，因此必须仔细核算后再作决定。

（2）繁华地段并不是唯一选择。并非所有的繁华地段都是开店的黄金地段，因为有的地方表面上车水马龙，但不一定是聚客的好地方。这也正是不少在闹市的门店不如在小巷的门店生意繁忙的重要原因所在。符合开设门店构想的地址就是好地址，即不管位置是否在繁华区，只要能使生意兴隆的地方就是好地方，就是正确的选址。

（3）门店方位的重视。门店方位是指门店正门的朝向，这与当地气候有关，并受朝向、日照程度、日照时间等因素的影响。比如在南方，门店的正面最好不要向西，因为中午有数小时的阳光直射门店朝西的小店，会使得门店内气温升高，顾客不愿入内，而安装空调则会增加耗电量，加大经营成本。

（4）其他技巧。具体如下：选择有预期性的地址，即在不久的将来会“由冷变热”，而且目前还没有被看好的地址；选择靠近大医院、大企业街道的一边；选择靠近人口会增加的地区；选择经营方向相辅相成的店铺做邻居；选择地址时，应重视店铺所在建筑提供的销售、展示、储藏等设施是否符合经营要求；在同一街道两侧选择店铺门面，以客流量多、可见度高、交通不易堵塞的位置为佳；有时不一定选择街道最旺的那个地点，也可以选择一般的地点，多租几个店面，这最适用于有经济实力、开大中规模门店的连锁企业。

2. 根据地段选址的技巧

（1）商业街的选择。在商业经营中，某一条街道或某一地点集中经营同一类商品，称为商业街。由于这里店铺云集，竞争激烈，而且商品品种齐全，因此顾客在这里既可以方便地购物，又可以得到相对优质的服务。

（2）拐角与三岔口的选择。两条街交叉或拐角处是比较理想的门店开设地，因为拐角处有两大优势：一是可以增加橱窗陈列的面积，以吸引较多的路人光顾本店；二是可以通过两个以上的入口方便顾客入店。其一般做法是，选择交通流量大的一面作为正门。

（3）临街的选择。选择经营场地的先决条件之一是人多的地方。而且，一般来讲，门面越大，陈列的商品越丰富，就越容易引起路人的注意，相应地，营业额也越高。

【开拓视野】 街边店选址口诀

店铺选址有方法，先外后内分步骤；一看街道曲或直，二看人流左或右；
三查沿街店铺数，四量门前人行道；五辨树牌是否挡，外部环境重人气；
来客方向无遮挡，去客方向有屏障；店铺层高高为好，门槛踏步要平坦；
店面宜宽不宜窄，迎客没门没商量；财源滚滚不可挡，营造关键靠明堂。

3. 根据区域选址的技巧

（1）在社区内。在社区内开设门店，最关键的是要使门店独具风格。这种风格既可以表现在服务周到、价格合理、店面整洁上，又可以表现在经营品种丰富或经营方式和服务方式上的创新，如药店接受患者问询、代为熬制中药、深夜窗口等。总之，一定要使经营的店铺新颖、有创意。

（2）在办公区。这里的办公区指的是公司比较集中的地段。在这里开设门店，其主要的消费对象是上班族，而他们的消费时间一般为中午短暂的休息时间和用餐以及上下班的途中时间。因此，门店离办公室要近，或处在上班族上班的路线上等。

（3）在写字楼。其目标顾客是白领阶层。写字楼里的商铺生意最好的时段为中午休息时间。如果写字楼里的药店能做到经营的商品具有一定的特点，开出自己的特色，如除了经营日常药品外，还可以设置健康性食品、饮料的专柜，一样可以赢得丰硕业绩。

（4）紧临医疗、养老机构。药店紧临医院，在目标顾客流量方面，在争取医生处方药方面有较大竞争优势；因为老年人的生理机制决定了这个人群的慢性病患者比例大，对药品的依赖程度高，所以药店紧临养老机构，做到医养结合，在为老年人提供便利的同时，也会提高自身业绩。

【开拓视野】　零售企业选址禁忌

1. 高速路边。高速路的两旁和中间一般都有隔离带，无法穿越，而且高速路两旁也很少有停车场。因此，即使这里有客流量，也不宜作为门店选址的区域。

2. 坡路上。一般情况下，门店的地面与道路路面基本上处在一个水平面上比较有利于顾客进入。

3. 有障碍物。门前不宜有障碍物，否则会挡住门面，影响门店的可见度，减少客源。

4. 居民少的地段。在这种地方，人流较少，尽量不要开设新门店。

5. 死巷（不能穿过的胡同）。这种地方空气沉闷，人流量少，因此门店大门不宜正对着死巷。

4. 选择药品零售企业店址的程序

（1）确认前提条件。确认前提条件就是综合考虑各种相关因素，制定零售企业的选址标准。具体要考虑以下几个方面的因素：一是配合企业开发方针，能容易形成较强吸引力的重点区域，以及可以朝该方向发展的区域；二是人口与家庭；三是道路，靠近与日常生活紧密相关的道路；四是地形与住宅，在该地区可以获得足够的市场支持，而且还有广阔的腹地。

（2）选准目标顾客，以此选择经营区域。首先要对目标顾客的日常行为进行分析，从而发现成功的契机；其次是根据目标市场、服务对象选择门店设置的区域；再次是根据企业的经营规模和特点，测算企业投资回收率，在此基础上认真选择，确定方位。

（3）制图。在确定店址后，绘制出该区域的简图，并标出如零售企业的朝向、竞争对手或互补零售企业、商事机构、客流集中地、客流量、客流方向、居民区等具体信息。信息越具体、综合考虑达到最优的，机会越大，从而保证店址决策的正确性。

（4）通过市场调查，实施具体方案。零售企业设址的基本区域确定后，必须进行周密的市场调查，将选定的几个地点加以比较，做出选择。确定店址的具体位置后，应抓紧时间投资修建门店。至于如何启动，则需要拟定切实可行的实施方案并加以贯彻落实。

【开动脑筋】

假设医药零售企业的门店所在区域内有两家大型医疗机构，这时门店是应该设在距离某一家医疗机构近的位置，还是要设在两家医疗机构的中间位置呢？

课后思考

1. 简述药品零售企业选址的概念和意义。
2. 简述市场调查的主要内容和方法。
3. 选择零售企业开发区域的方法有哪些？
4. 商圈调查的内容是什么？
5. 选择药品零售企业店址的策略有哪些？

案例分析

零售药店选址原则[①]

选址对零售药店至关重要，它直接影响药店的兴衰成败。零售药店的经营绩效取决于三个要素：一是商品，包括品种、质量、价格以及陈列、宣传；二是药品的品牌和服务；三是所处地址与位置。其中地址、位置是关键。因为前两个要素可以在经营过程中逐步调整、改进、完善、提高，而地址一旦选定就不能轻易改变。例如，广州某大药房于 2006 年 4 月底高调入市，开办 2 家新店，但惨淡经营 3 个月后匆匆关门，投入 200 万元血本无归，原因仅是当初选址不当。陕西某药房在西安市灞桥区一家大型制造业公司福利区设立了一家门店，面积只有 50～60 平方米，月租金 2000 多元，但月销售额在 10 万元以上，开业 3 年后牢牢站稳了脚跟。

零售药店选址遵循的原则主要有以下两个。

一是遵循政府相关政策与规定。《零售药店设置暂行规定》第七条规定："药店的设置应遵循合理布局和方便群众购药的原则，其具体规定由省（区、市）药品监督管理局组织制定。"目前我国大多数城市零售药店的设置设有距离限制。如北京市 2002 年规定新开药店必须要相隔 350 米，但对前门、王府井、西单、花市四个繁华地区暂不作限制。太原市药监局举行听证会，以划分区域的方法规范药店的合理布局，药店密集的地方将禁止开新店。青岛市要求新开办零售药店的距离不少于 300 米。成都市出台《成都市药品零售企业设置规定》，设置 A、B、C 三种区域类型。其中，A 类区域按每 1 万人不超过 2 个零售药店、营业面积 100 平方米以上、与相邻最近的药店距离 300 米以上进行设置。西安市药监局自 2004 年一直坚持执行新开办或地址变更药店的拟定地址应与原药店保持不少于 350 米的距离；对城区居住人口较多的区域，新开办或地址变更药店的拟定地址应与原药店保持不少于 150 米的规定。广州等城市纷纷做出了"住宅禁商"的规定。因此，所在地政府部门的相关政策规定是零售药店选址遵循的首要原则。

二是定量定性综合评估原则。科学的选址方法是经过认真调研预测，综合市场潜力、消费水平、地域环境和成本等多种因素，定量与定性结合起来评估，多方案选择，最终确

---

① 资料来源：李卷仓、原淑芹："零售药店选址探讨"，《西北药学杂志》2007 年 10 月第 22 卷第 5 期。

定最佳地点。作为连锁化零售企业，要有战略布局。当进入一个城市或区域市场时，要对整个市场的布局做出总体规划，再根据目标客户群进行布点。

? 思考题

结合本章有关药品连锁企业门店选址的知识与技巧，举例说明药店开发拓展店铺应注意哪些问题。

第7章 药品价格管理

学习重点及要点

1. 药品定价的基本概念
2. 影响药品定价的因素
3. 我国药品定价的发展历程及现状
4. 药品定价的方法与策略
5. 国外的药品定价机制
6. 药品价格调整的原因及各方反应

案例导读

兰州太宝的价格与渠道双重整合策略

兰州太宝制药有限公司是甘肃省外贸出口生产企业，其“唐龙”商标被评为甘肃省著名商标。该公司立足传统中药，依靠雄厚的科研实力，面向国内外市场，致力于中药浓缩产品的研制和生产，其产品包括中药浓缩丸、中药浓缩配方颗粒等6个剂型，400多个品种规格。

在国内市场的开拓过程中，该公司调整了营销思路，制定并实施了价格策略与渠道策略的双重整合方案。在价格策略方面，采取低价格销售，让利于终端的价格策略模式，通过低价让利调动连锁药店的积极性，使药店内部对本公司产品实行主推，实现药店利益最大化。在销售渠道策略方面，该公司与百强连锁药店紧密合作，采取一步到终端的渠道模式，实行品种区域独家经营，保护经营者利益，减少了药品流通环节，节约了流通成本，加强了信息沟通等。

这种价格策略与渠道策略的双重整合销售方式，使该公司的产品很快占领了国内一、二线城市的市场，提高了其 OTC 药品的市场占有率，在短期内就给公司带来了新的利润增长点。

资料来源：罗臻、刘永忠主编：《医药市场营销学》，清华大学出版社 2014 年版，第 132 页。

7.1 药品定价概述

7.1.1 药品价格的概念

药品从生产领域经过流通领域后再进入消费领域，在流通领域中又要经过批发、零售等环节。药品经过每一个环节就是一次买卖，相应地就要有一个价格，这样就形成了出厂价、批发价、零售价等药品价格形式。

1. 药品出厂价

药品出厂价是药品生产企业向批发企业销售药品时的价格，它由药品生产成本加生产企业的利润构成，是批发企业的药品收购价格或称为“药品的进价”。药品出厂价是药品进入流通领域第一个环节的价格。由于在流通领域中的药品经营企业（批发和零售）都是以获得药品进销差价或批零差价作为医药招商企业的利润，所以药品出厂价的高低将会影响其后各个环节上的药价，并最终会影响卖给终端消费者的零售价格，进而影响消费者的购买。所以，药品出厂价是制定其后各环节价格的基础。

2. 药品批发价

药品批发价是药品批发企业向零售药店或医疗单位的药房销售药品时的价格，它由药品的购进成本加进销差价构成。因为该环节的药品价格处于出厂价和零售价之间，所以批发价的确定有助于稳定药品的流通市场。

3. 药品零售价

药品零售价是零售药店或医疗单位的药房向消费者销售药品时的价格，它由购进成本

（即药品进价）加上批零差价构成。由于零售价是药品流通中最后一个环节的价格，所以与消费者的利益直接相关。

4. 药品差价

药品差价是指药品处于不同的流通环节所形成的价格差额，具体包括进销（购销）差价和批零差价两种。药品差价有差价额和差价率两种表现形式。差价额是构成药品差价的两种价格之间的差额。差价率是差价额占计算基价的百分比，简称差率。其一般的计算公式是：

差价率 = 差价额/计算基价 ×100%

计算基价可以是出厂价、批发价或是零售价。如果用构成差价的两种价格中较低的价格作为计算基价，那么差率就称为加价率；如果用较高的价格作为计算基价，那么差价率就称为折扣率或倒扣率。在实际工作中，前者一般简称为顺加，后者一般简称为倒扣。

（1）药品进销差价。药品进销差价又称购销差价，是指药品批发商在同一时间、同一市场购进和销售同一种药品的购进价格和销售价格之间的差额。具体而言，就是同一种药品出厂价和批发价之间的差额。药品进销差价主要由批发商在组织药品流通过程中的合理流通费用和一定的利润构成。其计算公式是：

进销差价 = 批发价 - 出厂价

在实际工作中，进销差价主要有两个作用。

一是由药品出厂价计算批发价。这是指由批发商根据国家规定的进销差率（这是一种顺加的差率，即进销差价占出厂价的百分比）来制定批发价格。在该种定价方法中，批发价随着出厂价的变动而变动，一般称为顺加定价法。其计算公式是：

进销差率 = 进销差价/出厂价 ×100%

批发价 = 出厂价 ×（1 + 进销差率）

二是由批发价倒算出厂价。这是指由批发商（或国家）制定出某种药品的批发价，然后倒扣一定比例的销进差率（这是一种倒扣差率，即进销差价占批发价的百分比）最终形成出厂价。此时，出厂价随着批发价的变动而变动，一般称为销价倒推法、向后定价法。其计算公式是：

销进差率 = 进销差价/批发价 ×100%

出厂价 = 批发价 × （1 - 销进差率）

（2）药品批零差价。药品批零差价是指药品批发价与零售价之间的差额。它是由零售商（零售药店、医疗单位药房）在经营药品的过程中形成的，包括零售商的流通费用、合理利润及税金。批零差价量的大小可用批零差价额和批零差价率两种形式表示。批零差价额即批发价和零售价之间的差额；批零差价率则是批零差价额占批发价的百分比，称为顺加批零差率，即通常所说的批零差率。在已知药品批发价和国家规定的批零差率的情况下，零售商可以确定其零售价。其计算公式是：

批零差价额 = 零售价 - 批发价

批零差率 = 批零差价/批发价 ×100%

不含税零售价 = 批发价 × （1 + 批零差率）

含税零售价 = 批发价 × （1 + 批零差率） × （1 + 增值税率）

【开拓视野】 我国的药品流通环节

药品市场由于比一般商品市场多出“医疗服务”这一关键要素，其参与主体即为制药企业、流通企业、流通终端、患者以及国家医保基金或商业保险基金，较其他市场而言多出一只国家医保基金或商业保险基金，用于支付药品费用。同时，药品市场由于药品本身的特殊性，因此有了与普通商品不一样的特性。我国的药品流通参与主体和环节示意图如图 7.1 所示。

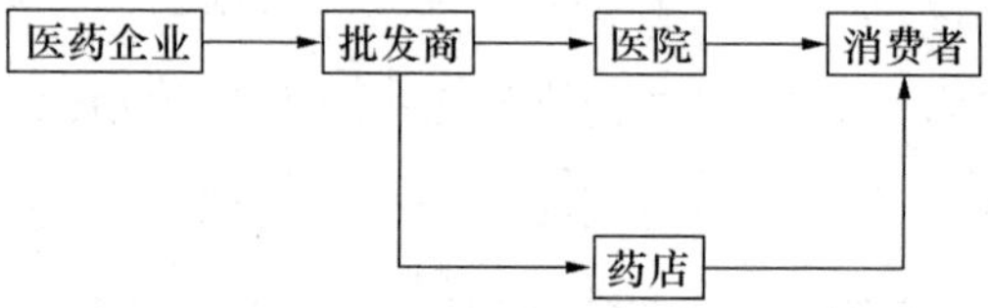

图 7.1　我国的药品流通参与主体和环节示意

7.1.2　影响药品定价的因素

1. 药品价格的构成要素

药品价格主要由定价成本、国家税金及企业利润等方面构成。药品的定价成本指价格主管部门制定价格所依据的合理成本，是医药企业生产或者经营同种药品的社会平均合理支出费用，主要由制造成本和期间费用构成。

（1）制造成本。在市场经济中，医药产品的价格水平有一条最低界线，就是制造成本，即生产成本。如果一个企业的药品价格低于其制造成本，就会导致企业的亏损甚至倒闭。制造成本指生产一定数量的某种药品所耗费的物质资料的货币表现和支付给劳动者的工资。

药品的制造成本包括以下四个方面：一是原料、辅料、包装材料、燃料动力消耗费用的支出；二是生产工人和管理人员的工资支出；三是企业厂房和机械设备等固定资产的折旧；四是其他直接支出。企业生产经营过程中所消耗的原材料、备品配件、外购半成品、生产工人计件工资等，通常属于直接成本。车间管理人员的工资、车间房屋建筑物和机器设备的折旧、租赁费、修理费、机物料消耗、水电费、办公费等，通常属于间接成本。停工损失一般也属于间接成本。对制药企业而言，不可忽略的成本还包括企业排污减排的环保成本。

（2）期间费用。期间费用即流通费用，指从生产领域到消费领域的转移过程中所发生的劳动耗费的货币表现。期间费用是指不能直接归属于某个特定产品成本的费用。它是随着时间推移而发生的，与当期产品的管理和产品销售直接相关，而与产品的产量、产品的制造过程无直接关系，因而不能列入产品制造成本。期间费用包括直接从企业的当期产品销售收入中扣除的营业费用、管理费用和财务费用。

药品的期间费用包括：一是推广促进费用，如广告、宣传、技术推广费用；二是销售机构费用，如销售人员工资、奖金、福利、培训、管理、差旅等费用；三是市场费用，如市场调查、市场管理等费用；四是医学费用，如药品注册、临床试验等费用；五是发运费用，如运输、保险、仓储等费用。

制造成本加期间费用等于完全成本，也叫总成本，其中包括固定成本和变动成本。固定成本是指不随药品种类及数量的变动而变动的成本，如厂房、机器、设备的折旧，市场调研费，药品开发费等。变动成本是指随药品种类和数量的变化而变动的成本，如原材料、燃料、储运费用，销售提成等。

（3）企业利润。企业利润是指企业在一定时期内生产经营的财务成果，包括营业利润、投资收益和营业外收支净额，是存在利息的情况下的产业利润和商业利润的总称，它在数量上就是平均利润和利息的差额。影响企业利润的因素主要有四个：产品的价格、产品的单位变动成本、产品的销售量、产品的固定成本。其中任何一个因素的变动都会引起企业利润的变动，甚至会使一个企业由盈变亏，也会使一个企业扭亏为盈。

企业的营业利润是指营业收入减去营业成本和费用（包括生产成本、管理费用、销售费用及财务费用），再减去营业收入应负担的税金后的数额。企业利润是指生产总值超过生产成本的差额，用公式表示为：利润 = 生产总值 − 生产成本。企业税后利润一般按以下顺序进行分配：一是弥补企业以前年度亏损；二是提取法定盈余公积金；三是提取公益金；四是向所有者分配利润。

药品企业利润是指药品价格减去生产成本、期间费用和税金后的余额。它不仅是企业生产经营追求的最终目标，也是价格构成中的重要因素。合理确定价格构成中的利润十分重要，它直接影响到药品的价格水平，关系到药品价格的市场竞争力。对于药品的利润，应根据市场供求状况，按照公平、合理和诚信、质价相符的原则来确定。

（4）国家税金。国家税金是国家通过税法的形式，按规定的税率进行征收而取得的财政收入。生产企业必须按照国家税法义务缴纳税金。中国现行税法按其与药品价格的关系分为价外税和价内税。价外税（所得税）可直接由企业利润来负担，企业不能把其加入药品价格中；而价内税可以加入药品价格中。例如，我国从 1984 年 10 月 1 日至 1994 年 12 月 31 日实行的产品税、增值税以及 1994 年税制改革实施的消费税，均属于价内税。药品的价内税主要是增值税。在我国，增值税是对在中国境内销售货物或者提供加工、修理修配劳务以及进口货物的单位和个人，以其货物销售或提供劳务的增值额和进口货物金额为征税对象而征收的一种流转税。中国的标准增值税率是 17%。这里产品税金不仅是价格的一个合理部分，同时也是价值的一个有机部分。作为税收分配对象和税收来源的是产品价值中的剩余产品价值，其商品的价内税具有参与国民收入初次分配的特殊功能。因此，税金也是构成药品价格的重要因素。

2. 决定药品价格的因素

按照经济学的理论，商品的价格决定商品的价值以及供求。但由于药品具有公共产品的性质，其定价比一般商品要复杂得多。影响药品价格的因素可以从供方（研发成本、市场开拓成本和制造成本）、需方（消费者的价值、消费者的支付意愿）和政策导向（鼓励创新、具体国情、均衡多方利益、体现产业政策要求等）等方面来考虑。具体如下。

（1）企业内部因素。医药企业内部的主要影响因素有三个：一是医药产品的研发费用。一个创新药物研发时间长、成本高、风险大，制药企业收回投资的压力最终将体现在新药的上市价格上。二是医药产品的疗效价值。医药产品的疗效价值在于其预防、治疗和诊断疾病的实际效果，因此疗效价值将是决定医药产品价格的最基本因素。三是高额的促销费用。这是医药领域的一个显著特点，也是造成药品价格持续上涨的主要因素之一。

（2）市场需求。市场需求受诸多因素影响，但主要是受人口、购买力和购买动机影响。购买力就是顾客的支付能力，它受收入和物价水平的制约。传统的做法是首先制造产品，然后根据成本来定价。现代营销学提倡的做法则是首先分析消费者的支付能力，确定产品价格的范围，再制造相应的产品来满足顾客的需求。购买动机反映了消费者对医药产品的向往程度。消费者的意愿强度不同，对于愿意支付的价格就有较大差别。例如儿童药品，消费者大多愿意接受质优价高的药品。因此，企业应根据消费者对药品的需求强度来选择价格水平。

（3）消费心理。对于任何一种商品，人们在购买时会因个人条件和环境等不同而产生不同的消费心理。市场营销人员研究消费者心理的目的是在制定价格时尽量与消费者的心理预期相吻合，以减少产品销售的难度。

一般有以下几种心理因素影响药品的价格。

①自尊心理。这类消费者一般收入较高，在购买商品时追求档次和品位。针对这种心理，定价常采用整数计价和高档次定价法。这种定价常见于一些高档保健食品的定价。

②实惠心理。这是普通大众的消费心理，希望花钱少而疗效好。针对这类消费者，企业定价常采用尾数计价法，走薄利多销的路子。普通药品常采用这种方法。一些平价药的出现也是为了满足消费者的这种心理。

③信誉心理。这类消费者比较重视药品的品牌、产地、医药企业的信誉，认为知名品牌、进口药、按照 GMP 要求生产的药品质量好，价格高是合理的，特别是在医治疑难病症时消费者的这种心理更为突出。对于这类消费者，医药企业需要力创名牌，走优质优价之路。

④对比心理。一些久病成医型的消费者，对于药品价格信息比较敏感，善于进行比较分析。因此，医药企业在制定药品价格时，要充分比较、参考竞争对手的价格，以免因价格高而堵塞销路。

（4）国家价格政策。任何企业都处于一定的宏观环境中，政府会对价格进行适当的调控与干预。中国的《药品管理法》《反不正当竞争法》《价格法》等法律法规，都在价格上对企业进行了约束与规范。这就要求医药企业不断学习与研究药品的价格政策，充分考虑产业政策导向，药品定价机制要符合国家对医药产业政策的定位。

7.1.3 药品定价的重要性

药品是与人的生命健康息息相关的特殊商品，药品价格关系到制药企业、药品经营企业、医疗机构和患者等多方利益。在医药营销中，价格对产品销售与推广起着相当重要的作用，良好的价格体系和价格策略对品牌的打造、对消费者的培养甚至对企业文化的提升都有积极的推动作用。

药品价格是医药企业营销人员销售产品的重要依据，也是企业获取利润的重要途径，直接影响到企业的生存和发展。企业只有定好药品价格，才能使企业更好地适应市场竞争发展，吸引更多的客户来购买企业的药品。企业成功定价的目的，除了积极参与市场竞争战胜对手外，还包含着企业对产品的市场筹划和利润期望。所以，为药品妥善定价，既能使企业发展战略与市场行情有效地契合，又能增强企业对区域市场的掌控程度，极大地提升药品在市场上的表现，促进企业的利润目标顺利实现。

由此可见，企业药品定价的重要性主要表现在以下四个方面。

（1）医药企业产品定价的成功与否，直接关系到医药产品类别和市场渠道的建设。每个医药企业都有自己的产品定位和市场定位，每个产品也与自己特定的消费群体相对应。企业成功对产品定价，有利于更好地满足特定的消费群体。

（2）医药企业对药品的定价，会影响企业收益回报的数量和速度，以及企业不可缺少的现金流控制。科学合理的定价可以使企业分散产品的市场运作风险，保障企业利润及市场控制力得到有效提升。

（3）医药企业产品定价，会直接影响区域市场上同类医药产品的构成及消费潮流，定价合理会使产品的市场表现活跃，直接带动市场竞争的升级，在一定程度上引导和刺激消费者的购买欲望，从而促成对消费市场的拉动和平衡。也就是说，当我们需要为一个产品定价的时候，既要考虑产品的企业成本，又要考虑市场的综合因素，抓住消费者的购买心理，营造良好的消费氛围，带动消费，刺激消费，培养、挖掘潜在的消费群，并以此提高产品市场占有率，从而达到利润最大化的目的。

（4）一个优秀的制药企业，要成就一个甚至几个名牌产品，价格与企业文化之间有着十分亲密的内在关联。作为一个知名企业，不但要在营销方式和手段上高人一等，还要受到社会关注，为此，必须经常参加各项社会公益活动。参加社会公益活动就需要资金的捐助与投入，而若没有良好的价格空间，社会捐助就无从谈起。因此，一个制药企业的社会性不是价格如何低廉，而是在于进入良性发展后如何对社会进行付出，如何回报社会，而这种付出又会转化成消费者忠实度的推动力。

7.1.4　我国药品定价机制的发展历程

作为特殊商品的药品，发挥着保证人民身体健康的重要作用。新中国成立后，为弥补财政对医疗机构补助的不足，国家规定在药品购销中，医疗机构享受与药品零售企业相同的价格政策，在批发价（进价）的基础上，可以加政府规定差率销售药品（即“以药补医”的政策）。这一政策的实施，对于我国医疗卫生事业的发展，起到了积极的作用。

20 世纪 80 年代以来，随着改革开放和市场经济的发展，在药品购销中出现了虚高定价、高折扣、大回扣销售等不正之风，客观上造成了药品价格上涨，增加了患者和社会的不合理医药费用负担。为此，国家计委先后颁布了《药品价格管理暂行办法》《药品价格管理暂行办法的补充规定》和《关于药品价格检查处理中有关政策界限问题的通知》等一系列法规和文件，开展了药品价格的整顿和改革工作。

我国的药价改革经历了以下几个时期。

1. 1949 ~ 1978 年：药品价格的计划管理时期

这一时期属于我国的计划经济时期，我国药品价格主要由政府计划管理。政府对药品价格的管制主要集中在药品生产、流通及销售环节，计划的特色十分明显，同时对价格的规定也十分严格：药品的出厂价规定为药品生产成本加上成本的 5%，批发价则是在出厂价基础上加 5%，而最终流通到最终端的医院的零售价是在批发价上加 15%。计划经济的特色决定了最终的药价会被限制在一定范围内。

这一时期，我国药品价格监管制度从政策与法规层面都有严格的规定和约束，确保了药品价格从定价、执行直至监管的强制性。这是在当时的经济发展以及国情要求下的特殊对策。正是在该制度的保证下，我国实现了在经费不足的情况下解决数亿人口健康保健的重大问题，因此还受到了世界卫生组织的高度评价。

然而，这一时期的药品价格监管制度也存在着一些缺陷。首先，药品价格监管行政机构以及行业协会的部门设置多而杂，存在着“小而全”“大而全”的状况，使卫生资源的闲置和浪费现象时有发生。其次，在计划经济体制的约束下，价格受到严格束缚，缺乏竞争力，使对应的技术和服务质量偏低，从而造成了医疗系统内部竞争和激励机制的缺乏，运行效率低下。

2. 1979～1991 年：计划与市场调节的过渡时期

这一时期属于药品价格计划与市场相互协调、共同作用的过渡时期。随着《物价管理暂行条例》的出台以及《中华人民共和国价格管理条例》的修订，使药品价格的制定更趋于合理和规范。

在这一时期，政府对药品价格的管理政策进行了一系列的调整。首先，在药品价格的具体执行方面，实行“双轨制”，也就是两种收费标准：药品价格对自费病人保持不变，而对公费医疗和劳保病人的部分，药价的制定标准主要根据不含工资的成本价格收费。其次，对新研制的药品以及高新技术服务的定价实行不含工资的成本定价政策。再次，在药品价格监管方面，实行部分放开和医院按差率定零售价的浮动管理政策。对药品的价格管理逐步放开，价格改革进一步深化。1986 年，国家主要针对少数药品实行政府定价，而到了 1988 年，已经改为实行上游放开、终端管制的浮动管制模式。

总之，这一时期在药品价格管理方面，重在定价措施的逐步转变，对药品“高定价、大回扣”等交易腐败现象采取了一定的监管措施。在当时的医药合业体制下，由于药品市场尚未完全放开，药品品种和价格相对稳定。

3. 1992～2000 年：市场经济体制下的价格管理时期

随着市场经济改革步伐的进一步加快，同时伴随新医改的逐步实施，药品价格改革作为一项重要的配套措施得到了关注。在这一阶段，尤其是以 1996 年作为主要分水岭，药品价格监管方面主要由国家计委和卫生部负责；而物价部门主要对药品价格的制定和执行进行定期的监督核查，卫生部门主要对药品的合理采购使用和药品收入进行控制。

在 1996 年以前，实行的是相对宽松的价格改革措施，国家适度放松了监管药品价格的力度，改由市场调节除中药材以及基本药品外的大多数药品的价格。然而，因为过度重复建设生产和流通设施，使得药品流通和生产呈现出白热化的局面，彻底改变了计划经济体制下“一级零售、三级批发”的局面，企业为了生产和发展，不得不采取不规范的措施来进行销售，药品价格呈现出极其混乱的局面，尤以高回扣、高折扣以及高定价为代表。

1996~2000年，国家加大了治理药品价格的力度。国务院批示相关政府部门加强整顿和治理药价秩序，并完善管理和调控药品价格的体系和制度。该阶段管理体制的特点为政府监督和管理大约200类基本药品的市场价格，其余药品由市场和企业的竞争决定，并加大了对零售、批发和出厂等环节的价格管理和控制，取得了一些成效。

1998年，国家计委下发《关于完善药品价格政策改进药品价格管理的通知》，对药品生产企业销售药品的折扣率做出了最高不超过药品价格5%的规定，对购买方（包括批发企业、零售企业和医疗单位）的折扣率和差率也做出了明确规定，要求购买方以实际进价为基础，加销货方给予的不超过5%的折扣率和规定差率，制定批发价或零售价。价格以外其他形式的折扣一律禁止。并对医疗单位和药品生产经营企业的进、销等行为做出了明确具体的规定。例如，对于药品生产经营企业未在发票上填写折扣后价格的，对于购买方购买药品时索要实物、赞助费、宣传费、促销费、科研费、劳务费的，对于不按折扣后价格制定批发、零售价格的，各级价格主管部门要会同有关部门严肃查处。但是这一政策很快遭到了医疗部门的反对，医疗部门反对的理由主要包括：折扣是药品经营的一种促销手段，是受法律保护的，人为地将药品折扣规定为不超过5%，既与法律相悖，又不符合市场竞争的基本原则，药品的高折扣、大回扣根本上源于药品的虚高价格，应从源头治理；药品价格整改涉及医院补偿机制问题，药品价格调整的同时，医疗服务价格不能及时配套调整，医院因药品价格改革减少的收入得不到合理解决，结果不仅将影响医疗机构参加药价改革的积极性，还必将影响药价改革的进展。建议采取方法简单、易于操作的药品价格管理办法，即控制药品零售价的办法，淡化政府对零售以前药品生产流通各个环节的价格控制，简化价格管理层次和手续，让市场发挥调节作用。

针对医疗部门对折扣率和差率管理制度的态度，1999年7月，国务院关于调整医药购销中的不正之风工作汇报会研究决定：凡列入《基本医疗保险甲类药品目录》的药品，均由国家统一规定零售价格并予以公布，不再规定差率；其他药品按照购进价格和政府规定的差率，由经营企业和医疗机构自主定价；在购销过程中，必须按照实际价格开具发票。1999年10月，国家计委进一步阐释了不再实行按实际进价加规定差率作价的规定，药品零售单位不得突破制定的零售价格销售。

4. 2000 年至今：完善药品价格体系和制度

21 世纪伊始到 2015 年初，国家初步完善了管理和调控药品价格的体系与制度。2000 年，政府颁布了《关于改革药品价格管理的意见的通知》。其涵盖的重点内容如下：对调控和管理的药品的适用范围进行了调整，国家管理价格的药品只包括医保药品和一些特殊药品；对政府定价模式进行了优化和调整，改由市场调节价与政府定价两者结合的管理和调控药品价格的模式，废除原先零售、批发和出厂定价的模式，实行最高零售价格制度，使得企业可以根据市场竞争调整药品批发和出厂价格，使零售、批发和出厂价格因市场竞争受到了有效的制约。

该时期，国家相继制定和完善了药品定价的目录以及办法，优化了管理和调控药价的体系和制度，使得药品价格得到了大幅度的降低。在这期间，我国药品价格政府管制主要采取以下几个措施。

（1）制定药品价格政府管制的政策、法规。2004 年 5 月 19 日，国家发改委出台文件，降低 24 种抗感染类药品的最高零售价格。2005 年 4 月 6 日，国家发改委又出台了《药品差比价规则（试行）》，在药品定价方面更加科学化和透明化。同年 9 月，国家又推出了降低 22 种药品零售价格的文件。与此同时，为了规避价格的无序涨幅，2006 年 5 月，国家对抗肿瘤药品的最高零售价格进行了重新规定；同年 8 月，又对青霉素等 99 种抗微生物药品的最高零售价格进行了重新界定。

（2）严格准入制度，限定药品价格上限。随着药品定价主体的转变，多元化主体逐渐取代了单一主体。另外，国家也明确了放开价格的药品由药品经营者自主定价，不受国家规定的价格限制。随着国家对药品最高限价政策的出台，规定药品的最高限价先由药品生产商报请生产成本，然后以此为依据，按照加成方法最终确定最高限价值。一般所选的加成比例是生产成本的 15% ~20% 。

（3）实行政府采购，遏制药品价格虚高。通过政府集中采购机制，规范整个药品进货渠道，借助公开招标的方式，最大限度地使药品价格透明化、合理化。在招标过程中，国家、医疗机构与药品厂商之间展开多方博弈。在实施政府采购之前，更多的药品采购招投标容易产生规避招投标的现象，从而使得中标药品品种越来越少，导致药品定价的不规范性。因此，招标药品，尤其是中标价低的药品不被普遍使用，加之招标药品比例较低，群众感受不到招标带来的实惠。

2015 年 5 月，国家发改委同国家卫计委、人保部等多个部门发出《关于印发推进药品价格改革意见的通知》，决定从 2015 年 6 月 1 日起，除麻醉药品和第一类精神药品仍暂时实行最高出厂价和最高零售价管理外，其他药品政府定价均予以取消，这部分药品约为 2700 种。同时，自 1996 年以来国家发改委出台的 166 个药品定调价文件被一举废止。这次改革是建立以市场为主导的药品价格形成机制的顶层设计，由原来的政府“单只手”管制药品价格转变为更好地发挥政府、市场“两只手”作用，相关政府部门的角色将转变为药品市场竞争秩序和合理价格形成机制的维护者。药品定价不再实行最高零售限价管理，按照分类管理原则，通过不同的方式由市场形成价格。其中，医保基金支付的药品，通过制定医保支付标准探索引导药品价格合理形成的机制；专利药品、独家生产药品，通过建立公开透明、多方参与的谈判机制形成价格；医保目录外的血液制品、国家统一采购的预防免疫药品、国家免费的艾滋病抗病毒治疗药品和避孕药具，通过招标采购或谈判形成价格；其他原来实行市场调节价的药品，继续由生产经营者依据生产经营成本和市场供求情况，自主制定价格。

7.1.5　我国的药品定价政策

按照《价格法》《药品管理法》及《药品管理法实施条例》的规定，药品价格制定的主要依据是宏观调控与市场调节相结合。根据药品的特殊性以及不同种类药品的研发和生产成本的不同，药品定价主要有三种形式，即市场调节价、政府指导价和政府定价。

1. 药品的政府定价

政府定价的药品，主要指在政府制定价格范围目录内的药品，其价格的制定、审批、执行和监管由国家发改委和中央及省级价格主管部门负责。一般来说，该类药品除少数垄断性经营的药品外都必须严格执行政府定价，其他多数药品均采用最高零售价。但是，对于不同品牌、不同企业生产的政府定价药品，如果该药品的有效性和安全性明显优于其他同类产品时，可申请单独定价并报请批准。但 2015 年 5 月，国家发改委同国家卫计委、人保部等多个部门发出《关于印发推进药品价格改革意见的通知》，决定从 2015 年 6 月 1

日起，取消绝大部分药品政府定价，完善药品采购机制，发挥医保控费作用，药品实际交易价格主要由市场竞争形成。

采用政府定价和政府指导价的药品，各级价格主管部门依照《价格法》《药品管理法》规定，结合药品的平均生产成本、市场供求状况等因素制定和调整药品价格。同时，以药品是否已经被列入政府制定价格范围为依据，由中央和省两级价格主管部门制定价格。一般来说，药品的省级定价范围主要是针对国家医保目录内的非处方药、民族药，部分中药饮片以及地方调剂进入地方医保的品种。就现在的统计情况来看，已经进入政府定价目录的药品多达2400种，占到了整个药品市场销售份额的60%左右。

2. 药品的市场定价

实行市场调节定价的药品，最终的药品市场销售价格由药品生产企业、销售企业和医疗机构按照公平、合理、质价相符的原则共同参与，最终确定药品的价格。药品生产企业确定药品的出厂价时，主要参考药品生产的原材料成本、包装成本等生产成本，报当地省级政府价格主管部门备案即可。由于药品流通渠道环节多，成本增加在该环节中较为明显，又由于国家允许医院在药品采购价格的基础上加15%的利差销售，因此很多医院的药品售价较高。而在一般的药店中，由于供求关系和价格机制作用，药品价格一般比较平稳，不会起伏很大。

3. 药品集中招标采购制度

从20世纪末开始，我国试行药品的集中招标采购，并逐步向全国推广。药品的集中招标采购旨在改革药品流通体制，借助批量化采购，从而很好地实现降低药品价格、削减药价虚高成分的作用，最终实现进一步降低药品零售价格的目的。但是从药品集中招标采购的实施效果来看，并不是十分理想。

7.2 药品定价的方法和策略

7.2.1 药品定价的方法

合理的药品价格标准是其价格既受消费者欢迎，又使企业满意，且具有相当的竞争力。因此，医药企业在确定药品价格时必须考虑三个主要因素，即药品的生产成本、竞争者和替代品价格及消费者的认知价值，并且药品价格必须处于药品成本与消费者认知价值这两者之间。药品成本是其价格的下限，价格低于成本则企业无利可图；消费者的认知价值（或心理预期价格）是其价格的上限。医药企业的药品价格必然处于这两者之间并需充分考虑竞争因素。而定价方法的选择对药品价格的制定及市场拓展关系重大。药品价格主管部门或医药企业在选择定价方法时应考虑这三个主要因素，使药品价格合理并有弹性。

目前，产品的定价方法包括成本导向定价法、竞争导向定价法和需求导向定价法。

1. 成本导向定价法

成本导向定价法指企业以生产经营医药产品过程中所产生的成本为定价基础的定价方法。它以药品单位成本为基本依据，再加上预期利润来确定价格，是企业最常用、最基本的定价方法。该方法的优点是计算简便，特别是在市场环境基本稳定的情况下，可使企业获得预期的利润。缺点是这种方法从主观愿望出发，只考虑了产品本身的成本和预期利润，盲目性很大，忽略了市场竞争与市场需求对价格的影响，也没有考虑产品生命周期的问题，因而灵活性较差，无论在短期或长期都不能使企业获得最佳利润。

成本导向定价法按照成本定价的性质不同，又可以分为以下几种。

（1）成本加成定价法。成本加成定价法是以成本为中心的定价方法。其特点是按照成本加成本的若干百分比来制定商品的销售价格的定价方法，即以单位医药产品成本加上固定的百分率为该药品的出售价格。成本加成定价法是诸多定价方法中最简单、采用最为普遍的定价方法。其计算公式为：

$$单位产品价格 = 单位产品成本 \times (1 + 加成率)$$

加成率即预期利润与产品总成本的百分比。例如某药品生产成本 10 元，毛利率为 20%，此药品价格为：$10 \times (1 + 20\%) = 12$ 元。

采用成本加成定价法，一要准确核算成本，二要确定恰当的利润率。这种方法的优点是简化了定价程序，简单易行，企业能够获得合理利润。其缺点是在开放市场机制下的生产厂家为自己的新产品定价时，如果只考虑成本加成因素而忽略需求弹性、竞争产品的数量与价格、产品生命周期等因素的影响，价格就很难真正反映商品的价值。同时由于加成比例的控制没有标准可以遵循，也就为商品的虚高定价创造了条件。

(2) 目标利润定价法。目标利润定价法是根据企业的总成本和计划完成的总销量，并在此基础上加上预期的固定利润（这个利润不随成本的变化而变化），来制定销售价格的定价方法。其计算公式为：

药品单价 =（总成本 + 目标利润）/产量

例如，某医药企业年固定总成本为500万元，单件变动成本为10元，年产量为20万件，企业的年目标利润为100万元，该产品的单价为：(500万 + 10 × 20万 + 100万）/20万 = 40元。

这种方法适用于追求长期利润、市场占有率较高或具有垄断性质的企业定价。其优点是可以保证实现既定的目标利润，并考虑到销量对制定价格的影响，但忽略了竞争和需求对价格的影响。

(3) 盈亏平衡定价法。盈亏平衡定价法也称量本利分析法，是以总成本和总收入保持平衡为定价原则。这种方法是在假设企业生产的医药产品全部可销的条件下，决定保证企业既不亏损也不盈利时的产品最低价格水平，是在分析企业未来的生产数量、成本、价格及收益之间关系的基础上，合理确定医药产品销售价格的定价方法。当总成本等于总收入时，企业利润为零收支平衡，此时的价格使企业不盈不亏，为保本价格（见图7.2）。通常，盈亏平衡点的计算公式为：

销售量 × 保本价格 = 固定成本 + 变动成本

此公式可以推导为：

保本价格 = 固定成本/销售量 + 单位变动成本

如果企业考虑预期利润，则可将计算公式变为：

药品单价 =（固定成本 + 利润额）/销售量 + 单位变动成本

例如，某医药企业年固定成本为210万元，预期销量1万件，单位变动成本为150元，需要实现利润10万元，则此时产品的单价为：(210万 + 10万）/1万 + 150 = 370元。

这种方法的优点是企业可以在较大范围内灵活掌握价格水平，而且运用简便，但前提是首先应掌握企业总成本、预期销量、预期利润等，并以产品能够全部销售出去为前提。

(4) 变动成本定价法。变动成本定价法也称边际贡献定价法，是以边际成本为基础，不计算固定成本，按变动成本加预期的边际贡献来确定价格的定价方法。其计算公式为：

单位产品价格 = 单位变动成本 + 边际贡献

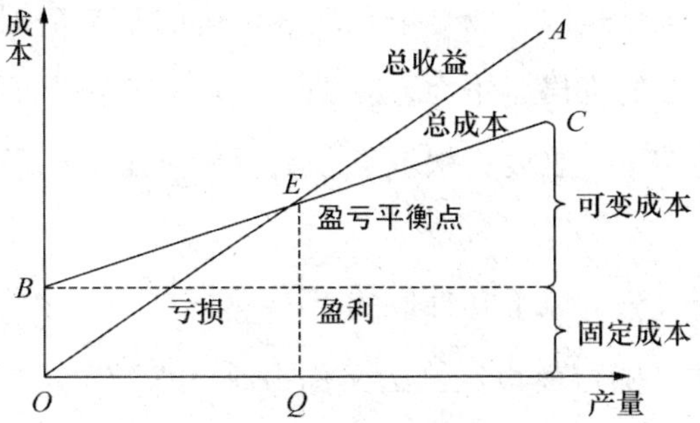

图 7.2　盈亏平衡分析

边际成本为每增加一个单位产品的生产令企业总成本产生的增加额。

单位边际贡献为每增加一个单位产品的销售给企业带来的总利润的增加额，即：

$$边际贡献 = 产品价格 - 变动成本$$

例如，某企业的年固定成本是 18 万元，每件产品的单位变动成本是 50 元，计划边际贡献是 15 万元，当销售量预计为 6000 件时，其价格为：50 + 15 万/6000 = 75 元。

当边际贡献 > 固定成本时，盈利；

当边际贡献 = 固定成本时，盈亏平衡；

当 0 < 边际贡献 < 固定成本时，亏本；

当边际贡献 = 0 时，停止经营。

这种方法的优点是不受任意分摊不变成本的影响；以变动成本为定价基础，兼顾了市场需求状况，定价灵活、竞争性强；有利于企业确定能够接受的最低价格界限。其缺点是忽视了完全成本及价值的补偿，长期下去，有亏本倒闭的危险。

【开动脑筋】

成本加成定价法、目标利润定价法、盈亏平衡定价法、变动成本定价法的共同缺陷是什么？

2. 竞争导向定价法

竞争导向定价法是以市场上相互竞争的同类药品价格为基本定价依据，并随着竞争状况的变化确定和调整价格水平的定价方法。这种方法的特点是着眼于竞争者的价格，以竞争对手的价格为转移。其优点是以市场竞争状况为定价的基本依据，其出发点是要保持和强化企业在一定市场条件下的价格竞争力，有助于企业从价格方面保持竞争优势。其缺点是收集竞争者的信息可能有一定难度；根据竞争状况所制定的药品价格，有时也是企业难以承受的。

竞争导向定价法一般可分为以下几种形式。

（1）随行就市定价法。随行就市定价法又称为流行水准定价，指与本行业同类医药产品的价格水平保持一致的定价方法。这种定价方法适合于近似完全竞争的商品。适用这种定价法的医药产品，一般需求弹性小，供求基本平衡，市场竞争较充分，且市场上已经形成了一种行业价格，医药企业轻易不会偏离这个通行价格，除非它有很强的竞争力和营销策略。

采用这种方法的优点是可以避免挑起价格战，与同行业和平共处，减少市场风险；同时可以补偿平均成本，获得适度利润，易为消费者所接受。因此，这是一种较为保守的定价法，尤其被中小企业普遍采用。

（2）投标定价法。投标定价法是指由投标竞争的方式确定商品价格的方法。这是中国医疗机构普遍实行集中招标采购药品以来医药企业必须采用的定价方法。

投标定价法一般有公开投标和密封投标两种形式。公开投标有公证人参加监视，广泛邀请各方有条件的投标者报价，公开成交。密封投标由招标人自行选定中标者，投标的价格主要以竞争者可能的递标价格为转移。标价低的竞争者，可增加中标机会，但不可低于边际成本，否则就不能保证适当利益；而标价过高，中标机会又会太小。由于各企业密封投标，中标概率难以估计，因此，医药企业在报价时，既要考虑实现企业目标利润，又要结合竞争状况考核中标概率。最佳报价应是目标利润与中标概率两者之间的最佳组合。

企业经常通过计算期望利润的办法来确定投标价格。期望利润即某一投标价格所能取得的利润与估计中标的可能性的乘积，期望利润最大的投标价格，即为企业最佳的投标报价。

（3）主动竞争定价法。主动竞争定价法是指根据企业医药产品的实际情况及与对手的产品差异状况来确定价格的方法。这是一种主动竞争的定价方法，一般为实力雄厚、产品独具特色的医药企业采用。这种方法通常将企业估算价格与市场上竞争者的价格进行比较，分为高于竞争者定价、等于竞争者定价、低于竞争者定价三个价格层次。高于竞争者定价适用于具有优势、消费者愿意支付更多费用的品牌产品。低于竞争者定价通常情况下是为了促进销售，扩大市场占有率。

3. 需求导向定价法

需求导向定价法是指企业在定价时不再以成本为基础，而是以消费者对药品价值的理解和需求强度为依据来制定药品价格的一种方法。例如，人们在药品使用上普遍存在的"普通药品价格以低为好，新特药品价格以高为优"心理，就反映了人们对这些药品价值理解。这种方法主要考虑企业外部因素，即以药品在市场上的需求强度为定价基础，根据需求强度的不同而在一定范围内变动，需求强时价高，需求低时价低。该方法的优点是以市场需求状况为定价依据，制定的价格也最容易得到消费者的认可；在成本允许的条件下，依据市场需求定价，也有利于企业获得最佳效益。其缺点是根据该方法确定的为消费者接受的价格并不一定是企业所乐于或能够接受的价格，在实践中操作难度较高。

需求导向定价法具体可分为以下几种方法。

（1）反向定价法。反向定价法又称为销售价格倒推法，实际工作中俗称倒剥皮定价法。这种方法是以市场需求为定价出发点，力求价格能为消费者所接受。其特点是不以产品成本为依据直接制定出厂价格，而是先以市场需求状况、消费者的期望价格为基础，根据产销量、利润目标等因素制定出市场零售价，然后推算出批发价、出厂价。其计算公式为：

$$\text{出厂价}=\text{市场可销零售价}/(1+\text{批零差率})/(1+\text{进销差率})$$

或：

$$\text{出厂价}=\text{市场可销零售价}-\text{批零差价}-\text{进销差价}$$

这种定价方法适用于需求弹性大、花色品种多、产品更新快、市场竞争激烈的商品和企业新开发的、拟投放市场的新产品。其主要优点是价格能反映市场需求，能够保证中间商的正常利润。

（2）需求差异定价法。需求差异定价法以需求为定价的依据，首先强调适应消费者需求的不同特性，而将成本补偿放在次要的地位。这种定价方法适用于同一商品在同一市场上制定两个或两个以上的价格，或使不同商品价格之间的差额大于其成本之间的差额。这些不同的价格体现的是不同市场对该产品需求的迫切程度的差异。其优点是可以使医药企业定价最大限度地符合市场需求，促进医药产品销售，有利于企业获取最佳的经济效益。

在不同的地区、不同的时间、不同的营销条件下，不同的消费者对某种药品的需求强度是不一样的。因此，企业可以根据这些不同情况制定药品价格。具体可分为四种情形。

①以顾客为基础的差别定价。消费者收入不同，其需求弹性也不同，据此可对同一产品制定不同的价格。如同一医药产品根据医院终端和药店终端制定不同的两种价格，一般医院销售价格略高。

②以地理位置为基础的差别定价。如同一医药产品在不同国家和地区的售价不同，这主要是考虑到当地购买力水平各有不同。

③以时间差异为基础的差别定价。根据同一商品在不同时间、季节里的不同需求强度可对其制定不同的价格，主要适用于中药材定价。

④以产品为基础的差别定价。对不同批号或式样的商品，制定不同的价格，如同等质量的医药产品，包装规格小的可定价略高。

实行需求差异定价法的条件有如下几个：医药市场能够根据需求强度的不同进行细分；细分后的医药市场在一定时期内相对独立，互不干扰；对于医药企业来说，实行不同价格的总收入要高于同一价格的收入；高价市场中不能有低价竞争者；价格差异适度，不会引起消费者的反感。

7.2.2 药品定价的策略

1. 折扣折让策略

折扣折让是降价的特殊形式，是指在原定价格基础上给予购买者一定的价格优惠，以吸引其购买的一种价格策略。这里主要介绍与药品相关的几种形式。

（1）现款折扣。现款折扣是对迅速支付账款的购买者的价格优惠，因此也叫付款期折扣。例如“2/10，30 天付款”，意思是账款在 30 天内付清，但若在 10 天内付款，则给予 2% 的折扣。这种折扣策略在许多行业都非常盛行，它有助于改善销售者的现金流动性，降低呆账风险及收款的成本。实行现金折扣的关键是合理确定折扣率。一般来说，折扣率不能高于企业由于加速资金周转所增加的盈利，同时，折扣率应比同期银行存款利率稍高一些。

（2）数量折扣。数量折扣是指企业对购买药品数量大的顾客给予价格优惠。其目的是鼓励顾客大量购买药品从而降低企业在销售、储运、记账等环节中的成本费用。这种折扣策略可以刺激顾客在固定的地方订货与购买，培养顾客的购买忠诚度。

数量折扣又分为两类。一类是累计数量折扣，即在一定时期内购买药品累计达到一定数量所给予的价格优惠。这种方法在批发及零售业务中经常被采用，可以鼓励客户长期购买本企业药品。另一类是非累计数量折扣，即一次购买某种药品达到一定数量或购买多种药品达到一定金额所给予的价格优惠。这种折扣策略可以鼓励客户大量购买，从而增加销售量，增加盈利。

（3）贸易折扣。贸易折扣又称功能折扣、同业折扣或中间商折扣等，是指企业根据中间商担负的不同功能及对企业贡献的大小给予不同的折扣优惠。例如，给予批发商的折扣要大于零售商，规模大的零售商能比规模小的零售商更便宜地买到某一药品。

贸易折扣的具体做法有两种。一种是先确定药品的零售价格，然后再按照不同的比率对不同的中间商倒算折扣率。例如，某企业生产的某种药品的零售价为 30 元，贸易折扣为 40% 和 10%，则表示零售商享受的价格为 30 ×（1 − 40%）= 18 元，批发商享受的价格是在此基础上再折扣 10%，即 18 ×（1 − 10%）= 16.2 元。另一种是先确定药品的出厂价，然后再按不同的差价率顺序相加，依次制定出各种批发价和零售价。例如，某企业生产的某种药品的出厂价为 10 元，给批发商的差价率为 19%，给零售商的差价率为 37%，则批发价为 10 ×（1 + 19%）= 11.9 元，零售价为 10 ×（1 + 37%）= 13.7 元。

（4）季节折扣。季节折扣是对在淡季购买药品的购买者的价格优惠。采用这种策略可以鼓励客户早进货、早购买，减轻企业的仓储压力，加速资金周转。还可以使企业的生产和销售不受季节变化的影响，保持相对稳定。例如，对一些滋补药品的销售就可以采用这一策略。

（5）促销折让。促销折让是指生产企业对为其药品进行广告宣传、布置专用橱窗等促销活动的中间商给予减价或津贴，作为对其开展促销活动的报酬，以鼓励中间商积极宣传本企业的药品。这种策略特别适合于新药的导入期，其实质是企业为开拓药品市场而支付的费用。

2. 心理定价策略

心理定价策略是企业运用心理学原理，针对消费者在购买过程中的心理状态，来确定药品价格的一种策略。这是一种非理性的定价策略，但在现代市场经济中，往往可以激发和强化消费者的购买欲望，因此有其重要的位置。

针对消费者不同的需求心理，可采用以下几种形式。

（1）整数定价。整数定价与尾数定价相反，即按整数而非尾数定价，是指企业把原本应该定价为零数的商品价格改定为高于这个零数价格的整数。整数定价是针对消费者的求名、求方便心理，将医药产品价格有意定为以“0”结尾的整数。心理学研究表明，消费者往往倾向于以价论质，而将医药产品的价格定为整数，使商品显得高档，正好迎合了消费者的这种心理。整数定价一般多用于价格较高的医药产品。

（2）尾数定价。尾数定价，又称奇数定价，或者零头定价，是指利用消费者在数字认识上的某种心理制定尾数价格，使消费者产生商品价格较廉、商家定价认真以及售价接近成本等信任感。这种定价方法多用于价格低廉的医药产品。心理学研究表明，价格尾数的微小差别，能够明显影响消费者的购买行为。一般来说，价格较低的医药产品采取零头结尾，常用的尾数为“8”和“9”，这会给消费者以便宜感，同时因标价精确又给人以信赖感而易于扩大销售。

（3）声望定价。声望定价是指企业利用消费者仰慕名牌的心理来制定医药产品的价格，把价格定成整数或高价，因为消费者通常依据价格的高低来衡量医药产品的质量。对于医药产品而言，声望定价主要适用于名牌药品、稀有药品、医药保健品。采用声望定价策略时应注意：第一，要确保药品质量上乘；第二，严格掌握声望定价与同类普通药品价格的差价，不可过高；第三，不能只靠已有的声望维持高价，要不断提高质量，加强售后服务，巩固消费者的信任感和安全感。

（4）习惯定价。在市场上，有些药品的功能、质量、替代品等情况已为消费者所熟悉，而且消费者对其价格已习以为常。对这类药品，例如常年销售的家庭必备药品，企业制定价格时最好尽量顺应消费者的习惯价格，不能轻易改变，否则会引起消费者的不满，导致购买的转移。即使发生了通货膨胀或药品成本变化，对这类药品也不宜提价。最好的做法是改变包装或改变药品的内在成分以变相提价，如一种中药冲剂原来是每盒 10 包，售价是16元，现在改为每盒8包，售价是13.6元。从表面看，其定价似乎很合理，但实际上每包冲剂涨了0.1元。

（5）最小单位定价。药品价格过高，常常使人望而生畏，不敢问津。若用较小单位标价，会给人以便宜的感觉，从而促进销售。例如，某种名贵中药材标价每10克6元会比标价每公斤600元更容易让消费者接受。

3. 地理定价策略

地理定价策略是一种根据医药产品销售地理位置不同而差别定价的策略。根据这种定价方法，价格是由货物成本加上调整后的运费构成的。其具体形式如下。

（1）产地交货价。产地交货价在国际贸易术语中称为离岸价格或者船上交货价格（FOB），指企业在制定医药产品价格时，只考虑医药产品装上运输工具之前（即交货之前）的费用，其他一切费用（如交货后的运费及保险费等）一律由买方负担的一种定价策略。这种定价策略定出的价格较低，对于距离产地较远的买主是不利的，而对于距离产地较近的买主或有运输优势的买主来说比较容易接受。

（2）目的地交货价。目的地交货价在国际贸易术语中称为到岸价格或成本运费和保险费价格（CIF）。目的地交货价实际上就是生产者的全部成本。使用这种策略，手续较烦琐，卖方承担的费用和风险较大，但有利于扩大医药产品销售额。

（3）统一运货价。统一运货价是不分买方距离的远近，一律实行统一价格，统一送货，一切运输、保险费用都由卖方承担的定价策略。这种策略的优点是扩大了卖主的竞争区域，易赢得消费者的好感，大大简化了计价工作。该策略适用于体积小、重量轻、运费低或运费占成本比例较小的医药产品。

（4）运费补贴价。运费补贴价是为弥补产地交货价策略的不足，减轻买方的运费、保险费等负担，由卖方补贴其部分或全部运费，其实质是运费折价。为了争夺远距离的潜在消费者，医药企业必须通过运费补贴价格来扩大市场销售区域。该策略有利于减轻边远地区顾客的运费负担，使企业保持市场占有率，并不断开拓新市场。

（5）分区运送价。分区运送价也称为区域价格，是在既定地区内向所有买主收取包括运费在内的同一价格，卖主支付实际运费，价格中的运费是该地区平均运费。实行该策略，处于同一价格区域内的顾客，就得不到来自卖方的价格优惠；而处于两个价格区域交界地的顾客，就得承受不同的价格负担。它适用于交货费用在价格中所占比重大的大体积医药产品。

4. 促销定价策略

在某些情况下，企业为促进销售，会暂时性地将其药品价格定在价目表的价格以下，有时甚至低于成本，这种价格就叫促销价格。促销定价策略主要有如下几种形式。

（1）招徕定价。招徕定价是医药企业利用顾客求廉的心理，故意将一些顾客熟悉的、有代表性的医药产品的价格定得很低，以此来吸引顾客。这种定价策略有可能会损害品牌医药产品形象，而且会遭到其他零售商的不满或抵制。

（2）特殊定价。特殊定价是医药企业在特定的时间制定特定的价格来吸引顾客。如有些零售药店在搞“爱眼日”“爱耳日”“爱牙日”等纪念活动时，为配合一定的主题宣教，对相应的专科用药制定临时性的优惠价格等。

（3）心理折扣定价。心理折扣定价是企业开始时故意给医药产品制定较高的价格，然后大幅度降价出售。这种策略多用于中药材等产品的销售。

【开拓视野】 日本药房的“招徕定价”策略

日本创意药房在将一瓶200元的补药以80元超低价出售时，每天都有大批人涌进店中抢购补药，按说如此下去肯定赔本，但财务账目显示出盈余逐月骤增，其原因就在于几乎没有人来店里只买一种药。人们看到补药便宜，就会联想到其他药也一定便宜，便促成了盲目的购买行动。

采用招徕定价策略时，必须注意以下几点。

（1）降价的商品应是消费者常用的，最好是适合于每一个家庭应用的物品，否则没有吸引力。

（2）实行招徕定价的商品，经营的品种要多，以便使顾客有较多的选购机会。

（3）降价商品的降价幅度要大，一般应接近成本或者低于成本。只有这样，才能引起消费者的注意和兴趣，才能激起消费者的购买动机。

（4）降价品的数量要适当，太多则商店亏损太大，太少则容易引起消费者的反感。

（5）降价品应与因伤残而削价的商品明显区别开来。

7.3 国外的药品定价机制

西方发达国家通过制定各种药品价格政策和措施，不仅控制药品价格本身，还控制消费者对药品资源的利用以及医生的合理用药，并通过保险制度和保险机构对药品价格和使用的影响建立健全的用药市场机制，比较有效地控制了药品价格和药品费用，建立起了各有特色的比较成熟的药品价格形成机制。例如，美国是完全的自由定价机制；英国以药品生产成本为基础，对最终售价实施管制；日本以市场批发价为基础，对最终零售价实施管制；德国对药品出厂价无管制，但对批发和零售环节实施利润加成管制；法国对药品出厂价实施指导价格，对批发和零售环节实施加成率管制。上述五国构成了一个从完全自由定价到严格价格管制的完整谱系。

7.3.1 美国的药品定价机制

美国政府对药品市场价格未进行直接干预，是典型的市场决定价格的方式。药品价格主要由各商业医疗保险公司与药品生产或批发企业谈判制定，或通过集中采购，根据批量协商制定药品价格。但对于政府医疗保险项目，美国政府均采取了一定的价格控制措施，包括强制性折扣、限价政策等。影响美国药品市场价格的市场主体分布在制造、批发和零售等流通各环节之中，医保也在其中发挥重要的作用。

1. 药品制造商与出厂价

在药品价格形成中最具影响的主体首选药品制造商。在确定价格及折扣条款时，药品制造商分别和批发商、零售药店、PBMs（Pharmacy Benifit Managers，药品福利管理者）等实体谈判、协商达成不同的合约，并依据这些不同实体对药品销售量的影响而给予不同数量的折扣和回扣。药品制造商根据特定的公式预计市场需求、产品竞争状况、营销成本等，并计算出“批发采购成本”（Wholesale Cost，WAC），这是药品批发商购买产品的基准价格。在WAC的基础上，药品制造商或一些专业中介公司还会公布“平均批发价格”（Average Wholesale Price，AWP）。AWP经常被各种第三方支付者（保险机构）用作补偿的基础，也常作为药品制造商和私人部门药品购买者（如保险、PBMs等）之间价格谈判的基础。在具体的价格谈判过程及结果上，品牌药和仿制药有很大的差别。品牌药制造商通常只是在 AWP 或 WAC 的基础上给予一定百分比的折扣，终端购买者通常能拿到 5% ~ 40% 的折扣。而仿制药制造商与相关利益方的谈判更加频繁，给予的折扣会更大，因此仿制药的价格波动也更大。

2. 药品批发商与批发采购价

在制造环节确定出厂价后，确定批发商的采购价是一个重要的问题。对于品牌药，批发商的采购价相对统一，通常是在 WAC 的基础上减去一定数量的折扣；批发商再在 WAC 的基础上加一定百分比（由批发商与零售商协商确定）出售给其下游。对于仿制药，采购价和出售价都是可变的，依赖于批发商的市场份额。有时，批发商会促成制造商与药店之间的价格谈判，并根据这些药店和制造商协商的不同价格来销售，然后要求制造商返还 WAC 与这些协商价格的差额部分。

3. 药品零售商与零售价

作为零售主体的药店、药房在确定零售价过程中同样发挥着重要的作用。药店与药品制造商谈判以获得折扣和回扣，而折扣和回扣量依赖于其在特定药品上的销售能力。药店与 PBMs 之间也会展开谈判，以便将药店纳入 PBMs 的定点药店网络并获得报销比例。零售药店必须同意对处方药的补偿公式。对于品牌处方药和竞争较少的仿制处方药，补偿公式通常是在 AWP 的基础上减去一定百分比，再加上配送费。对于一般的仿制药，补偿公式通常基于“最大允许成本”（Maximun Allowable Cost，MAC）。MAC 列表规定了对特定仿制药的补偿上限。一般而言，对于进入列表的仿制药，药店获得的支付不高于 MAC 价格。此外，一些小的连锁药店和单体药店还会加入 PBMs 和 GPO（Group Purchasing Organization，药品集团采购组织），借助团体力量与药品批发商甚至制造商谈判，以获得更大比例的回扣。

4. 医保方及其综合性影响

最后一个影响药品价格形成的利益主体是保险计划，尤其是 Medicare 和 Medicaid 计划。各类保险计划一般将处方药的管理及价格谈判外包给 PBMs（或自己成立一个 PBMs）。但也有例外，如退伍军人事务（Veterans Affairs，VA）医疗系统直接从药品制造商处采购药品，并通过自己的医疗系统或在线药店销售药品。VA 单独建立了一个全国性的药品目录库，所有 VA 系统内的机构都必须采购目录内的药品（处方药和非处方药）。与 PBMs 不同的是，在确定药品目录时，VA 更强调药品的疗效而不是价格。

【开拓视野】　美国的药品管理机构

PBMs是药品福利管理机构，代表医疗保险机构（自我保险的雇主、保险公司和健康维护组织等）管理医疗保险计划的处方药部分。其目标是推动以最低的成本提供高质量的药品保健。PBMs起源于20世纪70年代，目前为美国半数以上的被保险人口提供服务。其职能主要包括与药品制造商、批发商谈判药品费用折扣，发展药品供应网络，药品目录管理，药品使用评价，推动以仿制药替代等效品牌药，慢性病管理项目，药品邮购服务等。

GPO是药品集团采购组织，它的起源反映了一个朴素的经济学道理，即买方通过联合来扩大采购量，增加与卖方谈判过程中讨价还价的力量，最终达到降低采购价格的目的。最早的GPO是成立于1910年的纽约医院管理局。20世纪80年代以来，GPO获得了飞速发展，目前美国有超过600个GPO，其中上规模的有30个左右。在美国，医院采购量的72%是借助GPO完成的。

7.3.2　英国的药品定价机制

英国仿制药市场无价格管制，但国家卫生服务系统（National Health System，NHS）对社区药店配发仿制药的费用补偿有一定的限制性要求。品牌药市场受到一定程度的价格管制，价格管制的原则是在降低NHS药品费用与不妨碍药品创新之间达到平衡。品牌药定价一般遵循"药品价格管制方案"（Pharmaceutical Price Regulation Scheme，PPRS）。进入市场之后的品牌药定价机制实际上是最终买方与药品制造商之间直接就药品的最终零售价进行谈判，越过了药品批发商、零售商等中间环节。药品利润的分配并不存在管制性要求。实际上，谈判制定的最终零售价也只是NHS对社区药店补偿的参考价格，最终补偿额度还要经过NHS与社区药店之间的谈判确定。因此，在价格管制基础上，二次议价普遍存在。

1. 药品价格管制方案

英国药品价格管制方案（PPRS）的实施始于1957年。60多年来，该方案经历了较大的变动，逐渐形成两套价格控制措施。

（1）利润控制。根据目标回报率，具体规定了制药公司可以获得的最高和最低回报率水平。英国卫生部对各制药公司（实际上仅包括国内制药公司）的利润每年评价一次，若利润水平超过最高回报率，则英国卫生部会与该制药公司协商要求返款或价格减免；若英国卫生部认为某制药公司的利润水平低于最低回报率，则同意其提价，但价格最高可提到目标利润（根据目标回报率确定的利润）的65%。值得指出的是，利润控制实际上仅适用于品牌药（对 NHS）年销售额超过3500 万英镑的制药公司，销售额不足3500 万英镑的公司仅在其申请提价时英国卫生部才会介入评估。

（2）价格控制。价格控制在公司层面上执行，因此制药公司在总体限制的基础上自由调节其不同种类药品的价格。进入价格减免谈判的制药公司门槛，2009 年 PPRS 规定为年销售额500 万英镑。针对已经进入市场的品牌药，NHS 要求制药公司在利润控制的基础上实行价格减免。2009 年 PPRS 规定第一年的减免水平是 3.9%，第二年减免 1.9%，而此后三年价格可分别增加 0.1%、0.2% 和 0.2%。

2. 药品价值定价机制

PPRS 于 2013 年到期，取而代之的是一种新的定价体系——价值定价机制（Value-Based Pricing，VBP），政府将与制药公司在对药品临床价值进行科学评价的基础上进行费用谈判。一些倡导者认为，VBP 对患者、NHS 以及药品研发公司都是有利的，并会对制药行业的持续发展产生深远影响。

NHS 在政府报告中定义了“价值定价”，即“制定药品的价格，该价格能够体现对患者、医护人员和社会的价值，从经济学角度来讲，其额外成本带来的健康收益超出 NHS 或福利经济学中任何替代项目的相应收益”。换言之，药品的最高价格应该反映它与适当参照品相比所具有的增量效果。

VBP 机制要在维持 NHS 和制药企业之间利益平衡的笼统目标基础上，遵循以下几点原则。

（1）方案要具有可操作性和适当的工作量。

（2）在企业和政府部门间平衡费用稳定性和弹性。

（3）过程完全透明。

（4）保持对药品创新的激励。

VBP 的主要评价方法是采用药物经济学的基础理论，药品价格将基于可替代药品价格，同时要体现新药对比参照药品所具有的价值优势。这种价值主要体现在药品给患者带来的益处、药物需求情况、产品创新、改进情况以及给整个社会带来的效益等方面。为了更好地收集真实的药品数据，政府和制药行业应努力促进医患之间的交流。药品评价的首要指标是临床疗效和成本效果比，药品所治疗疾病的负担和创新性也尤为重要，其中创新性应该最大限度地接近于临床功效的改善。

7.3.3　日本的药品定价机制

1. 药品价格管制模式

日本的药品价格管制由厚生劳动省医政局经济课负责。日本是实行全民医疗保险的国家，主要以药品价格的制定与修订的方式，通过对《药品基准价目标》的药品价格进行管制，试图通过削减药价给付来降低药品费用占全国医疗总支出的比例。日本的药品价格基准制度（即日本的医疗保险药品目录管理）规定了其医疗保险可以使用的药物目录，也规定了所使用药物的结算价格，也就是说政府确定保险药品零售价，医疗保险根据政府定价补偿药品费用。

日本的处方药价格管制规则包括两个部分。首先，新药品第一次进入市场的时候，政府通过与市场上已经存在的相似药品进行比较，确定药品的销售价。若新药明显展现更高的质量，则其销售价格会明显高于已有产品。新药价格可以比参考药品价格高 100%，借以鼓励创新。如果市场上没有类似的药品，政府会根据生产成本和行业平均的运输、销售、促销成本，加上平均加价以确定价格。对于非专利药，政府将其价格定在类似专利药价格的 70%。其次，进入市场之后，药品的销售价每两年动态调整一次，调整依据是上期的批发价、销售价及调整比例等。政府只确定当期的药品最终销售价，但批发价留给市场决定，即由批发商与医院、药店讨价还价确定。这意味着如果医生能以更低的价格购进药品，其利润空间将更大。每个医生降低批发价的动力从整体上促进了社会平均批发价的下降，并通过上述动态定价法最终导致药品零售价的下降。

2. 药品价格调整

因为药品价格经常波动，而且药品批发商与医疗机构之间常有折扣行为，所以医疗机构药品的实际进价往往低于核准的价格。为了能够准确地反映药品市场价格，对于已被收入《药品基准价目标》中的药品，厚生劳动省根据市场上的药品价格调查结果，对药品价格做适当调整。

药品价格调查后，药品价格调整的计算过程如下。

（1）使用量较大的药品，从1992年起采用“合理区间”（R-ZONE）的计算方式，即对于药品价格调查所得到的加权平均价格在合理区间范围内的药品，其原基准价格不变；对于加权平均价格超过合理区间范围的药品，取消其超过部分，即新药品价格 = 加权平均价格 - 原药品价格基准价 × 合理区间。

（2）使用量较少的药品以及要进行调查后上市的新药品，参考以前价格调整时所参考的同品种、同效药品的调整比例进行调整。

（3）老人医疗保险实行单费率。从1990年起，日本的老人医疗保险对长期住院的老人的医疗服务支付方式，由原来的按服务付费制改为单一费率的支付方式。

7.3.4 德国的药品定价机制

在德国，除了暂时性价格冻结，所有药品出厂价由生产商自由确定，无价格管制。从2004年开始，其非处方药的批发价和零售价也由批发商和零售商自由定价。价格管制主要集中在流通环节的加成率控制。法定定价主要针对处方药和列入法定医疗保险（Statutory Health Insurance，SHI）受益药物名录的某些OTC药品类但经由处方开出的药品。新版《药物价格条例》规定生产商出厂售价中的加成幅度固定不变，从而保证了德国境内所有药房零售的处方药的价格相同，以及维持了零售药房在新旧版《药物价格条例》下的总利润相同。此外，该条例还让生产商能够通过出厂价的设定间接控制批发价和零售价。

自从2004年的SHI新法案实施后，非处方药价格不再受管制。除了依据《药物价格条例》的官方价格政策，一定程度的现金折扣也可能在生产商、批发商和药房之间协商达成。根据《药物价格条例》，批发和零售环节的利润加成部分受到规制。德国2004年颁布的新版本《药物价格条例》和老版本之间的主要差异在于，新版本在根据利润加成率计算的利润加成之外，每包药品还可额外收费8.1欧元；在SHI补偿范围内的非处方药仍适用于老版本，而新版本主要适用于处方药。

1. 批发价管制

药品批发补偿通过一个复杂的递减利润加成计划来实现。具体而言，不含增值税的处方药最高批发价计算公式为：

处方药最高批发价 = 出厂价 + 固定费 8.1 欧元 + 出厂价 × 利润加成率

或者：

处方药最高批发价 = 出厂价 + 固定费 8.1 欧元 + 固定利润加成

总体上，药品出厂价越高，加成率或固定加成就越低。不同于药房零售利润加成计划，批发利润加成计划所确定的标准是能够实现的最大利润值。定价公式中“固定费 8.1 欧元”只是用于避免策略性定价行为，利润加成率部分才是该计划的核心。针对纳入医保补偿范围的 OTC 药品的最高批发价公式与上述公式类似，只是不包括固定费部分。在 2004 年，批发商的平均利润率为 4%。

2. 零售价管制

自 2004 年开始，药房所卖的每包处方药的零售价由三部分组成：批发价乘以 103%，每包固定收费 8.1 欧元，19% 的增值税。其中，利润加成率按允许的最大加成率 3% 计算。3% 的利润来自生产商价格加上批发商利润（不包括增值税）。对于售给 SHI 的纳入医保补偿范围的 OTC 药品，老版本《药物价格条例》仍然有效。对于不是售给 SHI 的 OTC 药品，药房可以自由定价。

3. 折扣与回扣

药房补偿还包括药品供应链过程中的折扣与回扣。回扣是德国通过让 SHI 分享各流通环节利润进而控制药物成本的常用手段。德国药物市场基本上存在四种回扣类型。

（1）药物提供者（如生产商、批发商和药房）给予所有联邦疾病基金联合会（SK）组织的强制性回扣或集体性回扣。

（2）单个疾病基金会（SK 的成员，目前超过 450 家）与单个药物提供者（或药物提供者联盟）协商所达成的回扣协议。

（3）医院与生产商（或批发商）达成的回扣协议。

（4）某药物提供者给予另一药物提供者的回扣（如批发商或生产商给药房的回扣）。

SK 组织所收到的强制性回扣由四部分组成。

（1）不在参考定价适用范围内的药物的生产商向 SK 提供的回扣，当前回扣率为 6%，在 2004 年为 16%。

（2）药房零售处方药时给予 SHI 的回扣，当前为每包 2.3 欧元，在 2007 年 7 月之前为 2 欧元。

（3）药房零售 OTC 药品时给予 SHI 5% 的回扣。

（4）仿制药生产商给予 SHI 10% 的回扣。

7.3.5 法国的药品定价机制

在法国，面向医院市场的药品是自由定价；在门诊患者市场，法定医疗保险（SHI）规定没有纳入医保补偿范围的药品及 OTC 药品也是自由定价。药品价格管制只针对 SHI 给予补偿的门诊患者用药，且对生产商、批发商、零售商各个环节都有严格的价格管制。

1. 生产商：出厂价管制

法国卫生保健产品经济委员会（CEPS）的定价委员会负责对纳入医保补偿范围的药品的出厂价进行管制。其主要的价格管制方法为参考定价法，即根据特定药品在法国国内是否存在疗效相似的替代物。参考定价方法又分为两种。

（1）外部参考定价。针对部分能显著影响医疗服务改进水平或治疗成本节约的创新药，由健康保险基金提供参考性价格补偿。法国 CSS 条款 L－162－17－6 详细描述了外部参考定价程序，标准协议（Accord Cadre）2003～2006 的条款 4 规定了创新药的定价过程。具体为生产商就某一种药物所申请的出厂价要与德国、英国、西班牙和意大利四国的相应药品生产商所接受的出厂价相对等，同时同意在这些国家药品出厂价改变时要对相应价格做出调整，并就药品销售量达成意向性协议。如果实际销量违背协议规定量，生产商须为此支付回扣。

（2）内部参考定价。内部参考定价是通过参照疗效可比药物的价格来为特定药物定价的方法。法国透明委员会评估各种申请进入补偿范围的新药价值，及其与现有替代药物相比在疗效上的优势，再按疗效上的创新程度将新药分为五类并分别定价。

2. 批发和零售环节：递减利润加成

对于医保补偿药物，批发商和零售药房的价格与利润均受政府部门的限制；对于不可补偿药物，这两个环节均不受规制。可补偿药物的批发和药房零售利润规则的界定，在1990 年 1 月 2 日以前是基于药物出厂价的一定比例，现在基于递减利润加成计划和药剂师每售一包药固定收取一定费用（0. 53 欧元）。

社会医疗保险计划为这类药物支出的批发补偿通过递减利润加成计划来实现。专利药和仿制药的药房零售利润补偿类似。每包可补偿药物所收取的 0. 53 欧元也包括在零售价中，由患者先垫付，后由健康保险基金或互补健康保险计划返还。对于医院药房分发给非住院患者的医院药物，采用固定收费方式：每交付 3 包药物共收取 28 欧元。

7. 3. 6　各国对药品价格的规制措施的共同性

1. 药品价格规制的目标具有多重性

政府对药品价格的规制措施不仅要提高药品的可及性及医疗服务的公平性，还要在一定程度上保障企业的利益，促进其正常经营及长远发展。规制药品价格可以让利人民群众，但对不同药品要采取不同的规制措施以激励企业的研发创新，保证其长远发展。在对国外药品价格规制的比较研究中发现，对药品不加区别规制的国家一般是以药品进口、仿制生产为主，而对专利药及仿制药区别对待的国家有着很强的药品创新能力，如法国、德国等。垄断世界 45% 的新药品种的美国，对药品价格实施比较宽松的规制政策。除了考虑其高度发达的市场机制可以抑制药品价格之外，美国制定这种宽松的规制政策也是出于激励制药企业研制新药的考虑。其制药企业在这种激励政策下，大量研制开发新药，在本国市场乃至全球市场都富有很强的竞争力，获得了大量利润。

2. 在药品价格规制范围内的大都是处方药

为了方便管理，各国政府根据药品的有效性、安全性原则，以及其品种、规格、剂型、适应症、给药途径等的不同，将药品分为处方药和非处方药。政府对处方药和非处方药实行有差别的药品价格规制：对处方药采取严格的规制措施，直接由政府定价或通过明确规定药品流通差价率来控制药价；对非处方药及专利药，则实施比较宽松的政策，放开部分药品的定价权，让制药企业可以自主定价。目前，我国的药品定价是由中央价格主管部门在政府定价范围内进行处方药的价格规制。

3. 越来越多的国家采用药物经济学的理论和方法对药品进行定价

在各国政府对药品价格进行规制时，除了考虑企业正常经营的各种成本外，还考虑了和药品有关的各种因素。比如对创新药和仿制药的区别定价中，考虑的是药品的创新程度；在参考定价中，药品的定价与国家市场价格水平、同类药品价格水平密切相关。在对药品价格的制定中，各国对药品临床效能、疗效价格比、毒副作用、治疗费用等考虑得越来越多，药物经济学的理论和方法也被越来越多的国家用在药品的定价中，而且事实证明，应用药物经济学对药品的功能进行评定对药品价格的规制有很重要的积极作用。

4. 对药品的价格管制要采取综合手段

要有效控制药品价格，除了单纯对药品价格规制外，还需对药品的消费量进行控制。国外在管制药品价格、控制制药企业的药品生产成本之外，还采取必要措施来控制药品消费者对药品资源的利用。控制资源利用的措施大致包括两个方面：一方面，影响处方者即医生的行为，比如要求处方信息反馈、公开等，通过对医生的行为约束来促进药品的合理使用；另一方面，直接对药品消费者的药品需求进行抑制，如限制药品报销范围、处方费等。

5. 注重对零售环节的药品进行价格干预

各国对药品价格的规制措施虽有所不同，但大部分国家都通过在销售环节的控制来抑制药品价格的虚涨。为了在零售环节对药品价格进行控制，国家一般制定最高的药品零售价，或者直接规定药品的零售价格。保险基金组织对报销参考价格的规定也能影响到零售环节的药品价格。

7.4 药品价格的调整

药品定价会因环境变化而变动，因此医药企业必须审时度势，在适当的时候对价格做出适当的调整。

7.4.1 医药企业变价分析

医药企业主动变价包括提价和降价两个方面。下面主要分析医药企业主动变价的动因。

1. 提价动因分析

提价确实能够增加企业的利润率，但会引起竞争力下降、消费者不满、经销商抱怨，甚至还会受到政府的干预和同行的指责，从而对企业产生不利影响。虽然如此，在实际中仍然存在较多的提价现象。其主要原因如下。

（1）应付产品成本增加，减少成本压力。这是所有产品价格上涨的主要原因。成本的增加或者由于原材料价格上涨，或者由于生产或管理费用提高而引起的。医药企业为了保证利润率不致因此而降低，便采取提价策略。

（2）为了适应通货膨胀，减少医药企业损失。在通货膨胀条件下，即使企业仍能维持原价，随着时间的推移，其利润的实际价值也会呈下降趋势。为了减少损失，企业只好提价，将通货膨胀的压力转嫁给中间商和消费者。

（3）医药产品供不应求，遏制过度消费。对于某些产品来说，在因需求旺盛但生产规模又不能及时扩大而出现供不应求的情况下，企业可以通过提价来遏制需求，同时又可以取得高额利润，在缓解市场压力、使供求趋于平衡的同时，为扩大生产准备了条件。例如 2003 年 SARS 流行时，生产板蓝根冲剂、维生素 C 等医药产品的企业一度提高了产品的价格。

为了保证提价策略的顺利实现，提价时机可选择在以下几种情况下：产品在市场上处于优势地位；产品进入成长期；季节性商品达到销售旺季；竞争对手产品提价。此外，在方式选择上，医药企业应尽可能采用间接提价，把提价的不利因素减少到最低限度，使提价不影响销量和利润，而且能被潜在消费者普遍接受。

2. 降价动因分析

降价是定价者面临的最严峻且具有持续威胁力量的问题。医药企业降价的原因很多，有企业外部需求及竞争等因素的变化，也有企业内部的战略转变、成本变化等，还有国家政策、法令的制约和干预等。这些原因具体表现在以下两个方面。

（1）医药企业急需回笼大量现金。对现金产生迫切需求，既可能是其他产品销售不畅，又可能是为了筹集资金进行某些新活动。此时，医药企业可以通过对某些需求价格弹性大的产品予以大幅度降价，从而增加销售额，获取现金。

（2）医药企业通过降价来开拓新市场。一种产品的潜在顾客往往由于其消费水平的限制而阻碍了其转向现实顾客的可行性。在降价不会对原顾客产生影响的前提下，企业可以通过降价方式来扩大市场份额。不过，为了保证这一策略的成功，有时需要与产品改进策略相配合。

（3）医药企业决策者决定排斥现有市场的边际生产者。对于某些产品来说，各个企业的生产条件、生产成本不同，最低价格也会有所差异。那些以目前价格销售产品仅能保本的企业，在别的企业主动降价以后，会因为价格的被迫降低而得不到利润，于是只好停止生产。这无疑有利于主动降价的企业。

（4）医药企业生产能力过剩，产品供过于求，但是企业又无法通过产品改进和加强促销等措施来扩大销售。在这种情况下，企业必须考虑降价。

（5）医药企业决策者预期降价会扩大销售，由此可望获得更大的生产规模。特别是进入成熟期的产品，降价可以大幅度增进销售，从而在价格和生产规模之间形成良性循环，为企业获取更多的市场份额奠定基础。

（6）成本降低，费用减少，使企业降价成为可能。随着科学技术的进步和企业经营管理水平的提高，许多产品的单位产品成本和费用在不断下降，因此医药企业有条件适当降价。

（7）政治、法律环境及经济形势的变化，迫使企业降价。政府为了实现医药产品价格总水平的下调，保护患者的利益，往往通过政策和法令，采用规定毛利率和最高价格、限制价格变化方式、参与市场竞争等形式，使医药企业下调产品价格。

7.4.2 竞争者对价格调整的反应

虽然透彻地了解竞争者对价格变动的反应几乎不可能，但为了保证调价策略的成功，主动调价的企业又必须考虑竞争者的价格反应。没有估计竞争者反应的调价，往往难以成功，至少不会取得预期效果。

如果所有的竞争者行为相似，只要对一个典型竞争者做出分析就可以了。如果竞争者在规模、市场份额和经营风格等方面有很大的差异，则各个竞争者将会做出不同的反应，这时就应该对各个竞争者分别予以分析。分析的方法是尽可能地获得竞争者的决策程序及反应形式等重要情报，模仿竞争者的立场、观点、方法思考问题。最关键的问题是要弄清楚竞争者的营销目标：如果竞争者的目标是实现企业的长期最大利润，那么，本企业价格降低，它往往不会在价格上做相应反应，而在其他方面做出努力，如加强广告宣传、提高产品质量和服务水平等；如果竞争者的目标是提高市场占有率，它有可能跟随本企业的价格变动而相应调整价格。

在现代市场经济条件下，医药企业经常会面临竞争对手变价的挑战。因此，对竞争对手的变价做出及时、有效的反应，也是企业定价策略的重要内容之一。在专利药品或者差异化大的医药市场上，由于各制药企业的医药产品在品牌、质量、服务、消费者偏好等方面存在差异，价格并非消费者唯一考虑的因素，顾客对较小的价格差异反应并不是很敏感。对于普通药市场，制药企业的同种类产品没有明显的差异，这时消费者对医药产品价格的差别反应敏感：一家制药企业提价，如果其他企业都不会随之提价，那么提价的制药企业就无法继续坚持，否则顾客就转向未提价的企业；一家制药企业降价，其他企业则必须跟随降价，否则大部分顾客将转向价格较低的竞争者。

面对竞争对手降价，制药企业的主要对策有以下四种。

（1）保持价格不变，即依靠消费者对本企业产品的偏爱和忠诚度来抵御竞争者的价格进攻。

（2）保持价格不变，加强产品、渠道、促销等非价格竞争。

（3）部分或完全跟随竞争者的价格变动，采取较稳妥的策略，维持原来的市场格局，巩固已取得的市场地位。

（4）提高价格并提升质量，或者推出新产品，与竞争对手抗衡。

总之，面对竞争对手的价格变动，制药企业必须事先做好防范和应对措施，以较快的速度果断地做出适当的反应，灵活应对竞争者的价格攻击。

7.4.3　消费者对价格调整的反应

医药企业的价格调整行动——无论是提价还是降价，对消费者都会产生一定的影响，消费者也会因此做出一定的反应，具体表现如下。

（1）在一定范围内的价格变动是可以被消费者接受的。但如果提价幅度超过可接受价格的上限，则会引起消费者不满，产生抵触情绪，从而不愿购买其产品；降价幅度低于下限，则会导致消费者的种种疑虑，也对实际购买行为产生抑制作用。

（2）在产品知名度因广告而提高、收入增加、通货膨胀等条件下，消费者可接受的价格上限会提高；在消费者对产品质量有明确认识、收入减少、价格连续下跌等条件下，消费者可接受的下限会降低。

（3）消费者对某种产品降价的可能反应如下：产品将马上因质量低劣而被淘汰；企业遇到财务困难，很快将会停产或转产；价格还要进一步下降；产品成本降低了。而对于某种医药产品的提价则可能这样理解：很多人购买这种产品，我也应该赶快购买，以免价格继续上涨；提价意味着产品质量的改进。

7.4.4 企业对竞争者实施价格调整策略的对策

竞争对手在实施价格调整策略之前，一般都要经过长时间的分析，仔细权衡调价的利害，但是，一旦调价成为现实，这个过程就相当迅速，并且其在调价之前大多采取保密措施，以保证发动价格竞争的突然性。在这种情况下，企业贸然跟进或无动于衷都是不对的，正确的做法是尽快对以下问题进行调查研究：竞争者调价的目的是什么？竞争者调价是长期的还是短期的？竞争者调价将对本企业的市场占有率、销售量、利润、声誉等方面有何影响？其他企业对竞争者调价行动有何反应？企业有几种反应方案？竞争者对企业每一个可能的反应又会有何反应？

课后思考

1. 简述药品定价的概念。药品定价主要受哪些因素影响？
2. 药品价格的构成要素包括哪些？
3. 简述我国药品定价机制的发展历程。简述药品定价的主要方法和策略及其优缺点。
4. 简述国内外药品定价机制的异同。
5. 简述竞争者及消费者对药品价格变动的反应。

案例分析

"平价药店"掀起价格冲击波[①]

2002年8月31日，作为江西第一家平价药房的"开心人"大药房在南昌首次亮相。"开心人"承诺：16大类、5000多种药品售价比国家核定零售价平均低45%。"开心人"开张5天，每天客流量超过1万人，最高日销售额达10万元。"开心人"经媒体报道在南昌城内一夜成名。9月24日，200多名供货商在医院、药店等联手施压下，突然从"开心人"集体撤货，有的还自己掏钱买走自己的药品。一位供货商说："我如果不来撤货，其他药店就会威胁我，不销售我的药。"

与此同时，恶意的投诉举报致使工商等执法部门对"开心人"频繁检查，据说有人质疑"开心人"有不规范经营行为。"开心人"的经营受到重挫。在此期间威胁电话更是不断：要么调价，要么关门。

对于此类"平价药店"的出现，业界褒贬不一，各执一词。它的出现打破了原有的市场平衡，被同行视为一种"抢钱"行为，因此受到了同行的质疑与排挤。除了供货商的围攻，在武汉、成都甚至有药品平价超市遭遇打砸抢、火烧等暴力行径。

思考题

1. 药店怎样能够做到"平价"?
2. "平价药店"为什么会出现?
3. "平价药店"出现后对药品流通业会产生什么影响?

① 资料来源："'平价药店'掀起价格冲击波"，《新浪财经纵横》2003年1月29日。有删减。

第 8 章 药品促销管理

学习重点及要点

1. 药品广告的定义及基本构成要素
2. 非处方药品整合营销传播的原则
3. 处方药的广告促销策略
4. 药店促销的概念、类型及组合因素
5. 药店促销方式及基本流程
6. 医药电子商务的概念、特点及分类
7. 药品网络促销的概念及模式
8. 电子商务对药品促销的影响

案例导读

如何破解零售药店的经营“瓶颈”

在当前的药店经营中，“促销上量”的理念在业界已基本形成，但“营销破局”的想法还只在少数有营销意识的连锁药店决策者中出现。连锁药店应该如何做促销？什么样的营销策略和模式才适合零售药店？如何处理好终端促销与门店营销的关系？这不仅是很多药店经营者颇感困惑的问题，而且也是摆在所有连锁药店决策者面前亟待破解的课题。

1. 零售药店经营的“瓶颈”

零售药店经营的“瓶颈”主要表现在以下三个方面。

一是销售“瓶颈”。当前药店的密度太大。药品消费是刚性需求，总的市场需求就那么大。要想提升销售，只有抢夺其他门店的市场份额、争取医院处方流入和增加非药品的销售。其中增加非药品销售的难度很大，一些门店已有体会。事实上，放弃药店的专业化优势去搞多元化的做法值得商榷。而前两条途径显然会加剧竞争的程度，通过促销抢夺其他门店市场份额的作用是有限的。

二是利润“瓶颈”。销售量减少对利润的影响只是一个方面，而基层医疗机构销售药品实行零差率、药品的行政性强制降价和门店经营成本的不断攀升，对药店利润的影响更大、更难以应对。虽然销量可以通过竞争手段提升，但基层医疗机构的药品实行零差率加上医保报销的优势，使零售药店完全没有了与之竞争的可能性，只能眼睁睁看着客流锐减，并且还得遵守政策规定配备一定数量微利甚至无利的基药品种。

三是发展“瓶颈”。没有一定的利润支撑，药店的发展就是一句空话。不发展无非面临两条路：要么被大鱼吃掉；要么转行做别的。

2. 突围之道：营销强化竞争力

营销就是通过某种手段让更多的人了解产品然后产生购买欲望，再通过系列服务达成销售或购买。这其中有 4 个要素：一是产品，二是手段（策略），三是传播，四是服务。服务其实也是产品，都是有价值的，可以产生利润；策略和传播是为销售产品服务的，是需要投入的。

应如何开展门店营销呢？

首先要明确营销的实质。市场营销是一个发现需求然后满足需求的过程。在药店，综合起来被称为健康需求。只有找准了目标顾客的健康需求，并以最合适的方式满足这些需求，药店的价值才能得到充分体现。

其次要了解影响营销效果的条件。传统营销理论强调产品、价格、促销、渠道（被称为“4P”），是影响营销效果的关键。随着市场环境的日益复杂和不断变化，在“4P”基础上又增加了公共关系和时机这两个“P”，从而构成了颇具影响力的“新 6P”营销理论。

再次要清楚营销包括哪些内容。著名的“4C”理论——顾客、成本、便利、沟通是对门店营销较为完备、科学的概括和总结。也就是，有了需求产品的顾客（定位），控制好经营成本（保持适当的利润），提供便利的购买条件（服务），做好与顾客的沟通（传播）。

资料来源：肖志飞："促销短板营销补"，《21世纪药店》2012年12月10日第B08版。

8.1 药品广告

8.1.1 药品广告概述

当今社会，药品类广告充斥着各大广告媒体。我们在常见的广告媒体，如电视、报纸、杂志等，均会看到某些医药广告。

1. 药品广告的定义

要了解药品广告的定义，先要了解广告的概念来源。"广告"的概念来源可以分为两种。第一种来自西方国家，如"广告"词的拉丁文是Advertere，其意义是"我大喊大叫，以引起注意"。中古英语时代（1300—1475），演变为Advertise，其含义演化为"通知别人某件事，以引起他人注意"。由此可见，英语中"广告"的定义是引起他人注意的活动，包括"广告活动"和"广告作品"。第二种是来自日本的定义，约在明治五年（1872），日本首次将Advertising译成"广告"，不过直到明治二十年（1887）才得到公认。

在广告发展的历史中，很多专家都对"广告学"进行定义，但仁者见仁、智者见智，至今对"广告"也没有明确的定义。最精练的广告定义应该是被称为"现代广告之父"的拉克斯的定义："印在纸上的推销术。"此定义存在两种局限：一是印在纸上，二是推销术。哈佛《企业管理百科全书》认为："广告是一种销售信息，指向一群试听大众，为了付费广告主的利益去寻求经由说服来销售商品服务或观念。"美国广告学家克劳德·霍普金斯将广告定义为："广告将各种高度精练的信息，采用艺术手法，通过各种媒介传播给大众，以加强或改变人们的观念，最终会引导人们的行动。"美国市场营销协会的定义是："广告是由特定的出资者（即广告主），通常以付费方式，通过各种媒体，对商品、劳务或观念等所做的任何形式的'非人员介绍及推广'。"1994年10月27日颁布的《中华人民共和国广告法》中规定，广告是指"商品经营者或者服务提供者承担费用，通过一定媒介和形式直接或者间接地介绍自己所推销的商品或者所提供的服务的商业广告”。

结合医药行业的特点，可以将药品广告理解为属于经济广告，是指以推销药品等为目的，通过广告媒体向消费者传播商品的宣传方式。其含义具体包括如下五点。

第一，药品广告的专属性。

第二，“广”的意思是需运用各种媒体；“告”的意思是需传播相关信息，包括药品企业、产品及服务等方面的信息。

第三，药品广告是为实现某种目的所创作的。主要包括提高企业和产品的知名度、美誉度，增加消费者对企业和产品的了解，提升企业形象等。

第四，宣传方式是指药品广告是一种艺术，而且是宣传的艺术。

第五，药品广告是一种营销的手段，是为企业营销服务的。

2. 药品广告的构成要素

在明确了药品广告的定义之后，还要了解药品广告的构成要素。我们可以从广告运营的角度对药品广告的构成要素进行分析。从药品广告的运作流程角度来看，药品广告的构成要素为广告主、广告商、广告媒体、广告受众及广告环境等。

（1）广告主。广告主即对广告负责的人，包括对广告的内容及广告费用负责。从广告定义来看，药品广告要传播某种信息，也就是说，是谁想发布信息，谁即广告主。一般来说，广告主多是医药企业。

（2）广告商。有人想出资做广告，但未必能制作出精美的、具有一定艺术性的广告。因此，需要有一类组织或个人参与制作广告。这些组织或个人一般称作广告商，其主要功能是制作广告。

（3）广告媒体。广告媒体即能够传播广告信息的媒介，包括大众媒体和小众媒体。大众媒体指传播的对象以社会公众为主的媒体，覆盖面较广、影响较大，包括印刷广告媒体（报纸、杂志等）和电子广告媒体（广播、电视、互联网等）。小众广告传播媒体是指传播对象固定的媒体，覆盖范围较小、针对性较强，包括互联网上的新闻组、电子论坛（BBS）、电子邮件以及户外广告、产品包装、电影院广告等。

（4）广告受众。广告受众是指广告信息的接受者，即广告所要影响的对象，是广告的目标群体。因此，有效确定广告受众能够提高广告的传播效果。广告受众与消费者既有区别，又有联系，其区别在于广告受众是从广告传播的对象来定义的。也就是说，广告受众是广告信息的传播对象，但并不一定能成为消费者；而消费者是指购买某种产品的人，他们也有可能没有接收到相关的广告信息。由此可见，广告受众是可能潜在的消费者，消费者也是广告宣传所要传播的对象。

（5）广告环境。广告环境是指能够影响广告活动的各种因素，如社会文化、风俗习惯、法律与法规、国家政策等。因为药品是一种特殊的商品，关系到老百姓的生命健康以及社会稳定，国家对医药管制较为严格，禁止处方药在大众媒体上做广告，禁止麻醉药品、精神药品、毒性药品、放射性药品等一些药品做广告。因此，药品广告活动必须在国家法律、法规的框架下运作。

3. 药品广告的分类

根据不同的标准及要求，药品广告可以分成不同的类别。例如，根据广告内容的不同可以分为产品广告和企业广告；根据广告媒体的不同可以分为电视广告和报纸广告等。因此，要深入研究药品广告，就必须了解广告的分类。

（1）根据广告媒体分类。根据广告媒体进行分类是一种常见的广告分类方法，因为广告发展是伴随着媒体发展而发展的，而且使用的媒体不同，广告表现手法和效果也不一样。一般来说，按照媒体进行划分的广告有以下几种。

①大众媒体广告。顾名思义，大众媒体广告是指在大众媒体上传播的广告，如报纸广告、广播广告、杂志广告及电视广告这四大传统媒体广告。除此之外，随着互联网的发展，互联网广告也逐渐成为一种新兴的大众媒体广告。互联网广告是指在网络上直接播放的、非沟通性的广告，如旗帜广告、按钮广告、浮动图标广告、赞助广告、插入式广告、关键字广告和分类广告等。

②小众媒体广告。小众媒体广告是相对于大众媒体广告来说的，小众媒体广告所针对的对象相对固定。随着媒体的发展，小众媒体越来越发挥出难以替代的传播优势。最具有发展潜力的小众广告媒体是利用互联网技术进行的、针对性较强的网络媒体，如新闻组、电子论坛、电子邮件等广告传播方式。这类小众媒体的突出特点如下：一是针对性较强。只针对某些关心某种产品、服务或事件的人，信息到达率较高。二是互动性较强。此类媒体不同于传统的大众媒体，是双向传播的，可以实现信息反馈，提高了信息传播效率。三

是时效性强。由于网络是无时不在的，信息沟通也是即时的，不存在时滞问题。但它也有自己的缺点，主要是可信度较差。网络的虚拟性导致在网络上传播的信息的可信度均较差，但这一点可以通过品牌效应来弥补。

③其他媒体广告。如社区广告。通过在某些社区开展一些健康主题的活动，或开展义诊活动等方式传播医药广告信息。又如赠品广告。在药品销售现场发放一些赠品，赠品上均刻有某种药品的广告。

【开动脑筋】

大众传播与小众传播的特点有什么不同？

（2）按照广告目的分类。按照广告的目的，可以划分为产品广告、企业广告、品牌广告、形象广告、观念广告等。

产品广告是指广告的目的在于宣传某种产品，达到促进产品销售的目的。企业广告是指广告的目的在于宣传企业，提高企业的知名度。品牌广告指广告的目的在于提高某个品牌的知名度或美誉度，以达到提高品牌价值的作用。形象广告是指广告的目的在于提高产品或企业的形象，以消除社会对产品或企业的困惑和误解。观念广告是指通过广告向广告受众传递一种新的观念，改变消费者传统的认识或看法。总之，广告是为实现企业的某种目的而创作的。当然，这种目的并不仅仅是促进产品销售。

（3）按照广告的传播区域分类。媒体覆盖面不同，广告传播的范围也不尽相同。按照广告传播的范围，可以划分为全球性广告、全国性广告、地区性广告等。

全球性广告是指广告主在全球范围内传播的广告，主要是争取国际市场消费者的关注与支持。例如，通过互联网发布的广告、在不同国家请国际明星做广告等。全国性广告是指传播范围覆盖整个国家的广告。一般来说，中央电视台及地方卫视播放的广告基本可以覆盖全国范围。地区性广告也叫作地方广告，是指地方媒体传播的广告，其覆盖范围小，受众人数较少。

（4）按照传播的对象不同进行分类。由于影响的对象不同，其广告也是有区别的，如有些广告是针对企业的，而有些广告是针对消费者的。按照传播对象的不同，广告可分为组织市场广告和消费者广告。

组织市场广告是指广告的对象是组织市场，而非最终消费者。例如，对一些制药企业，原料药生产企业可以有针对性地做些广告，以影响其做出购买决策。消费者广告是指广告的对象是最终消费者，如 OTC 广告的主要对象是普通消费者。

【开拓视野】 小众媒体广告的其他几种形式

小众媒体广告还包括以下四种。

（1）户外媒体广告，如路牌广告、交通工具广告、霓虹灯广告、空中媒体广告等。

（2）现场销售广告，也称 POP 广告，如在销售终端（药店）、展销会等场所通过实物展示、演示进行的广告宣传，有橱窗展示、商品系列、彩旗、条幅、真人试验等方式。

（3）DM 广告，即直接邮寄广告，通过邮政系统将相关信息直接寄送给广告受众。

（4）赛事广告，如大型体育活动或文娱活动现场出现的广告形式。

8.1.2 药品广告的功能与作用

1. 药品广告的功能

功能是指事物或方法所产生的作用或起到的效果。药品广告的功能是指药品广告所起的作用和产生的效果。从市场营销学的角度来讲，药品广告的功能可以分为传播功能、营销功能、社会功能。

（1）传播功能。由广告的定义可知，广告的首要功能是传播信息、树立良好的形象，好的广告是沟通企业、经销商和消费者的桥梁。在现代广告蓬勃发展的今天，广告信息作为广告的基本内容，成为社会信息的重要源泉之一，在告知、释疑、解惑、指导等方面具有广泛、积极的作用。医药企业或者经营者运用广告手段向市场、消费者提供商品和服务信息，使消费者了解这些信息，以促成其购买行为。不仅如此，医药企业通过广告了解市场信息，根据反馈的市场信息不断调整企业的经营策略，根据市场的需要制定相应的产品和销售策略，以增强企业的生存竞争能力，并在市场竞争中取得主动。

例如，传统治疗跌打损伤的药物是外贴膏药，患者使用起来不太方便，而气雾剂的广告让消费者了解到喷雾治疗远比外贴膏药更便捷。这就实现了广告的传播功能，即告知、释疑、解惑、指导跌打损伤的药物治疗。

当然，好的药品广告并不仅仅是诱导消费者直接购买某种产品，而它们还让产品在消费者心中留下美好的印象和回忆。也就是说，提高产品或企业的知名度和美誉度，也是其宣传功能的体现。

（2）营销功能。广告作为市场营销组合之一，也应该为营销服务。广告的营销功能包括宣传和促销功能，如增加知名度和美誉度、促进产品分销、增加产品使用量、增加新顾客或保持老顾客等。要想实现上述功能，首要问题是“注意力”问题。也就是说，必须要引起公众的注意，进而培养兴趣，并强化记忆，随后激发其购买欲望，并最终促成消费行为。然而不同的对象有不同的兴趣、需要、价值观，对于同一则广告公众往往有不同的价值判断。因此，广告尽量要做到“同中有异、异中求变、变则通达”，通过各种创意的表现手法，树立独特的销售主张，以取悦不同的广告受众。

在现代的社会化大生产中，医药产品同质性越来越强，如我国 97.5% 的化学药品均为仿制药，产品本身的差异性较小。作为制药企业，如何使自己的产品在竞争中脱颖而出，获得竞争优势，利用广告手段是其较好的选择。通过概念广告、形象广告、疗效广告等，企业可让消费者深入了解其药品的优点，特别是新式产品所带来的利益。例如，通过广告传播其药品使用方便、剂量适中、用药安全等信息，以获得消费者的青睐。

（3）社会功能。药品广告不仅具有传播信息、促进其销售的功能，还应该服务于社会，传播符合社会要求、人民群众利益的思想、道德和文化观念，即应该具有一定的社会功能。

药品广告的传播或多或少地会对社会文化造成广泛而深远的影响，播出的药品广告不管有意还是无意，都会表达出某种思想观念，体现出某种价值判断和价值追求，而人们在观看广告的同时，会潜移默化地接受某种思想或者观念。广告的传播速度快、传播范围广、重复频次高，日积月累，会形成一种深刻的影响力。事实上，多年来，我国社会风气的变化、思想观念的解放、生活方式的改变，无不与广告息息相关。

2. 广告对医药企业的影响和作用

（1）广告是医药企业和市场相互沟通的桥梁。广告作为一种传播的工具，向目标受众传递有关医药产品和服务方面的信息，并劝说目标受众购买产品或服务，是连接广告主与目标受众的桥梁。另外，在市场竞争中，通过广告，医药企业既可以了解竞争对手在产品、客户、价格、渠道等方面的信息，又可以了解到行业的发展情况、市场潜力、产品受欢迎度等。因此，广告是医药企业了解市场信息的一种渠道。

（2）广告促进医药产品的销售。好的广告会促进受众积极购买产品，促进产品销售。例如，某种医药产品在某地区的广告做得不错，本地区销量便逐渐增加，市场占有率不断提升，并有可能使其产品从地区性产品发展成为全国性产品乃至世界性产品。

（3）广告是提高医药企业知名度、创造品牌产品的必要条件。广告的功能之一是传播信息，让消费者了解其产品或服务，以便做出合理选择。消费者之所以选择某企业的产品，是因为相信广告传播的信息。而消费者使用产品后若确实能达到预期的效果，便产生了一定的品牌忠诚度，今后若是有此需要还会购买该产品或者推荐给其他人使用。因此，优秀的广告不仅仅是传播大量的、可靠的信息，还可以获得消费者的信任，从而创造强势的品牌效应。由此可见，创造品牌优势的条件之一是传播可靠的信息，即真实的广告宣传。

（4）成功的广告可以降低产品的成本，提高产品的利润。广告的本质是解决供需双方信息不对称的问题，消费者在选择所需药品时，总要经过搜集信息、比较评价的过程。因此，企业发布广告有利于消费者搜集相关的信息，做出合理的选择。成功的广告会让更多的消费者做出更为科学合理的选择，会使产品销售增长率高于广告费用的增长率，会提高产品的销售量，进而创造更多的利润。

（5）广告能够引领行业的发展。广告的发展也会对医药行业的发展起到风向标的作用。在众多企业中，有的企业会引导消费新时尚。例如，有一种喷雾剂治脚气的产品，由于使用方便，获得消费者青睐，其他企业即通过模仿进行创新，研发出同类产品，以分割目标市场。因此，好的广告能够促使行业内的企业提高创新力，优化产业结构。

（6）广告促进和支援了医药企业的人员促销活动。电视广告、报纸广告等可以为人员推销提供有力支持。好的广告可以形成光晕效应，弥补人员推销个人信誉与威信较低的缺陷，从而有利于推销。另外，消费者比较相信看到或听到的曾经宣传的产品，如电视播放过的广告产品。因此，对于 OTC 药品来说，通过广告宣传的药品往往能够很快打开销路。

8.1.3 处方药的广告促销

由于处方药的购买决策权在医生，只有了解医生接触信息的习惯，才能有效地做好广告促销。

1. 处方药广告的影响因素

（1）医生因素。由于医生平常工作比较繁忙，阅读杂志、报纸等的时间非常有限，而且目前国内的期刊数量又比较多，因此，如果未加选择地在期刊上刊登广告，其效果可能是无效的。要达到良好的传播效果，必须要了解医生的阅读习惯，即不同的医生喜欢阅读何种期刊。一般来说，专科医生一般比较喜欢阅读专业医学杂志，如肿瘤病医生喜欢看肿瘤杂志，中医喜欢看中医杂志。因此，药品广告首选专业杂志做广告效果最佳。另外，某些高水平的综合性杂志上会有一些重要的医药资讯，也有很多医生喜欢这种杂志；由于地理位置的原因和当地文化的影响，很多医生也会阅读一些地方性的杂志，如《广东医药》《山东医药》等。

（2）营销因素。它又可分为媒体因素和广告作品因素。由于国家规定处方药不允许在大众媒体上做广告，因此只能选择在专业期刊上做广告，而专业期刊基本都是以医药期刊为主，所以处方药广告效果取决于医药期刊的传播效果。不同的医药期刊，其影响力、覆盖面等也不尽相同。一般来说，医药核心期刊在专业水平、学术影响力、论文质量和权威性方面得到医生的全面认可，其关注率、阅读率、认可度等均较高。另外，它也是众多医生评职称的首选期刊。因此，选择医药核心期刊做专业的处方药广告，医生的阅读率较高，广告传播的效果较好，而且还能够获得较高的美誉度。

此外，广告作品的质量也会影响到其营销效果。要实现好的营销效果，必须提高广告作品的质量，而广告作品的质量主要包括两方面内容：一是广告信息的传递，如广告中处方药的疗效诉求、安全性、药物经济学价值等，要符合医生的需要。二是表现技法，即通过巧妙、新颖、独特的表现形式，吸引受众的注意力，增强受众的记忆力。特别是对于医药期刊等平面广告媒体来说，应该注意广告作品的面积、造型、色彩、对比度等视觉要素的组合与搭配。

总而言之，只有优秀的、有创意的广告才能脱颖而出，给医生留下深刻的印象，引起其阅读欲望，达到传播信息的目的。

2. 处方药的媒体广告

处方药的媒体广告可以投放在专业期刊、网络媒体、大众媒体等。

（1）专业期刊。考虑到医生的接受心理，处方药在一般医药期刊上做广告时，可以多做一些将健康养生与疾病防治相结合的广告软文，从而避免直接广告给医生带来的逆反效应。相比较而言，专业媒体的最大优势是权威性强，讲究科学性和实用性，且广告相对较少，如果注意广告技巧，多做一些新闻式的广告，能够取得比较理想的宣传效果。

核心期刊①具有两种优势：一是备受关注；二是具有评价功能。核心期刊的最初功能有两个：一是为图书情报机构馆藏期刊提供必要的“参考”；二是为读者选择、阅读期刊文献提供了一种途径。但近几年来核心期刊的功能发生了一些改变，评价功能日趋突出，即核心期刊成为学位授予、职称晋升、成果奖励等活动的评价依据。

（2）网络媒体。网络媒体作为继电视媒体之后的“第四媒体”，在人们的工作、生活、学习过程中正在发挥着越来越重要的作用。无论是门户网站，还是健康、医学类专业网站，都有利于药品知识的传播。

处方药的网络传播对象主要为相关医生，传播内容以介绍疾病及其治疗药物等相关的科普知识为主，突出药物的作用机理、最新学术进展等知识，能够为医师、技师等专业人士浏览、查阅、下载相关专业知识等提供帮助。处方药网络传播的形式主要有处方药新闻报道、视频播放、专业资料下载等。

（3）大众媒体。虽然不允许在大众媒体上做处方药广告，但企业可以做品牌和企业形象宣传方面的广告。另外，还可以做公益性广告、为公众活动冠名和赞助活动等，这都能有效增加品牌的知名度和美誉度。增加公益广告的投放已经成为很多国内制药企业广告的投放方向之一。同时，随着患者知识水平、参与意识、医疗保健意识的增强，他们会越来越多地关注药品品牌，因此，加强处方药宣传能够间接促进处方药销售。

（4）其他媒体形式。进入专业协会或政府疾病预防控制中心也是处方药学术推广的重要方式之一。例如，我国有一家制药企业在向世界卫生组织申请青蒿琥酯注射剂产品预认证，世界卫生组织在发布的新版《疟疾治疗指南》中的疟疾用药部分，就特别强调了青蒿琥酯注射剂治疗重症恶性疟疾的疗效及其优越性。还可以对处方药的相关资料进行整理、编辑，为今后的学术推广打下坚实的基础。例如，某家企业曾经将其某类药物的相关文献

---

① 据《中文核心期刊要目总览》第一版前言，“核心期刊指的是刊载与某一学科（或专业）有关的信息较多，且水平较高，能够反映该学科最新成果和前沿动态，受到该专业读者特别关注的那些期刊”。后虽然经过几次修改，但是其基本定义并未发生太多改变，即将“备受关注”作为一种评价指标。

进行整理，并将在《实用中医药杂志》《国际医药卫生导报》等核心专业期刊发表的 30 余篇相关论文整理成册，用于公司内部人员培训及对外散发，为学术推广提供支持。

3. 处方药的广告策略

（1）选择专业期刊发布广告，提高知名度。专业医药期刊的优点包括三个方面。一是诉求对象准确。专业医药期刊的阅读对象为医生或药师，在这类期刊上发布广告，能够准确锁定受众，减少无效广告的覆盖。二是阅读率较高。专业期刊上有非常专业、权威的学术论文，这类期刊的阅读率较高，在这类期刊上刊登广告，其广告信息的传播面较广、影响力较高。三是广告功能与期刊功能保持一致。对产品广告来说，可分为传播信息、树立品牌、提醒使用等功能。对新产品上市广告而言，其核心功能是传播信息。对医生来说，核心期刊的功能是传播信息，很多医生为了获取最新医药学信息而阅读医药核心期刊。因此，在医药核心期刊上刊登新药广告，往往会起到较好的广告效果。

另外，在一般期刊上刊登提醒式广告。提醒式广告是为了提醒受众使用，其信息量较少，但视觉效果较好。一般医药期刊也是医生获得信息的媒介，但阅读率和信任感并不是很高。因此，在这些期刊上比较适合做提醒式广告。

（2）选择广告发布策略。处方药的广告发布策略主要指协调好发布时机、发布频率、发布量、发布位置等一系列事项。

首先，广告发布时机的选择是否得当，对广告效果有极其重大的影响。发布时机选择得当，则可以增强广告的传播效果；发布时机选择不当，则可能会削弱广告效果。一般情况下，新药上市初期发布信息型广告，采用新闻式的广告形式，让医生了解处方药；上市中期，应以树立品牌形象为主，主要是配合学术推广和医药代表拜访医生；上市后期，为节约费用、保持知名度，主要以提醒式广告为主。

其次，广告发布的频率和数量也是影响广告效果的重要因素。一般情况下，在新药上市初期，为了快速传递信息，广告发布的频率较高，广告量较大；在中期，主要是树立品牌形象，广告频率较低，可以发布一些制作精美、表现力强的广告；在后期，广告频率更低、数目更少，目的在于提醒关注。

再次，广告发布位置的选择对广告效果也有很重要的影响。一般而言，封面、封二位置是医药杂志比较醒目的位置，在这些位置刊登广告，医生的阅读率较高，不过广告费用也较高；而杂志夹页的广告阅读率相对较低，广告费用也较低。到底选择哪个位置做广告，要看企业的营销目标。另外，还可以选择一些小众媒体做专业处方药广告，如病房内的招贴，各种挂号单、处方笺的背面，甚至医院内的路牌、灯箱等，这些广告与目标接触较为频繁，且广告费用较低廉，因此越来越受到企业喜爱。

8.1.4　非处方药的广告促销

由于非处方药的选择权主要在患者，所以非处方药的广告策略和一般产品类似。

1. 非处方药广告策略的步骤

首先，选择消费者常接触的媒体。对一些常见病的药品广告，可以选择消费者常见的媒体，如电视、报纸、路牌及车体广告，这些广告媒体的覆盖面较广，是比较适合非处方药广告的媒体。对于年轻人来说，其在上下班时间会乘坐各种交通工具，所以交通工具广告的信息到达率会较高。节假日时，商业街、购物中心客流量较大，这种地段户外媒体广告的信息到达率较高。8:00～11:00、14:00～15:00是老年人在家的时间，这些时间段通过电视或广播播放针对老年人的药品广告效果较好。21:00～23:00是老年人收听广播的时间，这个时间段在广播中播放药品广告，广告的信息到达率较高。

其次，合理定位广告诉求点。由于消费者接收的信息有限，加上同类产品广告的竞争，要想让消费者记住自己的广告信息，广告诉求必须单一。诉求过多的广告药品，难以让人产生记忆，广告效果不会太好。

再次，注重塑造企业形象和品牌形象。广告费用的价值是转化成企业品牌价值。对非处方药广告来说，只有塑造企业形象和品牌形象，才能够起到长期的促销效果。

2. 非处方药整合营销传播的原则

非处方药整合营销传播是将专业媒体广告、大众媒体的形象广告、拜访医生、学术推广会等各种传播信息的渠道进行整合，提供具有清晰的、连贯性的、独特性的信息，使传播影响力最大化。

非处方药整合营销传播的原则有如下四点。

（1）与权威机构合作。某些权威组织如卫生部、中华医学会等在医生和患者中影响力较大，药品企业与这些组织合作，开展公益性广告传播，往往会使传播效果更强、更广。

例如，2005 年，某外资企业和中华医学会合作，开展针对综合医院内抑郁/焦虑症低诊断率和治疗率而设的“心晴行动计划”活动。此项目将为综合医院医生提供有关诊断和治疗抑郁/焦虑症的专业培训，让他们成为“心晴行动医生”。同时，该企业还通过提供一系列的免费病人教育工具和教育讲座等，让更多抑郁/焦虑症患者主动向“心晴行动医生”寻求帮助，了解自己的病情，早日获得诊治。此项活动使得该企业的品牌知名度、美誉度得到进一步提升。

（2）以公益传播为主。公益传播往往会引起社会的极大关注，包括主流媒体、广大医生和患者等。某合资企业与中国非处方药协会联合发起一项全国安全用药社区教育的“霞光行动”。该活动在全国 25 个省、市的 100 个社区举行，开展了安全用药的宣演活动，并邀请了国内著名的医学、药学专家，通过专家主题讲座的形式为社区居民讲解安全性用药的知识。通过该行动，该企业重新树立了其产品在止痛领域第一品牌的形象。

（3）坚持学术推广。对药品企业来说，只有坚持学术推广，才能取得市场推广的效果。例如，有一家合资企业长期坚持开展各种不同类型的真菌学术演讲活动，每年会根据临床医生对真菌学理论和临床应用的需要，邀请数位外国著名真菌学家到国内进行十余场学术演讲，加快国内临床医生真菌学知识的更新和提高。同时，还邀请国内著名专家学者，根据临床医生的需要，每年拟定相应的交流内容，在全国各地举行上百次的学术交流活动。

（4）耐心进行患者教育。对慢性病患者来说，患者常会根据自己的用药经验到药店购药。因此，对患者进行教育，也能影响或改变患者的用药习惯，促进药品销量的增加。据调查，我国大约有 90% 的患者希望得到糖尿病相关知识的教育，但是从公布的发展中国家糖尿病调研结果发现，30% ~50% 的 2 型糖尿病患者从未得到过任何糖尿病相关知识的教育，所以加强患者教育迫在眉睫。为此，2008 年，某公司联合政府和相关合作方，相继启动了“中国健康知识传播激励计划（糖尿病 · 2008）”和“中国基层糖尿病教育拓展计划”，为提高大众对糖尿病知识的认知和基层糖尿病医生、护士的专业水平，起到了较好的传播效果。

8.2 药店促销

8.2.1 药店促销概述

促销作为药店营销体系中不可或缺的一个环节，具有树立品牌形象、拉动销售、提升毛利、润滑供商关系等重要作用。药店的促销活动具有普通零售业促销活动的共性，但同时因为其经营的商品为特殊商品，所以又具有一些独特性。

1. 药店促销的概念及目的

药店促销就是医药企业或者药店通过各种手段或方法，以达到刺激消费者购买意愿和增加药品销售量的目的。简单来讲，药店促销是指药店终端的药品促销活动。从竞争角度来看，药店促销是打击竞争对手、鼓舞药店终端士气的必要手段。从满足需求角度来看，药店促销是为了更好地满足到药店购药的消费者需求，特别是满足消费者的各种心理需求，如追求名牌产品、购买低价产品、从众心理等。

药店促销的目的主要有三个：一是打击竞争对手，稳定药店在市场的主导地位；二是加紧滞销药品的库存周转、近效期药品的临界销售，增加药店的流动资金；三是烘托药店在节假日的气氛，提升门店的核心竞争力，凸显活动效果，加强客情沟通、药企合作及促使商品上量，并根据消费者心理来准确把握药店的销售脉搏。

2. 药店的促销类型

合理促销不仅是药店之间良性竞争的手段之一，而且还会让顾客获得更多的利益，这是双赢的结果。药店的促销类型多样，按照不同的标准可以划分为不同的类型。

（1）按促销时间划分。

①定期促销。一般各大药店都有会员日，即在每月的固定日期搞促销活动。此类促销活动具有简单易行、无须准备、成本较低的优点，但由于是多数药店的例行促销，对消费者的吸引力越来越低。促销形式一般为利用药店橱窗、宣传单、店前的 POP（卖点广告）宣传或社区 DM（direct mail advertising，直接广告）散发。这些促销方式的成本很低，主要目的是吸引药店周边客户。

②节假日促销。这是利用法定节假日进行的促销。一般来说，节假日促销对特定人群或者特定节日非常有效，但要注意一些细节问题，如确定节日的促销品种，要提前备货、集中陈列等。同时，要加大广告宣传，使一些“摇摆不定”的顾客成为现实顾客。

（2）按功能划分。

①增加客流量的促销活动。这种促销一般是大型的促销活动。如药店每年的店庆活动，不但药品会打折让利，而且会提供丰厚的赠品，供顾客免费使用。这类促销让利幅度大，消费者受惠多，诱惑力强，在促销期间客流量会明显提升，同时也能提高药品购买量。但是，这种促销也存在一定的缺点，即促销次数较少，一年只有一次，而且往往投资成本较高，若不进行成本收益分析，还有可能造成入不敷出的现象。另外，促销一旦结束，药店销售量会很快恢复到以前的水平，持久性较差。

②提高顾客单次购买金额的促销活动。在客流量保持不变的前提下，提高销售额的唯一方法就是提高顾客的单次购买金额，而影响顾客每次购买金额的主要因素有两个：一个是顾客属性；另一个是药店属性。顾客属性主要包括顾客生活水平、消费能力、购物习惯等，这些是药店不能直接控制的因素，且不容易改变。药店属性包括门店规划、商品价格、商品结构、商品陈列、促销活动、顾客服务等，这些则是药店直接可控制的因素。如可以采取“买赠和抽奖”“联合用药”“商品陈列”“主动送药上门”等方式，提高顾客的单次购买金额。

3. 药店促销组合应考虑的因素

促销组合是企业根据产品特点和营销目标，在综合分析各种影响因素的基础上，对各种促销方式的选择、编配和运用。它是药店促销需要重点考虑的因素。药店希望通过选择各种促销环节来组合“出击”，从而达到 1 + 1 > 2 的效果。促销组合应考虑的因素如下。

（1）促销目标。促销一定要设定一个促销目标，没有促销目标或没有确定目标，只会导致迷惑、含糊、迷失方向和错误。

（2）促销药品的选择。尽量选择常见病用药及家庭易发病用药，并选择适当的剂型和规格；尽量选择非处方药品，因为非处方药品安全有效，且服用方便；尽可能选择有效期较长、便于存放的药品，通常这类药品以片剂、胶囊剂为主，水剂为辅。

（3）分析区域消费群体的用药习惯和特性，有针对性地进行促销。

（4）促销费用的预算。根据促销目标来确定费用情况，包括赠品费用和人员奖励。

（5）促销时间的选择。促销时间不宜过长，太长就会失去促销的意义。

4. 药店的促销活动

目前，我国药店的促销活动大部分都会包含以下几个部分。

（1）来即送活动。来即送活动是为了吸引一些看重实惠的人，特别是老年人。老年人的日常空闲时间相对富余，而且老年人是很多药房的目标顾客群体，所以很多药房对此活动乐此不疲。来即送的赠品一般是价值不高但实用的物品，比如食盐、白糖、酱油、洗衣粉。

（2）买赠。买赠是提高客单价和客流量的最有效手段之一，随着药店买赠活动的白热化，赠品的档次和质量也在逐步提高。买赠活动需要注意两个要点。一是选择合适的赠品，一般不提倡买药送药。因为买药赠药会降低顾客的购买频次，而且国家明确规定药品是不能进行买赠的。买赠活动的赠品要选择实用性强的物品，一般以顾客常用的物品为主，比如食品类的大米、面、油、调料，日用品类的毛巾、被子、雨伞，清洁用品类的洗衣粉、香皂、沐浴露、洗发水等。二是买赠的档次主要是根据客单价来进行核算的，这样方便赠品数量的预备，也方便药店确定购买赠品的价值。一般最低档的买赠比平时客单价略高，这样才可以达到提高客单价的目的。

（3）商品特价。商品特价是对商品进行特价销售，以期达到吸引顾客的目的。在商品特价中需要注意不同商品组合产生的效果。比如，一般止咳化痰平喘类药物与抗菌消炎类药物一起促销可以达到更好的效果；慢性病可采用疗程购买更优惠的方式提高顾客的客单价；卵磷脂和鱼油类药物跟心脑血管病药物同时促销，可起到相互促进的作用；糖尿病患者一般同时患有高血压，因此进行联合促销效果更佳；糖尿病药物与无糖食品举行主题性的促销活动也会受到顾客的青睐；妇科用药与儿科用药具有极大的关联性，一般为孩子购买药品的都是母亲，所以陈列和促销的时候，可对这两种药物的关联性加以利用。

（4）折扣券。折扣券是药店应用比较多的促销手段，一般随 DM 发送，或直接印刷到 DM 上。折扣券一般有时间限制，规定在多久的时间内使用才有效，这主要是为了财务核算和计算促销效果。折扣券的使用范围也多有限制，比如，某些本身就是负毛利销售的商品一般不允许使用折扣券。折扣券的价值也是一个需要考虑的重点，价值小的话，达不到吸引人的效果；价值大的话，企业不能获取利益，得不偿失。其价值通常可根据当地的市场竞争环境、药店的促销目的及盈利水平来综合考量。折扣券一般要注明“不找零”“一人仅限一次”等字样，以避免竞争对手恶意兑换。

（5）会员促销。随着竞争的日益激烈，药店一般会对会员进行一些推广活动，以期达到增加会员数量和提高顾客忠诚度的目的，进而打造差异化，避免直接对抗。大部分药店的会员制大同小异，并没有达到打造差异化的目的，主要原因是没有对会员数据进行全面的科学分析，推广的模式、优惠的幅度、增值的空间雷同。在药店的实际运营中会出现更多的促销衍生或变形的组合，比如“先抽奖后买药”“多一元加一样”“指定商品折扣券”等。所以，药店在实际应用中不可生搬硬套，要定期对消费者进行分析，抓住消费者真正的需求，促销才能够达到更好的效果。

8.2.2　药店促销的现状及发展趋势

随着经济的迅猛发展和社会的进步，药店的发展已渐具规模。但是在发展过程中，由于药店的数量急剧增长，产品同质化，市场容量有限，再加上随着我国加入 WTO 后国外医药巨头开始大量涌向中国，医药市场的竞争愈加激烈。目前医药行业既面临发展的机遇，也面临严峻的挑战。药店的营销模式和经营模式在不断探寻中孕育而出，药店的发展趋势正逐渐从感性和探索向理性和经营模式理论方向发展。

1. 药店促销的现状

我国药店普遍存在经营模式陈旧、营销方式落后、竞争手段缺乏的情况，价格战、赠品促销仍是药店促销的主流。价格战对药店经营是一把“双刃剑”，虽然在短期内可以赢取一定的市场，但大幅度降价带来行业利润水平的回落将与药店经营成本的走高形成突出的矛盾，如果企业把营销工作的中心转到以降价为主上来，是对企业的巨大伤害。而用赠品促销来赢得消费者，可能引起消费者囤积药品，从而带来用药不安全的隐患。因此，药店应如何正确促销药品，已成为经营管理人员必须面对的问题。

目前，我国药店促销存在的主要问题总结如下。

（1）侧重于商品价格比拼的倾向依然比较严重，没有将重点转向顾客群健康生活方式的引导上，没有通过促销在药店所提供的服务和商品总量上进行扩容，而是主要着眼于抢占其他药店的市场份额。

（2）侧重于商品宣传促销的多，在促销中对相关增值服务推荐的少，整个促销的市场氛围依然未能走出价格战恶性竞争的梦魇，顾客群游走于各个促销门店之间，而没有因为商品价格之外的增值服务等因素，成为药店的忠实顾客。

（3）在促销中未能充分展示药店的核心竞争力，即门店在独有商品力和强大药学服务、保健指导能力、会员服务和亲情营销等方面的优势，以便与因促销而吸引来的顾客形成稳定的客情关系，成为忠实顾客。

2. 药店促销的发展趋势

促销已成为医药零售界最热门的话题。如何让促销使顾客重燃购买欲望，成为药店经营者必须面对的问题，他们反思过往药店促销思路的不足和问题之后，开始在思路、方式等方面进行新的探索，出现了很多喜人的变化。

（1）促销理念更为人性化。

基于对过往促销活动的反思，当前促销的关注点开始从追求新奇轰动的促销方式，转向研究顾客需求，通过对促销目标客户群的精准分析，宣传自身在满足其需求方面的优势和努力；针对目标客户群的爱好，展示企业价值观与其价值观的相同之处，获得其深层次的认可；从视顾客是“纯经济动物”的促销假定，变为将顾客看作“兼具经济性和理念性的社会人”；从关注自我转向关注顾客，促销理念逐步以顾客为本，促销举措上更为人性化，开始出现注重长远利益的公益活动。

（2）促销行为更为精准化。

首先，目标客户群更为精准。细分客户群是贯彻“以人为本”促销理念的基础。在近几年的促销活动中，策划者们开始根据所在商圈人群和门店现有客户群的年龄、收入、职业等，结合其进店频次、消费金额、毛利贡献等情况，并根据门店自身的商品优势、服务优势、位置优势和未来发展规划，将其划分为重点维护客户、重点挖潜客户、重点开发客户。重点维护客户主要是指在门店现有顾客中进店消费频次、金额和毛利贡献均处于前列的客户群。重点挖潜客户主要包括三种情况：一是在商圈人群中占比排名前列、消费金额占比靠后的人群；二是消费人次占比排名前列、消费金额占比排名靠后的人群；三是消费金额占比排名前列、毛利贡献占比靠后的人群。重点开发客户主要包括两种情况：一是在商圈中占比排名靠前，门店应该能够满足其消费需求，但“不进店”或“偶然进店”的客户群；二是在商圈中占比排名靠前，但门店现在的品类结构、服务质量、门店位置和装饰水平等情况，不能满足其消费需求，从而“不进店”或“偶然进店”的客户群。

其次，促销措施更为精准。近几年的促销活动，在促销措施上不再“粗放、笼统”，而是“针对各类客户关注点的不同，开展有针对性的促销活动，逐一突破”，其核心是“有的放矢”，以稳定现有重点客户群，保证销售额和毛利水平不出现大幅度波动；逐步挖掘并满足潜在重点客户的消费需求，扩大其对门店的销售额和毛利贡献；针对未覆盖客户的市场关注点，克服影响覆盖该类客户的困难，吸引重点开发客户进店消费，逐步将其培育成未来的重点客户。

再次，攻心措施日渐增多。在分析促销目标客户群时，除关注其敏感品种、敏感价格、敏感优惠等经济因素外，也开始关注目标客户群的价值观、兴趣爱好等。在制定促销措施时，没有明确短期经济利益的免费送、送温暖、食疗保健知识、公益捐赠、义工活动等开始成为DM单、门店员工口头宣传乃至广告的一大亮点，也就是门店促销的诱惑方式和诱惑点从直接的经济利益优惠转向获得目标顾客群对价值观、美誉度的认可，从而形成忠实顾客，避免因经济诱惑，造成短期效益突上突下，费力不讨好。这实际上也是医改后顾客群医药开支负担明显减轻后对消费目的选择标准的演变。

【开动脑筋】

我国药店促销过程中存在的问题及解决措施是什么？

8.2.3　药店促销的方式

药店促销是药店营销的一种常用策略，但真正能把促销做得有声有色、效果突出的却越来越少，有些药店甚至把促销局限于买赠和降价这两种方式上。实际上，药店可采用的促销方式很多，具体如下。

1. 营业推广

这是一种直接用利益来刺激消费需求的辅助性、临时性的促销方式，具有见效快的特点，但运用不当也会产生负面效应。营业推广是很多药店常用的促销方式，具体方法多种多样，但不管选择何种方法，都应考虑以下四个问题：一是刺激的规模，即确定促销预算，并估算该促销预算应有多少新增的销售量来弥补才能保本；二是参加者的条件，即确定享受促销优惠的对象，如有的保健食品促销中，只对送回包装盒的顾客赠予奖品；三是促销信息的传播途径，即如何将促销信息传达给促销对象，如放在包装内、在门店里或店外分发、邮寄或附在广告媒体上；四是促销时间，既不能太短，又不能太长。

2. 公共关系促销

公共关系促销是药店通过开展的公益活动，使药店与顾客建立良好的理解、支持关系，从而以其知名度、美誉度来带动商品销售的一种间接促销方式。其特点是需要药店与社会建立双向沟通，并注重长远利益。主要方法有利用各种传播媒体和传播方式，扩大其知名度，让社会了解药店；开展联谊、庆典及咨询活动，加强与社会各界的联系；积极参与社区公益事业及其他社会活动，为药店创造良好的社会形象，获得消费者的赞誉等。

3. 广告促销

广告促销是运用各种广告媒体向消费者传递消费信息，以促进销售的一种直接促销方式。广告促销的特点是药店单方面向消费者传递信息，属单向沟通，即所谓“拉”的策略。广告媒体很多，规模较大的连锁药店可以考虑采用多种大型的广告媒体，规模较小的门店最常用的广告媒体则是宣传单、招牌、看板、灯光、海报、条幅等。

4. 人员促销

人员促销是通过店员、导购员的口头宣传，说服顾客，实现商品销售的一种直接促销方式。人员促销的特点是店员、导购员与顾客能进行双向沟通，其促销效果与店员、导购员的推销技巧密切相关，店员、导购员在顾客进药店后必须向顾客提供必要的帮助和指导，这就是所谓“推”的策略。

5. 形象促销

药店形象促销是利用药店所确立的、经社会公众认知和评价的理念系统、视觉系统和行为系统来促进商品销售的一种间接促销方式。其特点与公共关系促销相似。这两种促销方式往往是融为一体的，目的是建立医药企业的品牌差异，尤其要注重文化价值的传播和体现。

8.2.4　药店促销的流程

1. 药店促销的策划准备阶段

充分准备是成功促销的开始。要想组织成功的促销活动，需要进行详尽的策划与细心的准备。在条件允许的情况下，药店在促销前成立一个促销策划小组，根据药店的实际情况和发展目标制定促销策略，从促销目的、促销主题、促销方式、促销实施过程及促销成本直到促销效果的评估等方面制订出一整套活动方案，特别是对重点促销人群的确定、促销时机的把握等问题，一定要实事求是地科学论证，然后在交由部门相关负责人审核修改通过后，方可实施，从而降低促销风险。这一阶段是药店的促销活动最为烦琐也最为重要的阶段，直接决定了整个促销过程能否顺利进行。

（1）促销时间、地点及主题。促销时间包括促销具体时间、促销时间段和促销持续时间等。促销地点包括哪里是主场、设几个地点等问题。促销主题主要是围绕哪类人群、哪个节日、要达到什么样的促销目的展开。例如，某药店推出“十一黄金周”促销方案，将促销时间定为 10 月 1 日至 7 日，共 7 天，促销地点定为所有连锁药店，促销主题定为“国庆聚会，七喜临门”。

（2）促销人员。促销活动开始之前，需要对促销人员统一思想、严格培训、明确分工。负责人可以在活动前几天召开一个动员大会，介绍此次促销活动的目的、意义，促销过程需要遵守的规章制度及人员分工情况。

（3）促销物品。促销现场有吸引力才能吸引消费者，所以要多花心思去布置。例如，药店利用音响设备播放喜庆的音乐，烘托节日气氛；利用海报、横幅、展板等进行信息发布；设立促销咨询台，由促销人员进行现场讲解、赠品展示并且散发宣传单，同时引导消费者到药店购买。另外，可以配合举办一些免费的活动，如免费测血糖、测血压等便民服务，以提升人气。

（4）促销宣传。促销宣传在于促使潜在购买者成为实际的购买者。促销活动成功与否，80% 要看宣传是否到位。促销过程中，应该了解促销对象的消费倾向、需求情况、实际购买力、对药品的偏好程度等信息，还要知道竞争对手的反应及会采取的应对策略等。如果能将上述问题考虑清楚，那么对促销效果将会有合理预期及应急预案等。因此，促销宣传工作要与前期调查紧密结合在一起，才能使促销宣传更为有效。

（5）各方面关系的协调。药店促销活动正式开始之前要确保一切行为符合法律规定，要与政府主管部门协调沟通好。因为药店促销活动能否顺利开展与这些部门关系很大，如果某个环节出现问题，最严重的后果将是整个活动改期或取消。

（6）成本预算。药店促销之前应该对成本进行预算，如广告费用、物品准备、人员成本、协调各方关系等的花费都要事先有明确的预算，以保障促销过程中的各项支出。

（7）促销效果预测。药店促销筹备阶段还要对促销之后的成本和收益情况进行预测，对能否达到促销目的、是否提高销售额进行准确的估计。

2. 药店促销的执行实施阶段

这一阶段，主要是保持好各方人员的紧密配合和分工协作，确保促销活动紧张而有序地进行。药店促销人员要提前布置现场，做到现场气氛热烈而庄重；人员安排合理，分工明确，要有专人散发宣传品、专人接待消费者、专人负责试用、专人发放赠品、专人负责卫生等；人员着装要整洁、仪态大方；有产品赠送或者使用时，应该注意保持现场氛围等。另外，还需要重点注意以下几个方面。

（1）要注意随时监控活动、赠品及店内药品的库存，及时补货，避免药品脱销，引起顾客不满。赠品发放要确保公正、合理、有序，备货要充足，避免因为赠品不足引起的秩序混乱，给药店及药品的声誉带来负面影响。

（2）注意收集顾客在此次活动过程中所反馈出来的意见并观察顾客购买商品时的表现，及时做好记录，并做好顾客信息反馈表。

（3）注意对现场氛围的调整和掌控，有问题随时解决。例如，药品陈列是否规整、药店内是否干净整洁。如果消费者过多，要适当维持秩序，防止出现踩踏等意外事件。

（4）对突发事件的迅速处理（如停电、发现顾客偷窃、顾客投诉等）。

3. 药店促销的效果评估阶段

这一阶段，主要是评估促销目的是否达到、销售量是否达到预定目标。它不是促销结束之后才要做的，而是贯穿于整个促销过程中，包括事前评估、事中评估和事后评估。评估方法多种多样，以下介绍几种主要的评估方法。

（1）观察法。这种方法操作简单，结果可以直观反馈。它主要是通过观察促销目标是否实现、促销主题是否吸引人、促销药品选择是否正确，来评价药店促销活动是否成功。

促销目标是指企业促销活动所要达到的目的。在促销中，可以通过观察一些指标进而判断促销目标是否实现，这些指标包括营业额、客流量、客单价等。

另外，还要针对整个促销活动的内容、方式、口号是否富有新意、吸引力，是否符合消费者的口味，观察促销主题是否吸引人，促销创意对消费者是否有吸引力等。

（2）调查法。药店促销效果取决于消费者参与促销活动人数的多少、满意程度的高低，药店要注意每个消费者的反馈信息。在促销活动过程中，药店要有专人负责消费者现场调查，如填写促销活动调查问卷，通过问卷了解促销活动的效果，以便更全面、更客观地对整个促销效果进行评估。

（3）前后比较法。前后比较法是通过比较开展促销活动不同时段的销售量来判断促销活动的成功与否。一般来讲，促销前、中、后期的销售量都是不断变化的，比较各个时期销售量的变化，能说明促销各个阶段是否产生效果。通常情况下，可能出现的情况有四种：初期奏效、非常成功、得不偿失、适得其反。通过前后比较，能得出促销活动所产生的效果，并判断促销活动成功与否。

4. 药店促销的总结阶段

药店促销的总结阶段是一个非常重要的环节，需要不断吸取每次促销过程中的经验教训，找到不足，以便在下次促销活动中改正这些缺点。

（1）绩效总结。应重点关注参加促销活动的药品在促销期间的销售情况，还要对比促销药品的利润变化，即是否有所增长、增长幅度是多少，并且要有量化的指标说明，如同比增长率和环比增长率。要将每种药品的销售情况做统计分析，详细说明销售额增长与否的原因。要掌握每位消费者的购买量在促销活动前后的对比，每种药品的购买量在促销活动前后的变化，消费者在促销活动前后对药店的评价是否有变化，办理会员卡的数量与前期相比是否有所增长，药店促销人员及其他工作人员的表现等。

（2）找出不足。要总结此次活动前、中、后期的失误和出现差错的地方。例如，促销活动方式是否过于繁杂，各项促销工作是否到位，人员安排是否合理；促销时药品库存是否充足，是否出现脱销现象；药品陈列是否不当或者是否有必须改进的地方；促销现场的布置是否准备充分；促销活动期间是否有顾客投诉及投诉原因等。

总而言之，每一次促销活动结束之后，一定要总结经验，才能够为下次促销活动积累经验。

8.3　电子商务对药品促销的影响

8.3.1　医药电子商务概述

1. 医药电子商务的概念

随着电子商务在中国的普及和发展，各行各业都受到了电子商务的影响。电子商务应用于医药行业便产生了医药电子商务。医药电子商务是指利用信息技术进行医药相关信息的传播，促进和达成医药类商品的交易。通过互联网进行药品信息的发布和获取、在线药品批发业务、医药广告投放和招商、医药行业信息的传播、医疗机构网上集中采购招标、网上药品零售等行为，均是医药电子商务的有机组成部分。

在医药电子商务系统中，企业和消费者可将自己的各种供求意愿按照一定的格式输入电子商务网络，并且可选择多种网上交易业务。电子商务覆盖的范围包括商务信息交换、售前售后服务（提供用药指南和防病治病咨询）、药品广告、销售、电子支付（电子资金转账、信用卡、电子支票、电子现金）、配送（药品配送过程中的管理和运输跟踪）、构建虚拟医药企业等。

2. 医药电子商务的特点

（1）市场全球化。凡是能够上网的人，无论是在南非上网，还是在北美上网，都将被包容在一个市场中，有可能成为上网医药企业的客户。

（2）交易的快捷化。电子商务能在世界各地瞬间完成信息传递与计算机自动处理，而且无须人员干预，加快了交易速度。

（3）交易虚拟化。通过以互联网为代表的计算机互联网络进行的贸易，双方从开始洽谈、签约到订货、支付等，无须当面进行，均通过计算机互联网络完成，整个交易完全虚拟化。

（4）成本低廉化。通过网络进行商务活动，信息成本低，足不出户，可节省交通费，且减少了中介费用，因此整个活动的成本大大降低。

（5）交易透明化。电子商务中双方的洽谈、签约以及货款的支付、交货的通知等整个交易过程都在电子屏幕上显示，因此显得比较透明。

（6）交易标准化。电子商务的操作要求按统一的标准进行。

（7）交易连续化。国际互联网的网页可以实现 24 小时服务。任何人都可以在任何时候向网上企业查询信息，寻找问题的答案。企业的网址成为永久性的地址，为全球的用户提供不间断的信息源。

3. 医药电子商务的分类

对于企业和消费者来说，不同种类、不同层次的电子商务过程，蕴含着不同的发展机遇。医药电子商务和其他电子商务一样，按照不同的标准，可划分为不同的类型。

（1）按照商业活动的运作方式，医药电子商务可分为完全医药电子商务和非完全医药电子商务。完全医药电子商务是指购药或者服务的过程完全是在信息网络中实现的交易行为和过程，它能使双方超越地理空间的障碍进行电子交易，可以充分挖掘全球市场的潜力。非完全医药电子商务是指不能完全依靠电子商务方式实现和完成完整交易的交易行为和过程，它要依靠一些外部因素，如运输系统的效率、运输过程中药品的保质等。

（2）按照开展电子交易的范围，医药电子商务可分为本地医药电子商务、远程国内医药电子商务和全球医药电子商务三类。本地医药电子商务是指利用本地城市或者本地区的医药信息网络实现的电子商务活动，电子交易的范围较小。远程国内医药电子商务是指在本国范围内进行的网上医药电子交易活动，其交易的地域范围较大，对软硬件和技术要求较高，要求在全国范围内实现商业电子化、自动化，实现金融电子化，交易各方具备一定的电子商务知识、经济能力和技术能力，并具有一定的管理水平和管理能力等。全球医药电子商务是指在全世界范围内进行的医药电子交易活动，参加电子上网的交易各方通过网络进行贸易的活动。

（3）按照交易对象，医药电子商务可分为医药企业与医药消费者的电子商务、医药企业与医药企业的电子商务、医药企业与政府的电子商务和医药消费者与医药消费者的电子商务。医药企业与医药消费者的电子商务即 B2C（business to consumer）电子商务，它类似于联机服务中进行的商品买卖，是利用计算机网络使医药消费者直接参与经济活动的高级形式。医药企业与医药企业的电子商务即 B2B（business to business）电子商务，它包括特定医药企业间的电子商务和非特定医药企业间的电子商务。医药企业与政府的电子商务即 B2G （business to government）电子商务，这种电子商务活动覆盖医药企业与政府组织间的各项事务，包括网上报关、网上报税、网上审批、网上竞标、网上政府购买、产权交易、政策发布和信息公布等。医药消费者与医药消费者的电子商务即 C2C（consumer to consumer）电子商务，这种电子商务活动将大量的个人买主与卖主联系起来，以便进行商品的在线交易，它通过互联网为医药消费者提供相互交易的环境，以进行网上拍卖、在线竞价等。

（4）按照商务活动形式，医药电子商务主要有直接医药电子商务和间接医药电子商务两类。直接医药电子商务是指医药咨询服务的网上交易，包括医药图书、医药数据库、全球规模的医药信息提供等。间接医药电子商务是指有形药品的电子订货，它仍然需要利用传统渠道（如邮政服务和商业快递）送货或实地交割（如药厂厂房等）。

（5）按照使用网络类型分类，电子商务目前主要有四种形式：EDI（electronic data interchange，电子数据交换）商务、Internet（互联网）商务、Intranet（内联网）商务、移动（mobile）电子商务。EDI 商务是指按照商定的协议，将商业文件标准和格式通过计算机网络，在贸易伙伴的计算机网络系统之间进行数据交换和自动处理。互联网商务是现代商务的新形式，它以计算机、通信、多媒体、数据库技术为基础，通过互联网在网上实现营销、购物服务。内联网商务是利用企业内部网络开展的商务活动，只有企业内部的人员可以使用，信息存取只限于企业内部，并在安全控制下连上互联网。移动电子商务是基于无线网络，运用移动通信设备，如笔记本电脑、手机、个人数据助手进行的商品交易或服务交易。

4. 电子商务在药品促销中的应用策略

网络促销作为电子商务不可或缺的组成部分，加强了企业外部经营活动的信息化，推动了电子商务经济的发展。医药企业必须结合自身发展的特点，坚持与时俱进的创新理念，正确地应用网络促销的合法手段，来提升企业可持续发展的促销战略。

（1）建立知名度高的网站。在互联网的冲击下，企业营销策略的传播模式发生了翻天覆地的变化。网站不仅可以展示营销战略，为客户沟通提供一个有效平台，而且建立一个成功的网站就会创造出很高的点击率，进而提高网站知名度。企业网络品牌的宣传是长期的工作，建立的网站也是固定的，只是网站上所展示的产品和营销策略却是动态多变的。所以，一个成功的网站需要与时俱进地更新内容，结合企业现有的产品，关注和尽量满足客户的实际要求。同时，这个网站必须具备独一无二的特色，让同行业的网站无法模仿和超越。

（2）发布和推广网络广告。国家对药品的广告有许多限制和规定，企业可以宣传企业形象为主，同时在药品专业平台网站上进行专业的药品推广。在互联网广告中，可以让广告主和消费者进行直接有效的交流，这种方式让广告主真正了解到广大顾客的实际需求，从而更全面地去为其服务。在直接方便的交互式促销中，顾客在浏览网页或者在网上进行采购时，只要轻轻一点鼠标便可以获取更多的信息资源，进一步了解医药市场的消息。除此之外，还可以通过电子邮件、淘宝、微博等方式来了解产品的规模、功效、价格等。

传统的媒体广告只能让消费者间接地接触到产品，有时候还会出现"货不对板"的情况，而网络广告可以让消费者从不同的角度系统地了解产品的具体特征。消费者在浏览广告的时候看到有吸引力的产品，直接点击该宣传页面，就能进一步了解该产品的特点和性能等。这一点是药品促销中最关键的部分。作为医药企业，要进行全面的市场调查并了解顾客的真正需求，分清楚哪一类产品适合哪些人群，同时统计客户经常登录的网站，然后进入知名度最高、最让人放心的网站，在最吸引眼球的位置购买广告。这样的广告才能发挥出最大的功效。

在网络反馈机制方面，公司网站要配备专门的人员，采用较先进的响应技术，做到快速及时地回答客户的问题。浙江奥托康制药集团利用公司网站的"在线留言"以及"QQ在线"栏目，为患者及有咨询需要的医生提供了最及时的帮助，促进了药品销售，也树立了良好的服务形象。

（3）发布产品的供求信息。在互联网上，企业可以通过很多平台去发布产品的供求信息，有些网站还可以免费发布信息。企业可以经常去一些贸易信息网和电子公告板查看供求的信息，然后收集客户资源，主动联系客户，让他们更了解企业产品的性能，促使对方成功地订购本产品。此外，还可以利用搜索引擎查询潜在客户。但是，每种促销方式都要适可而止，不要向潜在客户滥发邮件或者手机信息，否则不仅会遭到客户的反感排斥，还会让公司的形象严重受损。

（4）进行网络促销，提高企业知名度。每当企业有新产品或新的服务项目时，都可以利用互联网来进行大力宣传，或者进行促销活动。一般情况下，一些常用药品都是家庭必备的，所以进行促销活动可让客户了解更多产品信息，激发客户的购买欲望。进行网络促销活动，不仅可以增加企业利润，还可以在活动中与客户进行互动，合理采纳客户对企业及产品的意见，进一步提高产品的质量和销售量。典型的网上促销活动有网络有奖问答、申请优惠卡或贵宾卡等。

8.3.2 药品网络促销

作为医药电子商务的一个分支，网络营销的平台即众所周知的互联网，它是网络营销的主体和受体。在进行网络营销时，网上促销是其中极为重要的一项内容。医药电子商务网络促销是一对一的、理性的、消费者主导的、非强迫性的、循序渐进式的促销，而且是一种低成本与人性化的促销，可避免推销员强势推销的干扰，并通过信息提供和交互式交谈与消费者建立长期良好的关系。也就是说，它具备了一对一的营销能力，这正符合营销未来的趋势。

1. 药品网络促销的特点

药品网络促销是指利用现代化的网络技术向虚拟市场传递有关药品和服务的信息，以启发需要，引起消费者购买欲望和购买行为的各种活动。它表现出以下三个明显的特点。

（1）药品网络促销以网络技术为基础。网络促销是通过网络技术传递医药产品和服务的存在、性能、功效及特征等信息。它是建立在现代计算机与通信技术基础之上并且随着计算机和网络技术的不断改进而改进。

多媒体信息处理技术提供了双向的、快捷的、互不见面的信息传播模式，将买卖双方的意愿表达得淋漓尽致，也留给对方充分思考的时间。

（2）网络促销在虚拟市场上进行。这个虚拟市场就是互联网。互联网是一个媒体，是一个连接世界各国的大网络，它在虚拟的网络社会中聚集了广泛的人口，融合了多种文化成分，同时也形成了一个巨大的商品销售网络和促销网络。

（3）网络促销是全球性、全天候活动。互联网虚拟市场的出现，将所有的企业，不论是大企业还是中小企业，都推向了一个统一的市场。传统的区域性市场正在被一步步打破，全球性的竞争迫使每个企业都必须学会在全球统一的大市场上做生意，否则这个企业就站不住脚。

2. 药品网络促销的优势

与传统的促销相比，电子商务下的药品网络促销主要具有以下优势。

（1）高效率。传统购物方式中，消费者购买药品需要花费时间用于选择、购买和付款结算，这一过程少则几分钟，多则数小时，再加上往返路程时间，极大地提高了消费者的购买成本。而现代社会的生活节奏日益加快，人们的外出时间越来越少，外出购物的频率将越来越低，电子商务的出现则节省了消费者的时间和精力，提高了购物效率。

（2）更便捷。省时省力是网上购物区别于普通购物的又一大优点。去商场买东西需要准备出门，需要交通工具，要花费大量的时间和金钱；而网上购物，无论大小，配送公司都会给你送到家中，给消费者提供了极大的便利。

（3）降库存。传统营销方式下，企业为了降低进货成本，只好大量进货，这不仅占压企业的流动资金，而且会增加企业的经营风险。而电子商务条件下，商家可以在接到顾客药品订单后再向生产厂家订货，降低了库存压力，极大地减少了库存成本。

3. 基于网络的药品促销模式

网上药店是 B2C 电子商务模式在药品零售领域的应用，是通过互联网与个人消费者进行医药商品交易的电子虚拟药店。由于药品是一种特殊的商品，药品的网络营销受到药品本身以及政策法规的约束。但网上药店具有广泛性、主动性、交互性、低耗性、方便性等优势，市场前景广阔，必将对传统医药市场带来不可抵挡的冲击。

（1）网上药店的产品促销。网上药店的产品策略，关键在于网上销售产品种类的选择。《互联网药品交易服务审批暂行规定》规定，向个人消费者提供互联网药品交易服务的企业，只能是已获得从事互联网药品信息服务资格和互联网药品交易资格的药品零售连锁企业，并且只能在网上销售本企业经营的非处方药。药品零售连锁企业虽然不能在网上药店销售处方药，但是可以销售非处方药、保健食品、医疗器械等。

（2）网上药店的价格促销。网上药店促销必须遵守法律规定。网上药店可以使用的促销方式包括赠送促销、降价促销、会员制促销、优惠券促销、E-mail 促销和人员促销等。无论哪种手段，都直接地或间接地拉开了网上药店的价格战。

①赠送促销。网上药店的赠送促销可以采取以下两种方法：第一，乙类非处方药、保健食品、化妆品、医疗器械的买赠促销；第二，买药品赠送保健食品、化妆品、医疗器械等其他小礼品。

②降价促销。降价促销可以采取以下几种方法：第一，保健食品、化妆品以优惠价进行节日礼品促销；第二，买满一定数量或金额的产品可以享受一定的折扣；第三，买满一

定数量或金额的产品返还一定比例的现金；第四，买满一定数量或金额的产品赠送购物券或优惠券；第五，买满一定数量或金额的产品免除运费。

③会员制促销。会员制是药品零售连锁企业普遍采用的促销方法。网上药店的产品销售都是针对注册的会员展开的，会员拥有自己的独立账户和购物车。网上药店可以使用会员优惠价和会员消费积分的促销方法，促进会员的购买，培养忠诚顾客。消费积分应具有实际的价值，如兑换礼品或享受更多的优惠，并且消费积分应是 VIP 会员升级的依据。

④优惠券促销。网上药店可以通过向新注册的会员和老会员赠送优惠券的方法促进销售。注意：优惠券应规定使用的时限，可以在规定时间内刺激收到优惠券的会员登录网站使用优惠券购物，从而带动商品的销售。

⑤电子邮件促销。网上药店还应该充分利用电子邮件的作用，建立注册会员的数据库，定期向注册会员发布新闻邮件、医药商品信息、活动信息、促销信息，赠送电子促销券、免费礼品券等。电子邮件中最好能展示网上药店想要传达信息的网页或者网页链接，使收到邮件的会员能方便地登录网页了解详情。网上药店还应及时回复会员的电子邮件，详细解答会员的疑问，有效处理会员的投诉，提高会员的忠诚度。

⑥人员促销。网上药店应设计互动界面，开展在线咨询服务，咨询窗口的相关链接最好采用悬浮式的，以吸引用户的注意。咨询服务应配备客服人员在线解答网上注册、购物流程、支付、配送等问题。

课后思考

1. 简述医药广告分类的标准及类别。
2. 简述处方药和非处方药的广告策略的异同。
3. 简述药店促销的类型及促销方式。
4. 简述药店促销的基本流程及各阶段的注意事项。
5. 简述医药电子商务的概念及特点。
6. 简述药品网络促销模式。

案例分析

两强争雄的市场影响①

2013年7月，西安市36家中小连锁药店联名“上书”市食品药品监督管理局，要求制止怡康大药房和老百姓大药房低价倾销扰乱市场秩序的行为。

1. 对战始末

6月17日，怡康大药房旗下四大明星旗舰店推出“百万让利会员”专场活动；7月，老百姓大药房陕西公司推出“‘疯’一夏”活动；8月5日，怡康大药房又开展了第三次会员专场，地域扩展到陕西全省范围；8月18～20日，老百姓大药房陕西公司推出年中最强让利……两大连锁药店轮番以密集的活动不断刷新西安药品市场价格的底线。

2. 谁该恐慌：烽烟起

受到影响的不仅是这36家药店，众信医药在要不要跟进的讨论中，董事长乔元辉做出判断：一是对员工来说，销量和客流大大增加，但毛利和提成却降低了，容易产生劳而无利的怨言，影响服务质量。二是全线降价，容易增加销售的是保健品，药品是硬性需求，很难带动销量。这种价格战在供应链上是不可持续的，厂家不可能支持这种扰乱价格体系的行为。三是低价吸引来的是对价格敏感的顾客，他们的忠诚度低，并不能成为长期优质客户，而且对优质客户也是一种伤害。四是很多产品都要负毛利销售，促销投入产出比不高。因此在价格战中，众信医药选择的是坚持“系统的力量、扎实的经营、精细的管理”，其客流、销量没有明显变化，利润反比以往同期增长19%。

另一家淡定的企业是新道路医药城，它虽然只有2家店，但其总经理王钊表示“现在药店的生存，靠的是综合实力，价格的杀伤力并不是绝对的”。让购药的附加值远远大于药品本身的价格，这样的定位是不怕针头削铁似的价格战的。

对于36家药店的“上书”，乔元辉表示，“从目前状况来看，他们对两强战争的恐慌要大于对其的实际影响，而且药监局主要是监管药品质量方面，并非恶性竞争扰乱市场秩序的主管部门。要说影响，还要看这种低价能维持多长时间”。

---

① 资料来源：张叶：“西安：两强争雄谁受伤”，《中国药典》2013年第11期。

3. 背后原因

2013 年西安市出台了《西安市药品经营许可证管理办法》，取消了室内开店 150 米距离限制；同时，医保定点药店改为条件准入制，即符合条件的都可以入选。在这些利好政策的刺激下，西安市人力资源与社会保障局共收到 507 家零售药店的网上申报，经审核、审查、实地考察等程序，确定新增 288 家城镇医保零售药店（过去每 2 ~ 3 年才有几十家药店获得医保资格）。因此，连锁型药店在“回笼现金流，加快收购步伐”“提高市场占有率和知名度”等战略规划中打起了价格战。

但是可以肯定的一点是，今天的价格战已经不同于以往的单纯的价格战，怡康大药房所有广告版面上都有二维码，扫一扫加入微信，里面有丰富的健康知识、新产品推广、电子会员的办理、企业介绍等。降价促销结合“器械节”“阿胶节”“中医养生节”等一起进行，培养了消费者的购买习惯，增加了用户黏性。老百姓大药房也不遗余力地推广微信和智能手机应用程序“掌尚老百姓”。

?思考题

你是如何理解“让购药的附加值远远大于药品本身的价格，这样的定位是不怕针头削铁似的价格战的”？

参考文献

[1] 邓冬梅，柯小梅. 连锁药店运营管理. 北京：化学工业出版社，2015

[2] 苏兰宜，陈云鹏. 药店零售技术. 北京：化学工业出版社，2009

[3] 孙静. 连锁企业经营管理. 北京：中国发展出版社，2015

[4] 陈玉文. 医药店长手册. 北京：人民卫生出版社，2010

[5] 李晓晖. 连锁门店开发与选址. 北京：中国发展出版社，2015

[6] 梁春贤. 药店经营与管理. 北京：中国医药科技出版社，2013

[7] 吴锦. 药店经营与管理实用技术. 杭州：浙江大学出版社，2015

[8] 贺爱忠. 零售营销. 北京：中国铁道出版社，2011

[9] 冯建军. 卓越店铺管理的23个流程和21个标准：从单店到连锁的经营秘笈. 北京：经济管理出版社，2012

[10] 杨洋，孙前进. 连锁企业信息系统与管理. 北京：中国发展出版社，2015

[11] 郃昌宝. 门店精细化管理. 北京：中国财政经济出版社，2013

[12] 隆意，尚珂，顾丽萍. 连锁企业门店管理. 北京：中国发展出版社，2015

[13] 宋远方，宋华. 医药物流与医疗供应链管理. 北京：北京大学医学出版社，2005.

[14] 郭国庆. 市场营销学. 北京：中国人民大学出版社，2014

[15] 季辉. 现代企业经营与管理. 大连：东北财经大学出版社，2010

[16] 王星明. 中国医药流通电子商务. 北京：北京大学医学出版社，2005

[17] 姜鹏飞. 服务营销. 北京：中国市场出版社，2014

[18] 甘湘宁. 医药市场营销实务. 北京：中国医药科技出版社，2013

[19] [美] 弗雷德·R. 大卫. 战略管理概念部分. 北京：清华大学出版社，2008

[20] 柳思维. 营销战略管理. 成都：西南财经大学出版社，2009

[21] 马浩. 战略管理学精要. 北京：北京大学出版社，2008

[22] [美] 科特勒，凯勒. 营销管理. 上海：格致出版社，2009

[23] [美] 约翰·A. 奎尔奇. 营销管理与战略案例. 大连：东北财经大学出版社，2000
[24] 周光理. 医药市场营销案例与实训. 北京：化学工业出版社，2012
[25] 张家. 发现：九大医药营销必读案例. 上海：上海画报出版社，2008
[26] 傅书勇，孙淑军. 医药渠道与促销管理. 北京：清华大学出版社，2012
[27] 侯胜田. 医药市场营销学. 北京：中国医药科技出版社，2009
[28] 赵郑. 医疗终端实战宝典. 北京：经济管理出版社，2009
[29] 何贯中，郝雨风. 医药营销100战·最佳制胜之道. 北京：中国经济出版社，2007
[30] 肖怡. 零售学. 北京：高等教育出版社，2013
[31] 冯国忠. 医药市场营销学. 北京：中国医药科技出版社，2015
[32] 刘树奎. 基于药品临床疗效的药品价格管理制度研究. 北京：人民军医出版社，2015
[33] 陈玉文. 医药电子商务. 北京：中国医药科技出版社，2015
[34] 顾东蕾，蔡惠明. 医药电子商务. 北京：化学工业出版社，2012
[35] 侯胜田. 医药营销案例. 北京：中国医药科技出版社，2009
[36] 皮书数据库：https：//www. pishu. com. cn/